D1699779

Bettina Hintze

# Ausgezeichnete EINFAMILIEN-HÄUSER

Die Sieger des HÄUSER-Award

Deutsche Verlags-Anstalt

# INHALT

6 Vorwort
Anne Zuber

8 Individuelle Häuser fürs Leben

1. Preis 12 **MODERNES LANDLEBEN**
Wohnhaus in Doren/Vorarlberg (Österreich)
**Bernardo Bader Architekten**

2. Preis 24 **DURCHGEHEND GEÖFFNET**
Wohnhaus in Granollers/Barcelona (Spanien)
**Harquitectes**

2. Preis 36 **AUFFALLEND UNAUFFÄLLIG**
Umbau einer Scheune zum Ferienhaus in Druxberge/Sachsen-Anhalt
**Jan Rösler Architekten**

3. Preis 46 **KLARE KANTE**
Wohnhaus bei Megara/Attika (Griechenland)
**tense architecture network**

Interior-Preis 54 **HAUS IM HOLZGEWAND**
Einfamilienhaus in Egg/Vorarlberg (Österreich)
**Innauer Matt Architekten**

66 **STEIN AUF STEIN**
Einfamilienhaus in Münster
**hehnpohl architektur**

74 **REICHTUM
DURCH REDUKTION**
Bungalow in Wandlitz bei Berlin
**2D+ Architekten**

82 **ARCHITEKTUR,
DIE VERSCHWINDET**
Erweiterung eines Wohnhauses in Saint-Germain-en-Laye/
Île-de-France (Frankreich)
**Hertweck Devernois Architectes Urbanistes**

90 **DIE ENTDECKUNG DER EINFACHHEIT**
Wohnhaus in Stockholm (Schweden)
Tommy Carlsson Arkitektur

98 **AUSSICHTSPOSTEN AM HANG**
Ferienhaus am Gardasee (Italien)
Luigi Scolari

106 **RAUMWUNDER AM REBBERG**
Einfamilienhaus in Dielsdorf (Schweiz)
L3P Architekten

116 **BEWEGTE WOHNLANDSCHAFT**
Wohnhaus mit Büro in Wien (Österreich)
Caramel architekten

124 **KRISTALLINE KLARHEIT**
Wohnhaus am Bodensee
Biehler Weith Associated

132 **HAUS AUF DEM HAUS**
Dachaufstockung in Aachen
Klaus Klever

140 **ZIMMER MIT AUSSICHT**
Ferienhaus in Sarzeau/Bretagne (Frankreich)
RAUM architectes

148 **SELBSTBEWUSSTER SOLITÄR**
Wohnhaus in Mühlen bei Sand in Taufers/Südtirol (Italien)
Pedevilla Architects

156 **WOHNEN IM WEITWINKEL**
Wohnhaus bei Brescia (Italien)
CBA Camillo Botticini Architetto

164 **WUNDERBAR VERWANDELT**
Umbau einer Scheune zum Wohnhaus in Parkstetten bei Straubing/Bayern
Lang Hugger Rampp Architekten

172 **BESCHÜTZT UNTER BÄUMEN**
Ferienhaus in Doksy/Böhmen (Tschechien)
FAM Architekti

180 **RÜCKZUG UND AUSBLICK**
Cityvilla in Tübingen
Steimle Architekten

190 Architektenverzeichnis und Bildnachweis
192 Impressum

# LIEBE LESERIN, LIEBER LESER,

die Häuser, die Sie in diesem Band versammelt finden, wurden vom Magazin HÄUSER im Rahmen eines jährlich verliehenen Awards ausgezeichnet. Der Prozess, dem diese Auszeichnung vorausgeht, ist einigermaßen aufwendig (und wir lieben ihn): von der Ausschreibung des Wettbewerbs zur Sichtung der Unterlagen, von der Zusammenstellung der Jury zum Entscheidungsprozess und nicht zuletzt zur Aufbereitung der ausgezeichneten Projekte.

Warum tun wir das? Die erste Antwort lautet: Weil wir es können! HÄUSER ist das einzige Magazin in Deutschland, das sich ausschließlich mit Wohnarchitektur beschäftigt. Seit über 30 Jahren zeigen wir herausragende Häuser, unsere Autoren besuchen sie, beschreiben sie, ordnen sie ein, und wir präsentieren sie mit aufwendigen Fotoproduktionen und mit einer Menge Daten und Fakten. Die zweite Antwort lautet: Weil wir es müssen! Der Award ist wichtig für uns. Er bringt uns mit den Architekturbüros zusammen, die Herausragendes leisten. Wir bekommen dank ihm einen guten Überblick darüber, wo und von wem innovativ gebaut wird, wir können nachvollziehen, wie Büros sich über Jahre entwickeln. Und die dritte Antwort lautet: Weil wir es unbedingt möchten! Wir finden es großartig, die Einsendungen aufzureißen und einen ersten Eindruck des Projekts zu erhaschen, bevor die angeforderten Unterlagen in eine der gelben Postkisten wandern, bis in der Woche vor der Jurysitzung die Detailarbeit beginnt. Dann wird durchgeflöht, kontrolliert, ob alles, was für die Beurteilung notwendig ist, mitgesandt wurde. Wo sind noch Unklarheiten? Die Aufbereitung der Einreichungen, der Fotos, Schnitte, Grundrisse und Lagepläne fordert architektonisches Verständnis genauso wie Genauigkeit. Es müssen die Fragen der Jury vorausgeahnt und die Arbeiten so präsentiert werden, dass man möglichst rasch die Stärken und Eigenheiten eines jeden Entwurfs erfassen kann. Schließlich dann der Tag der Entscheidung. Alle Beteiligten, sämtlich Menschen mit prall gefüllten Terminkalendern, haben sich seit Monaten dieses Datum freigehalten. Im größten Konferenzsaal des Gruner+Jahr-Verlagsgebäudes treffen nach und nach die Mitglieder der Jury, die Partner des Awards und die Redaktionsmitglieder ein. Man kennt sich oder lernt sich kennen. Es folgen Einführungen, Rundgänge, Einschätzungen, Debatten, freundliches, aber lebhaftes Streiten, schließlich Einigungen. Und am Ende eine wiederkehrende Erkenntnis: Gute Architektur hat viele Gesichter. Aber immer geht ihr das Gleiche voraus, das hingebungsvolle Ringen um Qualität.

Wie unterschiedlich diese Qualität aussehen kann, zeigt sich besonders in diesem Jahr, in dem unser Thema recht breit gefasst war: »Die besten Häuser Europas.« Da sind die beiden Holzbauten aus Vorarlberg, das Siegerhaus von Bernardo Bader, und der Interior-Preis, den das Büro Innauer Matt gewonnen hat. Den zweiten Platz teilen sich zwei Backsteinbauten: eine umgebaute Scheune in Sachsen-Anhalt von Jan Rösler und ein Stadthaus in Barcelona von Harquitectes. Der dritte Preis schließlich geht nach Griechenland, für einen eleganten Betonbau von tense architecture network.

Wir danken unseren Jurymitgliedern Heiner Farwick (BDA), Thomas Penningh (VPB), Frank Assmann (Bauhaus Dessau), Georg Augustin (Augustin und Frank Architekten), unseren Sponsoren Jung und Parkett Dietrich. Und natürlich vor allem den Bauherren, die uns in ihre Häuser haben blicken lassen.

Viel Freude mit diesem Buch!

Herzlich, Ihre
Anne Zuber
Chefredakteurin HÄUSER

**Rechts oben** Projektvorstellung in der großen Runde: Deniz Turgut, Jung; Thomas Penningh, VPB; Georg Augustin, Augustin und Frank Architekten; Alexandra Dietrich, Parkett Dietrich; Heiner Farwick, BDA; Ansgar Steinhausen, HÄUSER; Bettina Hintze, Autorin; Anne Zuber, HÄUSER; Thomas Niederste-Werbeck, HÄUSER

**Rechts Mitte** Phasen einer Sitzung: Nach dem Stehen und Sehen kommt das Sitzen und Sprechen.

**Rechts unten** Gut gelaunte Jury: Frank Assmann, stellvertretender Direktor Stiftung Bauhaus Dessau; Anne Zuber, Chefredakteurin HÄUSER; Georg Augustin, Architekt, Augustin und Frank Architekten; Heiner Farwick, Präsident Bund Deutscher Architekten (BDA); Thomas Penningh, Präsident Verband Privater Bauherren (VPB)

### Der HÄUSER-Award

Seit 2004 zeichnet das Architektur- und Designmagazin HÄUSER die besten Einfamilienhäuser aus. Hunderte Architekten aus ganz Europa haben sich in den vergangenen Jahren am Wettbewerb um den begehrten HÄUSER-Award beteiligt. Inzwischen gilt er als der bedeutendste jährlich verliehene Architekturpreis seines Genres. Die Auszeichnung wird in Kooperation mit dem Bund Deutscher Architekten (BDA) und dem Verband Privater Bauherren e.V. (VPB) vergeben und von den Firmen Jung sowie Parkett Dietrich unterstützt.

# INDIVIDUELLE HÄUSER FÜRS LEBEN

Bettina Hintze

Ein eigenes Haus, das ist für viele Menschen die Erfüllung eines Lebenstraums. Mag es der Wunsch nach Selbstverwirklichung, individuellen Gestaltungsmöglichkeiten oder auch räumlicher Abgrenzung sein: Das frei stehende Eigenheim mit Garten ist und bleibt für den Großteil aller Deutschen die beliebteste Wohnform. Betrachtet man jedoch die architektonische Massenware, die sich vor allem in Neubaugebieten an Stadt- und Ortsrändern ansammelt, stellt sich die Frage, ob hier nicht so mancher Bauherrentraum unsanft in der Realität gelandet ist: mit einem Standardhaus im Abstandsflächengrün, das weit von dem Ideal eines maßgeschneiderten Domizils entfernt ist. Nach wie vor wird nur ein verschwindend geringer Anteil an privaten Wohngebäuden von Architekten konzipiert, was bei keiner anderen Bauaufgabe sonst der Fall ist. Einer der Gründe mag darin liegen, dass sich hartnäckig das Vorurteil hält, ein vom Architekten geplantes Objekt sei zwangsläufig teurer als ein Haus von der Stange oder aus der Schublade eines x-beliebigen Bauträgers. Dabei lässt sich ein individueller Entwurf durchaus an das vorgegebene Budget anpassen. Und eine gut durchdachte Planung lohnt sich immer, denn sie kann dem Bauherrn auch langfristig einen Mehrwert bieten, vor allem was seine Wohn- und Lebensqualität betrifft. Hinzu kommt, dass angesichts knapper werdender Ressourcen und Freiflächen gerade im Bereich des Eigenheimbaus kluge Ideen und kreative Konzepte gefragter sind denn je. Insbesondere in Ballungsräumen wird es in Zukunft immer häufiger darum gehen, neue Ansätze zu finden, die von gängigen Lösungen abweichen – etwa, indem man Restgrundstücke und Baulücken geschickt nutzt oder den Bestand nachverdichtet.

## Mut zum Experiment

Doch unabhängig davon, ob es sich um ein Einfamilienhaus auf der grünen Wiese oder im urbanen Kontext handelt: Dass die geglückte Zusammenarbeit von Auftraggeber und Architekt immer wieder zu eindrucksvollen und unverwechselbaren Ergebnissen führen kann, beweisen auch die Beispiele in diesem Buch. Architektur ist immer nur so gut, wie der Bauherr es zulässt. Und welchen wichtigen Einfluss aufgeschlossene, aber auch experimentierfreudige Auftraggeber auf die Baukultur haben können, zeigt ein Blick in die Vergangenheit: Im Laufe des 20. Jahrhunderts entwickelte sich das private Haus zum Prototyp avantgardistischer Ideen. Viele Wohnbauten und Villen – ob von Le Corbusier, Mies van der Rohe, Frank Lloyd Wright oder Richard Neutra geplant – avancierten zu Ikonen der Architekturgeschichte. Damals entstanden Gebäude, die in konzeptioneller und konstruktiver Hinsicht ihrer Zeit ein gutes Stück voraus waren – und deren Formensprache bis heute unser Bauen beeinflusst.

Dass in der Architektur vieles, was noch unerprobt – oder auch ungewohnt – ist, an Einfamilienhäusern getestet wird, hat eine lange Tradition. Überschaubare Projekte sind für innovative Ansätze gut geeignet. Und diese können umso gewagter und kompromissloser ausfallen, wenn der Planer zugleich auch der Bauherr ist. Wie etwa der Stuttgarter Architekt und Ingenieur Werner Sobek, der um die Jahrtausendwende mit einem futuristisch anmutenden, gläsernen Wohnkubus für Furore sorgte. Er konzipierte sein Familiendomizil als emissionsfreie, energieeffiziente Wohnmaschine und setzte dabei die damals neuesten Technologien ein. Sobeks automatisierte, vernetzte Wohnwelt war ein extravagantes, ambitioniertes Vorzeigeprojekt und nahm zugleich einiges von dem vorweg, was mittlerweile in vielen Haushalten unter dem Stichwort »Smart Home« Einzug gehalten hat.

Natürlich sind solche eigenwilligen, aufsehenerregenden Gebäude – ob sie nun aus der Architekturgeschichte oder der Gegenwart stammen – als Wohnmodelle oder Vorbilder für die eigene Hausplanung nur bedingt geeignet und alltagstauglich. Doch sie übernehmen eine wichtige Vorreiterrolle, liefern Ideen, können Mut zum Experiment machen – oder auch einfach nur dazu anregen, die eigenen tradierten Wohnvorstellungen neu zu überdenken.

## Wohnwünsche und Lebensentwürfe

Denn letztlich geht es bei der Planung eines Einfamilienhauses ja vor allem darum, eine maßgeschneiderte Lebenshülle zu entwerfen, die den individuellen Bedürfnissen und Wünschen ihrer Bewohner ausreichend Raum bietet. Natürlich werden dabei auch immer unverrückbare Rahmenbedingungen und feste Vorgaben zu beachten sein. Das beginnt bei der Grundstückssituation und reicht über das Baurecht, das Raumprogramm bis hin zum Budget. Und vermutlich hat jeder Bauherr bereits mehr oder weniger konkrete gestalterische Vorstellungen von seinem Traumhaus im Kopf, die er an seinen Architekten herantragen wird. Doch die zentrale Frage, die stets am Anfang einer Planung stehen sollte, lautet: Wie will ich wohnen? Dabei spielen individuelle Lebenssituationen, Tagesabläufe, Hobbys, aber auch persönliche Eigenschaften eine wichtige Rolle. Wer gesellig ist, gern kocht und Gäste empfängt, wird bei der Grundrissplanung andere Prioritäten setzen als jemand, der sich lieber ins Private zurückzieht oder beispielsweise ein hohes Sicherheitsbedürfnis hat. Ein Haus kann die Offenheit seiner Bewohner buchstäblich ins Bauliche übertragen – etwa mit großzügigen Gemeinschaftszonen statt abgeteilter Zimmer – und ihre Aufgeschlossenheit mit transparenten Glasfronten auch nach außen hin kommunizieren.

## Recherche und passgenaue Planung

Für die Alltagstauglichkeit eines Gebäudes ist vor allem seine innere Organisation ausschlaggebend, »denn ein Wohnhaus ist keine Skulptur, deren Qualität sich in ihrer Form erschöpft, sondern ein Gebrauchsgegenstand, mit dem man tagtäglich lebt«, wie es der Architekturkritiker Manfred Sack einmal formulierte. Auch deswegen ist es sinnvoll, die Lebensgewohnheiten der späteren Besitzer zu erkunden, also gewissermaßen ein Drehbuch für das Wohnen zu erstellen. Berühmt für seine akribische Recherche war der österreichische Architekt Richard Neutra, ein wichtiger Vertreter der klassischen Moderne und ein Großmeister des Einfamilienhausbaus. Er händigte seinen Auftraggebern nicht nur umfangreiche Fragebögen aus, sondern ließ sie auch eine Woche lang Tagebuch über jeden ihrer Schritte führen. So viel Aufwand ist sicher nicht jedermanns Sache, und doch sollte man sich für die Grundlagenermittlung ausreichend Zeit nehmen. Aber auch persönliche Vorlieben – etwa für Farben, Formen, Materialien, Oberflächen, Atmosphären, Lichtstimmungen – stellen wichtige Ausgangspunkte für den Dialog mit dem Architekten und das spätere Hauskonzept dar.

Nicht selten wird die Wunschliste der Bauherren dabei an Grenzen stoßen, sei es, dass sie das Kostenlimit überschreitet oder mit anderen Rahmenbedingungen unvereinbar ist. Dann gilt es, Prioritäten zu setzen, Alternativen zu finden oder auch Kompromisse zu machen, bevor schließlich alles in einem adäquaten Entwurf zusammengeführt werden kann. Dem Planer kommt dabei die anspruchsvolle Aufgabe zu, die abstrakten Vorstellungen und konkreten Vorgaben seiner Auftraggeber in eine gestalterisch ansprechende Form, einen funktionstüchtigen Grundriss, eine angenehme Raumatmosphäre, kurzum: in gute Architektur zu übertragen. Und im Idealfall entsteht am Ende dieses Prozesses ein Haus, das perfekt passt – zum Grundstück, zur Umgebung, aber vor allem zu den Bedürfnissen und dem Budget seiner Bewohner.

Patentrezepte für idealtypische Häuser gibt es nicht, sie sind so unterschiedlich und individuell wie die Lebensentwürfe ihrer Bauherren. Und wie breit das Spektrum architektonischer Lösungen gefächert sein kann, beweisen auch die nachfolgenden Beispiele aus dem HÄUSER-Award 2016. Unter den Projekten aus ganz Europa finden sich minimalistische Zweipersonenhäuser und großzügige Familiendomizile, sensible Umbauten und intelligente Erweiterungen, kostengünstige, aber auch aufwendige Konzepte. Ob aus Holz, Stein oder Beton, in traditioneller oder expressiv-skulpturaler Formensprache: Jedes Gebäude spiegelt auch die verschiedenen ästhetischen Vorstellungen seiner Besitzer wider. Und natürlich spielen im internationalen Vergleich nicht nur andere Normen und Standards, sondern auch regionale oder klimatische Besonderheiten eine Rolle, die sich wiederum bei der Bauweise, der Gestaltung oder der Materialwahl niederschlagen. Doch allen Projekten gemeinsam ist ihre hohe architektonische und funktionale Qualität. Und mit jedem von ihnen haben sich Bauherren ihre ganz individuellen Wünsche vom Wohnen erfüllt. Es sind Beispiele, die inspirieren, aber vielleicht auch Lust machen können auf das eigene Abenteuer Hausbau.

Die ausgezeichneten PROJEKTE

1. Preis

# MODERNES LANDLEBEN

Wohnhaus in Doren/Vorarlberg (Österreich)

Bernardo Bader Architekten

Eine sanfte grüne Hügellandschaft mit Wäldern und Wiesen spannt sich zwischen Vorarlberger Rheintal und Alpenkulisse auf, dazwischen liegen vereinzelte Gehöfte, Schuppen und Scheunen: In der kleinen Gemeinde Doren, eine halbe Autostunde von Bregenz entfernt, bestimmt die Landwirtschaft das Bild. Auch das neue Wohnhaus, das hier nach den Plänen von Bernardo Bader entstand, wirkt von Weitem wie ein schlichtes Nutzgebäude: ein breiter, archetypisch einfacher Bau mit tief gezogenem Satteldach und heller Holzfassade, der mitten auf der Wiese Platz genommen hat und sich ganz selbstverständlich in sein natürliches Umfeld fügt. Doch bereits beim Näherkommen fallen die feinen Details ins Auge. Eine homogene Hülle aus vertikalen Weißtannenleisten umgibt den Bau, dessen Ansichtsseiten von wenigen, ungewöhnlich großen Öffnungen durchbrochen werden. Alle außen liegenden Verblechungen – einschließlich der Fensterlaibungen und Führungsschienen für die Schiebeläden – sind aus Kupfer.

Wie alle Projekte des Architekturbüros ist auch dieses aus dem Ort und aus der Topografie heraus entwickelt. Und es orientiert sich in Kubatur und Formensprache an dem, was zuvor hier stand: einem alten Bauernhaus, das sich seit Generationen in Familienbesitz befunden hatte, wegen seines schlechten Zustands jedoch nicht mehr zu retten war. Der Neubau trat an seine Stelle und führt die sparsame Schlichtheit des Bestands mit zeitgemäßen Mitteln fort. Unkompliziert und pragmatisch knüpft der Architekt an die regionale Bautradition an, ohne jede Heimattümelei oder falsche Rustikalität. Daher ist es auch nur konsequent, dass wieder sämtliche Funktionen in einem kompakten, klar geschnittenen Volumen zusammengefasst sind: unbeheizte Garage, Wohnräume und überdachte Terrasse. Je eine große Fassadenöffnung orientiert sich in die verschiedenen Himmelsrichtungen und rahmt die Ausblicke in die umgebende Natur.

»Von den alten Bregenzerwälderhäusern haben wir auch das ›Schichtenprinzip‹ übernommen«, erklärt Bader. »Sowohl am Hauseingang als auch am Ausgang in den Garten gibt es überdachte Pufferräume.« Diese Einschnitte in die Gebäudehülle lassen auf der Nordseite eine schmale gedeckte Eingangszone und auf der Südseite eine großzügige wind- und wettergeschützte Loggia entstehen. Breite Schiebeelemente, die an schlichte Scheunentore erinnern, dienen bei Bedarf als Schattenspender und Sichtschutz.

Im Gebäudeinnern spielt sich das Familienleben auf einer Ebene ab: An die Diele schließt sich rechter Hand ein offener, lichtdurchfluteter Wohn-, Koch- und Essbereich an, der

**Vorherige Doppelseite** In Formensprache und Materialwahl knüpft das Haus an landwirtschaftliche Zweckbauten an. Den Unterschied machen die Details – wie etwa die großen Fenster in den Giebelwänden.

**Links** Garagenzufahrt und Hauseingang liegen auf der Nordseite. Im Gegensatz zur Bretterschalung der Holzfassade sind die überdachten Bereiche mit glattem Weißtannentäfer bekleidet.

**Rechts oben** Die breite Loggia auf der Südseite dient als großzügiger, witterungsgeschützter Freisitz und bildet eine Übergangszone zwischen drinnen und draußen.

**Rechts unten** Über hölzerne Schiebeläden, die an einfache Scheunentore erinnern, lässt sich das Haus je nach Bedarf zur Landschaft hin öffnen oder auch ganz verschließen.

den geselligen Mittelpunkt des Hauses bildet, links führt ein schmaler Gang zu den privaten Rückzugsräumen. Im teilunterkellerten Bereich hat sich der Bauherr eine Hobbywerkstatt für alte Vespas eingerichtet. Der unbeheizte Dachboden dient als Ausbaureserve – und bietet einstweilen viel Raum für die Sammelleidenschaft der Bauherrin für Vintage-Möbel.

Im Interieur kontrastieren warmtoniges Weißtannenholz – das bei allen Einbauten und Türen zum Einsatz kam – sowie lebhaft gemaserte Fichtenholzdielen mit glatt geschalten, hellgrauen Betonflächen. Unübersehbar ist das Haus eine Mischkonstruktion: Die Innenwände des Erdgeschosses und die Decke darüber sind aus Sichtbeton. Sie bilden den massiven, tragenden Kern und erhöhen die thermische Speichermasse, während sich die Außenhaut aus wärmegedämmten Holzelementen wie eine leichte, schützende Hülle um das Gebäude legt.

Ein individuelles Familiendomizil voller Qualität hatte sich der Bauherr von seinem Bruder, dem Architekten, gewünscht. Es sollte ausreichend Platz bieten für die momentanen, aber auch für die langfristigen Bedürfnisse seiner Bewohner – und zugleich eines nicht sein: teuer. Um dieses ambitionierte Sparziel zu erreichen, mussten die Auftraggeber allerdings auch selbst kräftig mit anpacken und übernahmen die Fassadenverkleidung und den Innenausbau in Eigenregie. Das Bauholz hierfür wurde im nahe gelegenen, familieneigenen Wald nach dem Mondkalender geschlagen, die Fichtenböden hingegen sind ein Relikt aus der Vergangenheit: Sie stammen aus den alten Balken und Dielen des ehemaligen Bauernhauses. Die recycelten Holzbretter wurden ohne Estrich und Klebstoff auf luftgetrockneten Lehmziegelsteinen verlegt, in deren Rillen die Fußbodenheizungsrohre verlaufen – eine ebenso einfache wie nachhaltige Methode. »Ein mit dem Geist des alten Hauses und dem Ort verwachsener Bau«, so Bader, sei sein erklärtes Ziel gewesen. Und das ist ihm in jeder Hinsicht grandios gelungen.

**Rechts** Die Essküche ist das kommunikative Zentrum des Hauses. Eine schwarz gestrichene Wand setzt einen kräftigen Akzent und verleiht dem Raum optisch mehr Tiefe.

**Links oben** Praktisch und schön ist die deckenhohe Küchenzeile, die zugleich als Raumteiler zwischen Essplatz und anschließendem Wohnbereich dient.

**Links unten** Sichtbeton bildet den massiven Kern des Hauses und kontrastiert reizvoll mit den unbehandelten, sägerauen Oberflächen der recycelten Fichtenholzdielen. Der Alkoven ist in die Trennwand zum Kamin eingelassen.

**Rechts oben links** Der zentrale Mittelflur erschließt alle Räume. Die Türen sind aus massivem Weißtannenholz, der schwarze Filzvorhang rechts teilt den Windfang ab.

**Rechts oben rechts** Gekonnt inszeniert ist der Aufgang ins Dachgeschoss. Über eine schlichte hölzerne Podesttreppe gelangt man vom Eingangsbereich direkt in die obere Ebene.

**Rechts unten** Das Arbeitszimmer orientiert sich auf die Loggia im Süden. Raumhohe Glasfronten sorgen für optimalen Lichteinfall.

**Links** Schöne Aussichten in die freie Landschaft bieten sich vom Schlafraum. Die gemusterte Wandtapete ist ein Blickfang im ansonsten puristisch gehaltenen Interieur.

**Rechts** Weiße Mosaikfliesen und hellgraue Sichtbetonflächen prägen den Raumeindruck im Bad, das nur durch die Wandscheibe rechts vom Schlafzimmer abgeteilt ist.

**Rechts** Ausbaufähig ist das Dachgeschoss, das zurzeit als Lagerraum und Holzwerkstatt genutzt wird. Es lässt sich über ein fassadenbündiges Tor auf der Ostseite natürlich belichten.

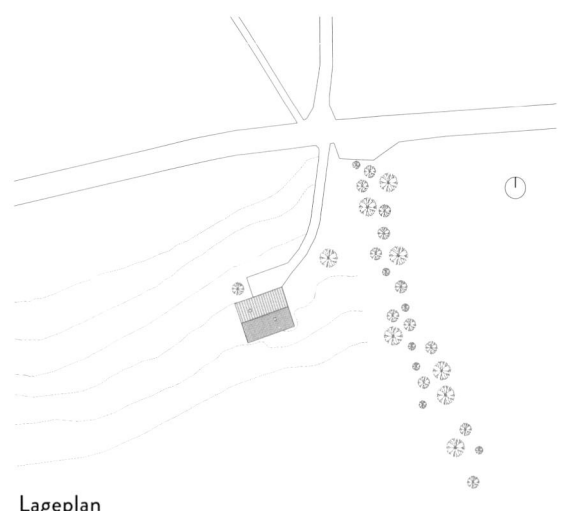

Lageplan

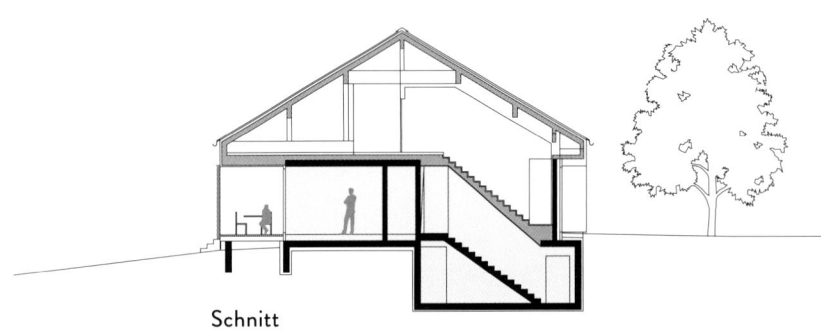

Schnitt

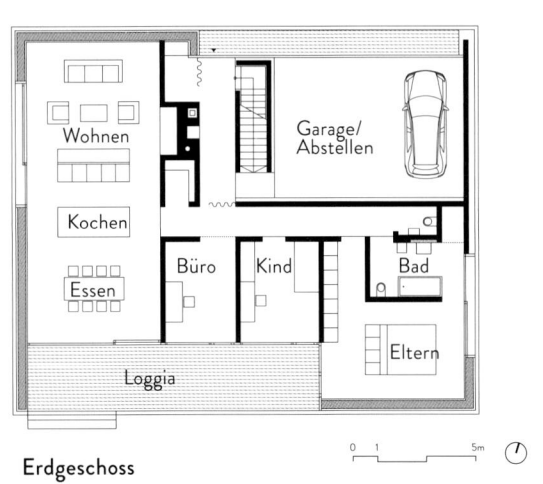

Erdgeschoss

## Kurzporträt

» Ersatzbau anstelle eines alten Bauernhauses

» Zeitgemäße Architektur- und Formensprache, orientiert an landwirtschaftlichen Gebäuden der Umgebung

» Alle Funktionen in einem kompakten Baukörper vereint

» Mischkonstruktion mit massivem Kern zur Erhöhung der thermischen Speichermasse

» Wiederverwendung von Materialien aus dem Abbruchhaus

» Bauholz aus dem eigenen Wald

» Viel Eigenleistung bei Innenausbau und Fassadenschalung

» Trockenestrichsystem mit Formsteinen aus Tonerde und integrierter Fußbodenheizung

## Gebäudedaten

**Grundstücksgröße:** 900 m²
**Wohnfläche:** 150 m²
**Zusätzliche Nutzfläche:** 233 m² (Keller, Dachboden)
**Terrasse/überdachter Eingangsbereich:** 44 m²
**Anzahl der Bewohner:** 3
**Bauweise:** Mischbau; Kernzonen und Decken aus Beton, Außenbauteile aus wärmegedämmten Holzelementen
**Fassade:** Holzschalung aus Weißtanne
**Baukosten gesamt:** ca. 400.000 Euro (ohne Eigenleistung)
**Energiekonzept:** Holz-Kaminofen, Erdwärmepumpe mit Tiefensonde
**Heizwärmebedarf:** 22 kWh/m²a
**Bauzeit:** 2012–2014

## Beurteilung der Jury

Der archaisch einfache, kompakte Baukörper fügt sich unaufgeregt in sein ländliches Umfeld ein. In Kubatur und äußerem Erscheinungsbild orientiert er sich an den landwirtschaftlichen Zweckbauten der Umgebung, in Detaillierung, Raumkonzeption und Ausgestaltung gibt er sich jedoch deutlich als modernes Wohnhaus zu erkennen. Der Neubau besticht durch seine angenehme Schlichtheit und seine konsequente formale Reduktion, die sich auch in dem funktional organisierten Grundriss widerspiegelt. Der ebenso unprätentiöse wie materialgerechte Innenausbau sowie die stimmigen Details runden das wohl durchdachte Gesamtkonzept ab. Eine überzeugend klare Lösung – und ein besonders gelungenes Beispiel für eine zeitgemäße, ortsgebundene Architektur, die sich im besten Sinn der regionalen Tradition verpflichtet fühlt.

**Bernardo Bader, Architekt**

» *Der Neubau ist durch ein großes, klar geschnittenes Volumen definiert: Alle Funktionen sind unter einem Dach vereint, wie es auch bei den alten Bregenzerwälderhäusern typisch ist.* «

2. Preis

# DURCHGEHEND GEÖFFNET

Wohnhaus in Granollers/Barcelona (Spanien)

Harquitectes

**Vorherige Doppelseite** Eine abwechslungsreich gestaltete Haus- und Hoflandschaft füllt die schmale Baulücke, die sich über die Tiefe des gesamten Häuserblocks von Ost nach West erstreckt.

**Links** Auf der Westseite befindet sich die Zufahrt zum Grundstück. In die neue Backsteinwand, die sich zwischen die Nachbarhäuser spannt, ist ein hölzernes Schiebetor integriert.

**Rechts** Der überdachte Innenhof vor dem Gästehaus dient zugleich als Carport und bietet Stellplätze für zwei Autos. Über einen Durchgang gelangt man weiter in Richtung Haupthaus.

Glücklich, wer hier noch eines der raren Grundstücke ergattert hat: Das historische Zentrum von Granollers, einer katalanischen Kleinstadt nordöstlich von Barcelona, ist dicht besiedelt. Freie Flächen sind Mangelware – und doch gelang es den Bauherren, eine schmale Restparzelle mit einem abbruchreifen Altbau zu erwerben. Das Areal liegt eingezwängt zwischen den Brandwänden seiner Nachbarn: ein nur 6,50 Meter breiter, 53 Meter langer Streifen, der an seinen Stirnseiten im Osten und Westen an Straßen grenzt. Doch nicht nur der schwierige Grundstückszuschnitt, auch das umfangreiche Raumprogramm der sechsköpfigen Familie stellte die Architekten vor größere Herausforderungen: »Die Bauherren wünschten sich zwei verschiedene, voneinander unabhängige Gebäudetrakte: einerseits einen Wohnbereich, in dem sich das tägliche Familienleben abspielt, und andererseits einen zweiten, separaten Bereich, der für Übernachtungsgäste, aber auch für größere gesellige Treffen oder Essenseinladungen genutzt werden kann«, erzählen sie.

Das katalanische Planerteam löste diese komplexe Aufgabe mit einem ungewöhnlichen Konzept: Ihr Entwurf baut auf einer Abfolge verschiedener Innen-, Außen- und Zwischenräume auf, die sich über die gesamte Grundstückslänge erstrecken und eng miteinander verwoben sind. Jeder Quadratmeter des kostbaren Areals wird somit sinnvoll genutzt, es gibt keine überflüssigen Restflächen. Eingebettet in eine wohlkalkulierte Sequenz von Patios, Terrassen und Atriumgärten sind zwei getrennte Baukörper – ein großes dreigeschossiges Familienwohnhaus und ein kleinerer zweigeschossiger Gästetrakt. Das Erdgeschoss wird auf diese Weise zur einer weitläufigen Haus- und Hoflandschaft, die man von einer Straßenseite bis zur anderen durchschreiten kann.

Im Osten wurde der marode Altbau bis auf seine historisch wertvolle Straßenfassade abgebrochen, die nun – restauriert und mit einer neuen Holztür versehen – den Haupteingang des Gebäudeensembles bildet. An einen glasgedeckten Innenhof, der eine witterungsgeschützte, halböffentliche Übergangszone bildet, schließt sich das Familienwohnhaus an. Man betritt es direkt über die große Essküche und gelangt am Treppenhaus vorbei – das zu den Privaträumen in den oberen Etagen führt – weiter in das Wohnzimmer. Breite Glasfronten öffnen dieses auf eine Terrasse und einen mit Bäumen bestandenen Kiesgarten. Weiter hinten fungiert ein überdachter Grillplatz als großzügiges Freiluftzimmer und offener Durchgangsraum zum Gästehaus. Den westlichen Abschluss bildet ein weiterer Innenhof: Er dient als Zufahrtsbereich und Autostellplatz und wird durch eine neue Backsteinwand mit integriertem Schiebetor von der Straße abgeteilt.

Das spannungsvolle Wechselspiel von offenen und geschlossenen Räumen wird durch die differenziert gestalteten Freibereiche – mit Holzdecks, Pflasterböden, Kiesflächen und Bepflanzungen – noch verstärkt. Trotz der hohen städtischen Dichte ist es den Architekten gelungen, großzügige Aufenthaltszonen entstehen zu lassen und auch ein Stück Natur ins Haus zu holen. Darüber hinaus tragen ihre »bioklimatischen Patios« dazu bei, die Luftzirkulation zu verbessern, sodass die Temperaturen sogar an heißen Sommertagen relativ konstant bleiben.

Auch im Gebäudeinnern herrscht stets ein angenehmes Raumklima – dank der thermischen Speichermasse der zweischaligen, gut gedämmten Ziegelwände. Mit dem Massivbau aus Sichtmauerwerk griffen die Architekten auf ein traditionelles, regionaltypisches Material zurück, gingen beim Verband jedoch neue Wege: Hochloch- und Vollziegel variieren in Format und Schichtdicke, machen Sockelzonen, Brüstungen oder Stürze nach außen hin ablesbar und verleihen der Fassade mit ihrem unregelmäßigen Fugenbild eine ungewöhnliche Textur.

Das Mauerwerk ist auch im Innern stets präsent: Die unverputzten Ziegelwände wurden hier lediglich weiß gestrichen. Im Erdgeschoss blieben die Trapezbleche der Decken unverkleidet und unterstreichen den industriell-rauen Charme des Interieurs. Schlichte Einbauten und Böden aus warmtonigem Lärchenholz tragen zum harmonischen Gesamteindruck bei und lassen eine ebenso stimmige wie unprätentiöse Wohnkulisse für das Familienleben entstehen.

**Links** Das Wohnzimmer im Haupthaus orientiert sich auf den Hofgarten. Unterschiedliche Steinhöhen gliedern das Sichtmauerwerk und machen Brüstungen sowie Stürze deutlich ablesbar.

**Rechts** Die durchgehende Sichtachse im Erdgeschoss lässt auch auf geringer Fläche ein Gefühl von Offenheit und räumlicher Großzügigkeit entstehen.

**Rechts** Der überdachte Grillplatz im Innenhof ist ein zusätzliches Freiluftzimmer. Die Außenanlagen sind mit unterschiedlichen Bodenbelägen aus Klinker, Kies oder Holz gestaltet.

**Ganz rechts** Große Fenster öffnen das dreigeschossige Haupthaus auf den Patio, über den das Sonnenlicht von oben hereindringen kann. Das Holzdeck erweitert den Wohnraum schwellenlos ins Freie.

**Oben** Backstein dient als verbindendes Element zwischen innen und außen: Das Material fasst die Haustrakte und Höfe auch optisch zu einer Einheit zusammen.

**Rechts oben links** Eine zweiläufige Treppe führt zu den Schlafräumen in den Obergeschossen. Sie ist ebenso wie die Wandverkleidungen und Bodenbeläge aus Lärchenholz.

**Rechts oben rechts** Platzsparend und praktisch zugleich ist das maßgefertigte Schlafpodest im Kinderzimmer, das zusätzliche Schränke und Stauräume aufnimmt.

**Rechts unten** Weiße Wände, Estrichboden und Lärchenholz prägen den Raumeindruck im Elternbad. Eine deckenhohe Glaswand trennt die Dusche von der Ankleide ab.

31

**Oben links** Die geräumige Esstküche liegt im Erdgeschoss des Familienwohnhauses. Sie orientiert sich auf den Eingangshof und wird über große Glasfronten üppig mit Licht versorgt.

**Links** Der Hauptzugang zum neuen Gebäudeensemble liegt im Osten. Die historische Straßenfront blieb als Reminiszenz an den Vorgängerbau erhalten und wurde restauriert.

**Oben rechts** Die Stahltrapezbleche der Deckenkonstruktion blieben unverkleidet. Auch das Mauerwerk wurde nicht verputzt und lediglich mit Kalkfarbe weiß gestrichen.

**Rechts** Der glasüberdachte Innenhof zwischen Ostfassade und Wohnhaus vermittelt zwischen Öffentlich und Privat. Er dient als witterungsgeschützter Eingangsbereich und Freisitz.

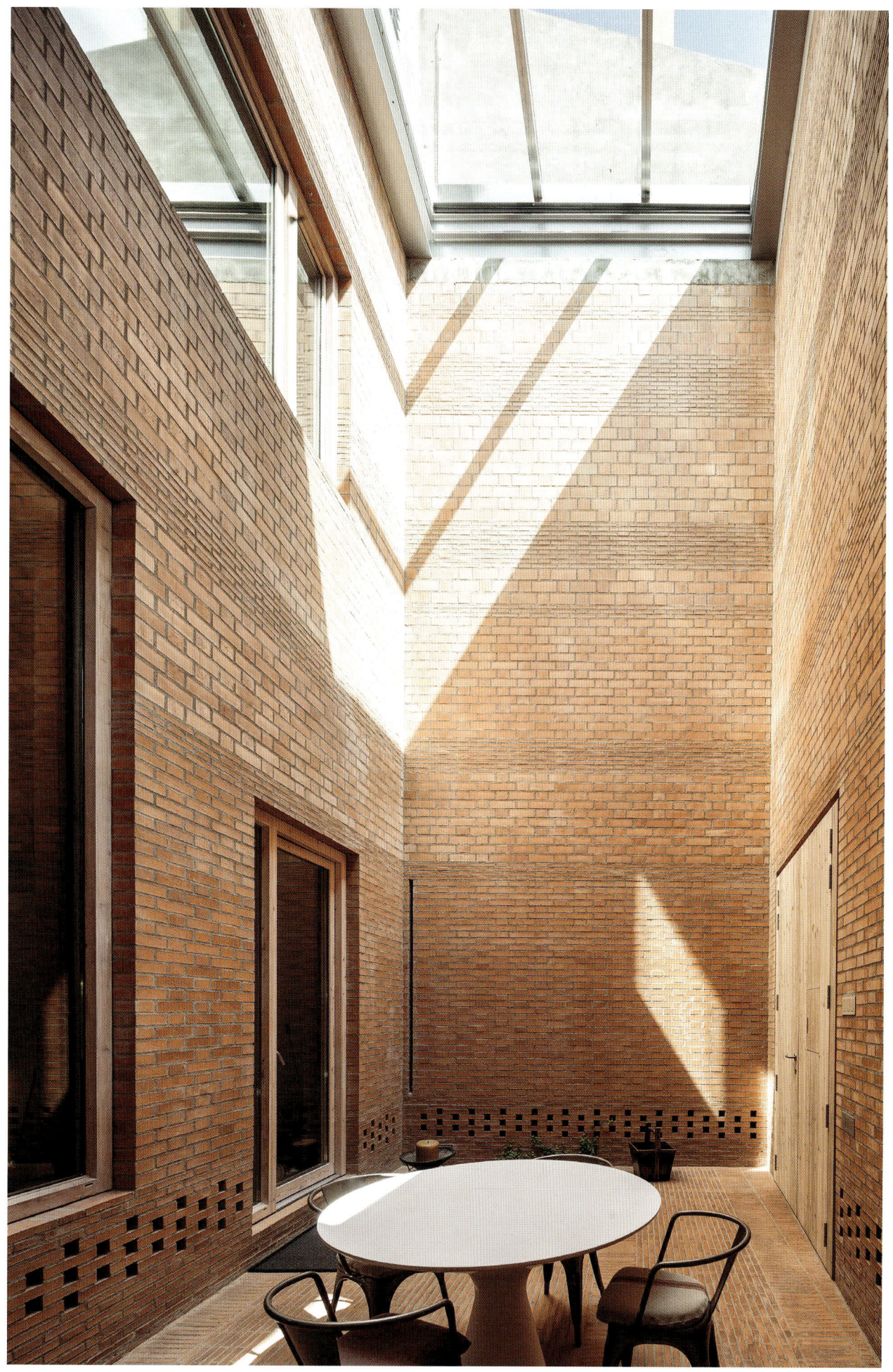

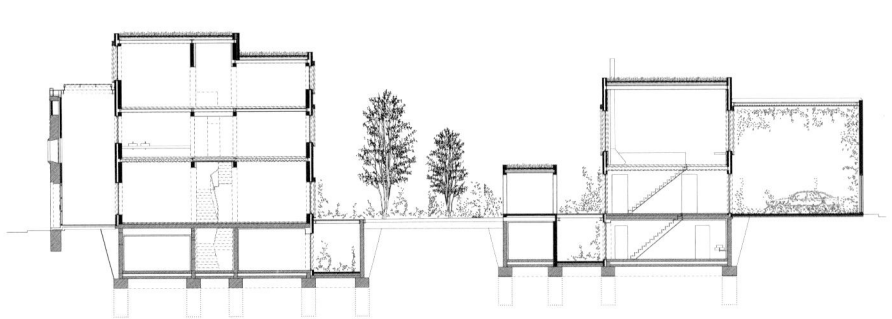

Schnitt

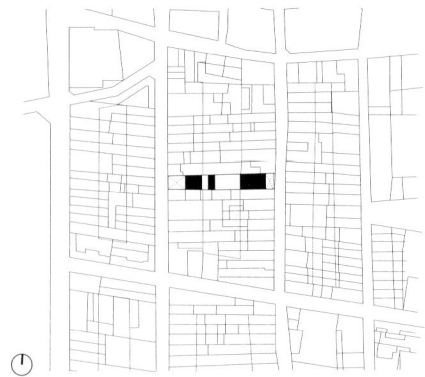

Lageplan

2. Obergeschoss

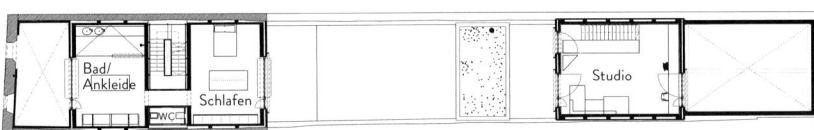

1. Obergeschoss

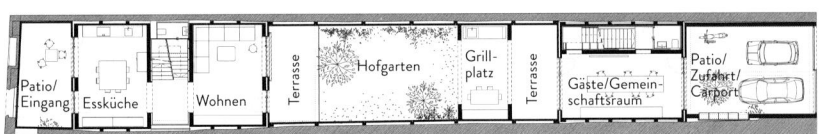

Erdgeschoss

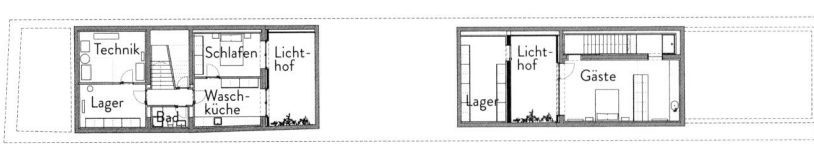

Untergeschoss

## Kurzporträt

» Zwei separate Baukörper, die über Höfe und Atriumgärten miteinander verbunden sind

» Optimale Nutzung der schmalen, tiefen Baulücke

» Patios für Distanz zum öffentlichen Raum, als Gartenersatz und zur Verbesserung der Belichtung und Belüftung

» Durchgehende Sichtachsen für optische Großzügigkeit, vielfältige Raumbeziehungen und Ausblicke

» Materialwahl orientiert an regionaler Bautradition

» Massiver, zweischaliger Ziegelbau mit guten Dämmeigenschaften

## Gebäudedaten

**Grundstücksgröße:** ca. 365 m²
**Wohnfläche:** 408 m²
**Innenhöfe, Terrassen:** 210 m²
**Anzahl der Bewohner:** 6
**Bauweise:** Ziegelmassivbau, zweischalige Außenwandkonstruktion mit Wärmedämmung (Holzfaserdämmplatten) und Hinterlüftung
**Fassade:** Sichtmauerwerk
**Energiekonzept:** geothermische Wärmepumpe, Fußbodenheizung
**Heizwärmebedarf:** 24,5 kWh/m²a
**Primärenergiebedarf:** 26,6 kWh/m²a
**Bauzeit:** 2012–2014

## Beurteilung der Jury

Der Entwurf ist ein herausragendes Beispiel für das Bauen im urbanen Kontext unter Einbeziehung noch vorhandener Bauteile sowie für den Umgang mit einem schwierigen, ungünstig geschnittenen Grundstück. Die schmale, extrem tiefe Baulücke nutzten die Architekten geschickt aus, indem sie das Raumprogramm auf zwei Gebäude verteilten und in einer abwechslungsreichen Erschließungssequenz arrangierten: Patios schaffen Übergangszonen zwischen Öffentlich und Privat, verzahnen gut proportionierte Innen- und Außenräume miteinander und lassen auf begrenzter Fläche sehr differenzierte Wohn- und Freiraumqualitäten entstehen. Trotz seiner eigenständigen Formensprache fügt sich das Hausensemble in Höhenentwicklung und Maßstab zurückhaltend in sein Umfeld ein, auch die Materialwahl ist schlüssig und dem Ort angemessen. Insgesamt ein sowohl städtebaulich als auch architektonisch überzeugendes Konzept von hohem Wohnwert.

**David Lorente Ibáñez, Josep Ricart Ulldemolins, Roger Tudó Gali, Xavier Ros Majó, HARQUITECTES**

》 *Mauerwerk spielt in der hiesigen Architektur eine wichtige Rolle, was auch unsere Materialwahl beeinflusst hat: Mit der Ziegelbauweise knüpfen wir an diese Tradition an.* 《

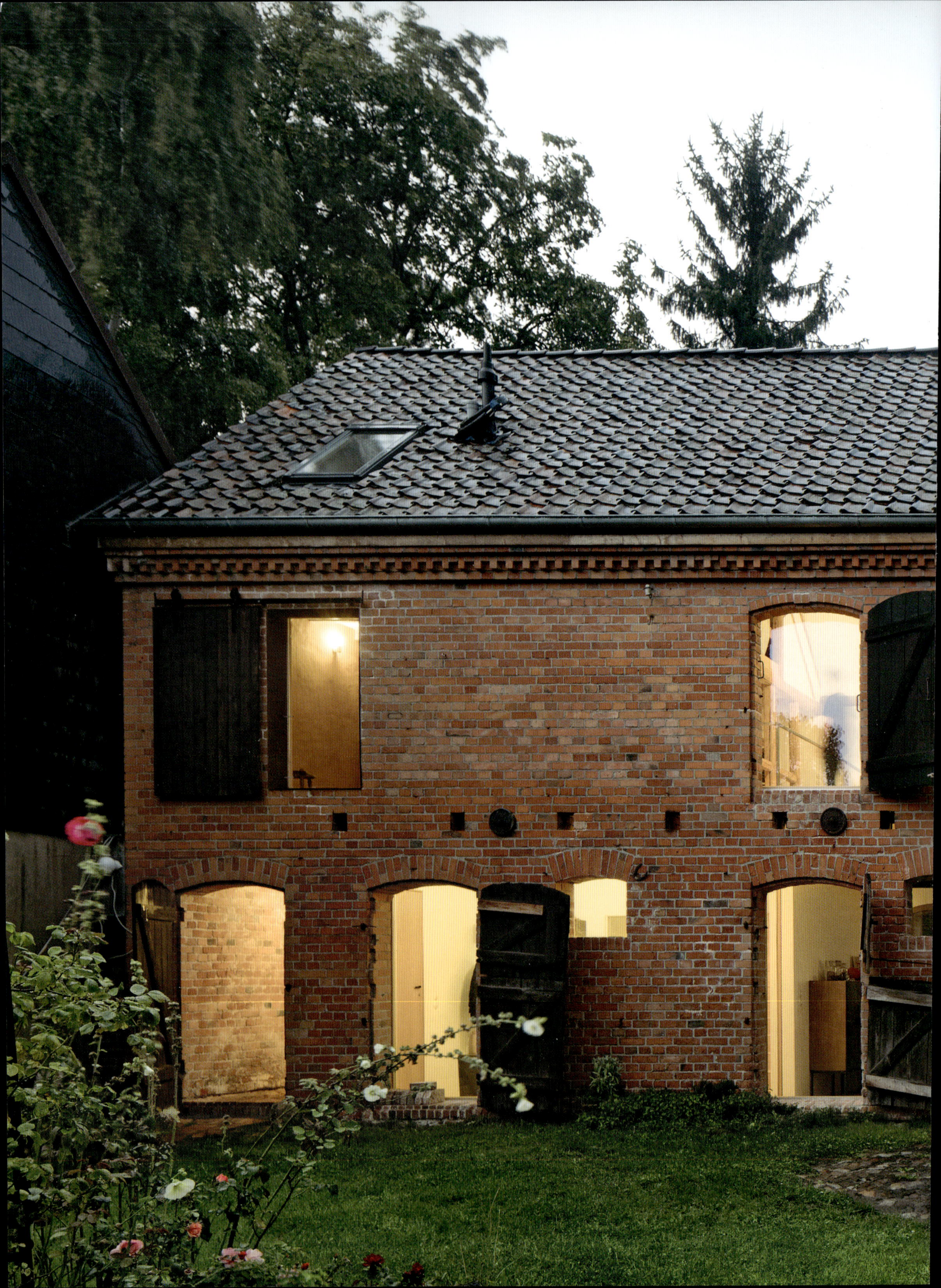

2. Preis

# AUFFALLEND UNAUFFÄLLIG

Umbau einer Scheune zum Ferienhaus
in Druxberge/Sachsen-Anhalt

Jan Rösler Architekten

**Vorherige Doppelseite** Die ehemalige Scheune hat sich nach ihrem Umbau in ein wohnliches Feriendomizil verwandelt. Die alten Schiebetore und Klappläden erinnern an die frühere Nutzung.

**Rechts** Auch die ursprünglichen Öffnungen blieben erhalten. Im Erdgeschoss, wo sich einst die Tordurchfahrt befand, bietet eine breite Glasfront tiefe Einblicke in das neue Innenleben.

Ein Ferienhaus auf dem Land, fernab des Großstadttrubels: Diesen Traum erfüllten sich die Berliner Bauherren in dem beschaulichen Dörfchen Druxberge im Norden der Magdeburger Börde. Bereits vor vielen Jahren hatten sie dort ein Grundstück mit einer alten Scheune erworben, die sie nun zum Wochenenddomizil umbauen wollten. Der Architekt fand sich im Freundeskreis: Jan Rösler übernahm die Aufgabe, den leer stehenden Backsteinbau aus den 1930er-Jahren in ein Wohnhaus zu verwandeln – und kam so als junger Planer zu seinem ersten größeren Auftrag. Dabei ging er sehr behutsam ans Werk, stets darauf bedacht, das äußere Erscheinungsbild und den Charakter des landwirtschaftlichen Gebäudes zu erhalten.

Und das ist ihm sichtlich gelungen: Dank minimaler Eingriffe zeigt sich die Fassade heute nahezu unverändert, sämtliche Öffnungen blieben bestehen. Auch die originalen Holztore und Klappläden wurden aufgearbeitet und wiederverwendet: »Sie waren größtenteils noch vorhanden und mussten nur funktionstüchtig gemacht werden«, erzählt der Architekt. Wenn die Bewohner im fernen Berlin weilen, bleiben die Läden geschlossen – dann scheint sich auf den ersten Blick kaum etwas an dem alten Gemäuer verändert zu haben. Nicht einmal das sanierte und neu gedämmte Dach fällt aus dem Rahmen: Es wurde mit den Ziegeln eines Abbruchhauses aus der Nachbarschaft eingedeckt, die sich mit ihrer Patina auffallend unauffällig ins Gesamtbild fügen.

Sind die Besitzer vor Ort, geben die geöffneten Holzläden den Blick auf große Glasfronten frei. Bei Dunkelheit leuchtet das Haus von innen heraus – und fällt nach der Abreise seiner Gäste wieder in einen Dornröschenschlaf. »Scheune wird Wohnhaus wird Scheune«, beschreibt Jan Rösler sein Konzept.

Die Idee, sich mit dem Bestehenden zu arrangieren, stellte aber gerade im Hinblick auf die Belichtung eine besondere Herausforderung für ihn dar. Zumal die vorhandenen Öffnungen in Position und Größe auf die ursprüngliche Funktion des Gebäudes als Heulager und Stall zugeschnitten waren. Mit einer klugen Grundrissorganisation und sorgsam ausgewählten Materialien gelang es Rösler jedoch, im Innern helle, zeitgemäße Räume entstehen zu lassen, die in reizvollem Kontrast zur rauen, schmucklosen Fassade stehen.

Im Erdgeschoss bildet eine großzügige Wohnküche mit offenem Kamin den kommunikativen Mittelpunkt des Familienlebens. Sie wird von beiden Längsseiten belichtet und erweitert sich über breite Fenstertüren, die in die ehemaligen Durchfahrten eingebaut wurden, in Hofraum und Garten. Die preußische Kappendecke mit ihren dunklen Stahlträgern und einer markanten Stütze im Zentrum prägt nicht nur den Raumeindruck in dieser Ebene, sondern gibt mit ihrer klaren Struktur auch die Grundrissorganisation in den oberen Geschossen vor: Die Treppe etwa wurde zwischen zwei Trägern der Decke platziert. Die Atmosphäre im Obergeschoss, in dem sich ein weiterer Wohn- und Rückzugsbereich sowie zwei Schlafzimmer befinden, wird ganz vom alten Gebälk des Dachstuhls geprägt. An dessen Stirnseiten schieben sich die beiden Schlafgalerien für die Kinder unter die Schrägen.

Soweit es technisch möglich war, verwendete der Architekt nachhaltige Baumaterialien. So erhielten die alten Backsteinmauern eine Holzweichfaserinnendämmung, das Dach eine Isolierung aus Flachs. Sämtliche Innenwände im Haus sind mit Lehmputz bekleidet, der mit weißer Kalkfarbe gestrichen ist. Während in der Eingangsebene, wo ein Natursteinboden aus Travertin verlegt wurde, helle Töne dominieren, herrscht im Obergeschoss warmes Braun vor. Wände in Naturlehmfarbe sorgen hier für kräftige Akzente und harmonieren gut mit dem alten Gebälk sowie den Holzdielen.

Schlichte Innenausbauten aus lackiertem Eichenholz runden das stimmige Gesamtkonzept ab. Der Architekt hat diese als gelernter Tischler nicht nur selbst entworfen, sondern auch gebaut und montiert: von Schränken über Küchenmöbel bis hin zu Waschtischverkleidungen. Aber auch seine Auftraggeber steuerten hier einiges an Eigenleistung bei. Das Ergebnis dieses Umbaus ist eine gelungene Symbiose von Alt und Neu – und ein ganz individuelles Ferienhaus, das historischen Charme mit zeitgemäßem Wohnambiente verbindet.

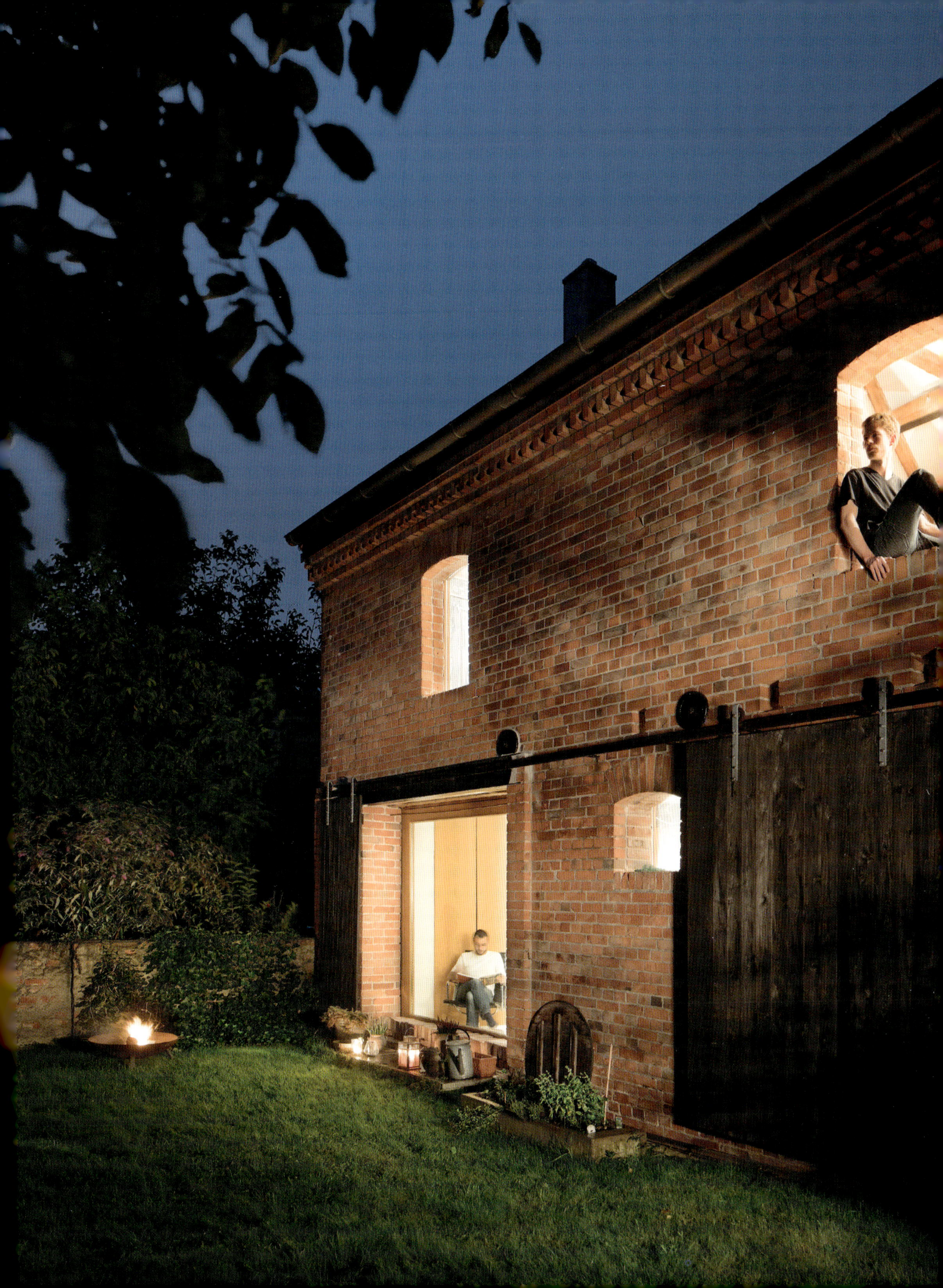

**Links** Die schlichte Backsteinfassade zeigt sich unverändert. Das Fenster im Obergeschoss ist mit einem verdeckten Rahmen dezent in die historische Substanz integriert.

**Rechts oben** Kommunikatives Zentrum des Hauses ist das Erdgeschoss, dessen Raumeindruck von der Kappendecke sowie einer markanten Stahlstütze geprägt wird.

**Rechts unten** Der in die Stirnwand integrierte Kaminofen trägt zur gemütlichen Wohnatmosphäre bei, hinter maßgefertigten Einbauten aus Eichenholz verbergen sich Stauräume.

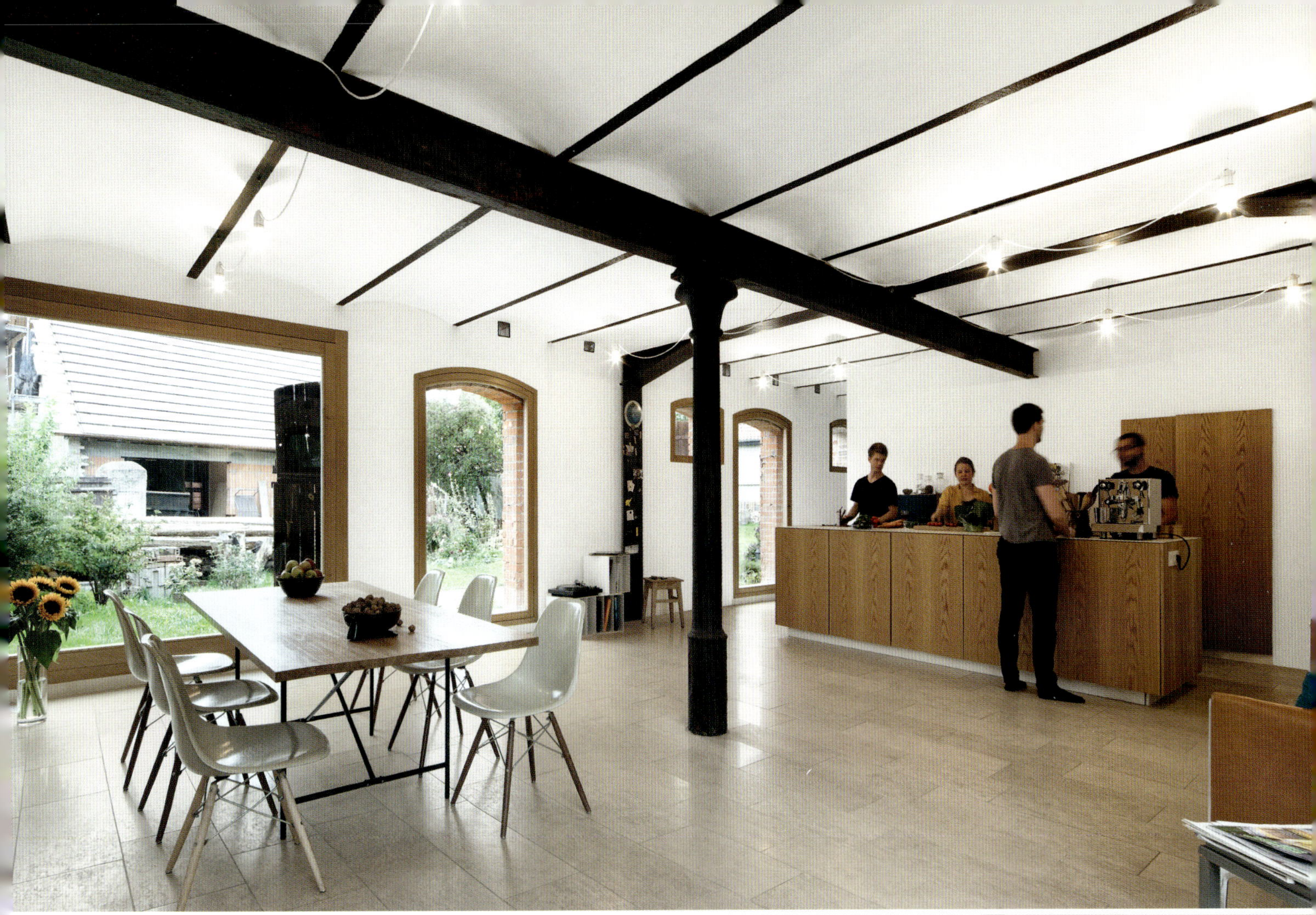

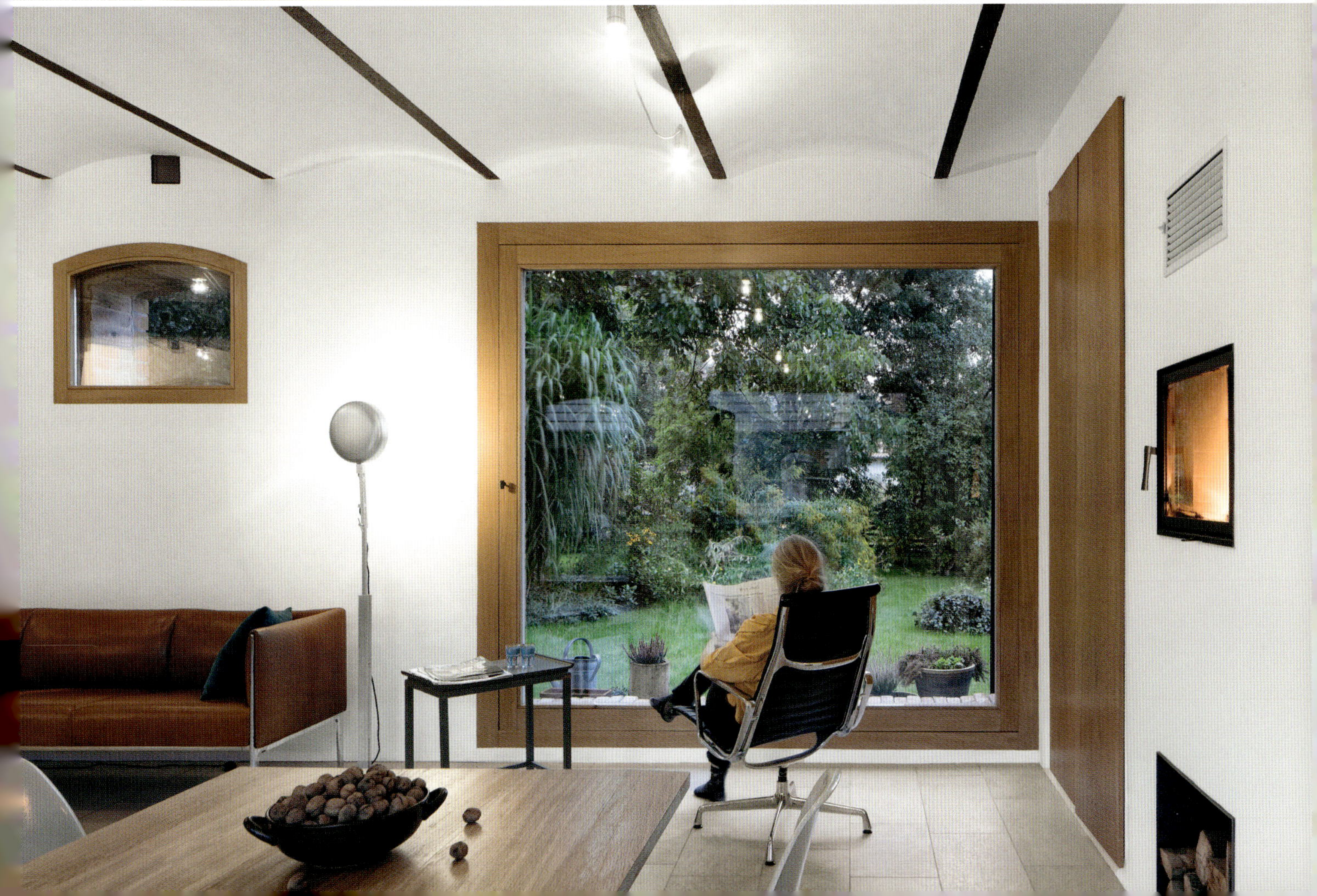

**Oben** Licht und luftig wirkt das Bad im Obergeschoss. Die Außenwand rechts ist mit pigmentierter Lehmfarbe gestrichen, die einen kräftigen, warmtonigen Farbakzent setzt.

**Oben Mitte** Waschtisch und Wannenverkleidung aus lackiertem Eichenholz sind wie auch alle anderen Einbauten im Haus vom Architekten selbst entworfen und angefertigt.

**Ganz oben links** Die Treppe wurde zwischen die Stahlträger der Kappendecke platziert. Das Gebälk des alten Dachstuhls prägt den Raumeindruck in der oberen Etage.

**Oben** Loftatmosphäre vermittelt der Dachraum, der sich bis unter den First öffnet. Hinter der Trennwand verbergen sich zwei Zimmer, darüber liegt die Schlafgalerie der Kinder.

43

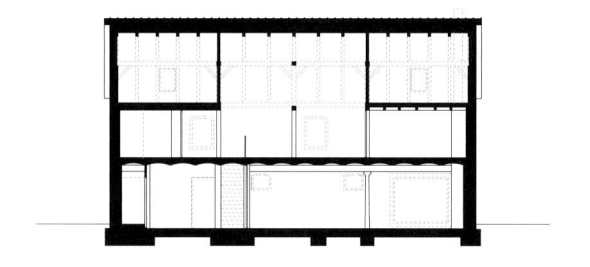

Längsschnitt

Querschnitt 1

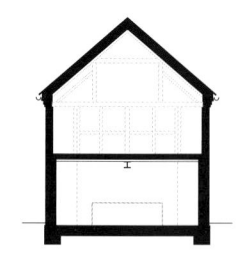

Querschnitt 2

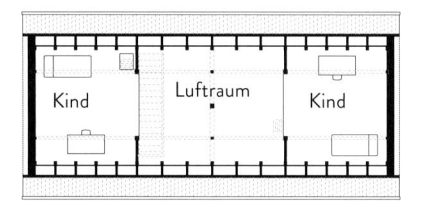

Dachgeschoss
- Kind
- Luftraum
- Kind

Lageplan

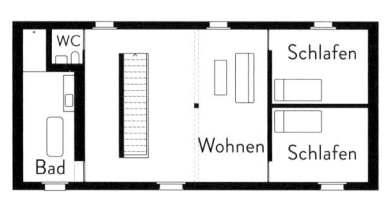

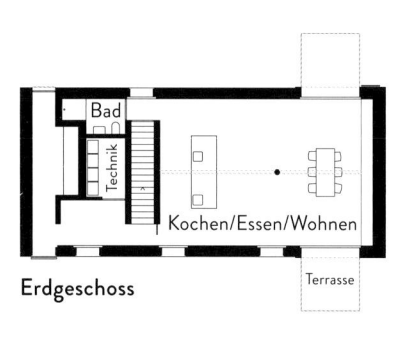

Obergeschoss
- WC
- Bad
- Schlafen
- Wohnen
- Schlafen

Erdgeschoss
- Bad
- Technik
- Kochen/Essen/Wohnen
- Terrasse

0 1 5m

## Kurzporträt

» Umnutzung einer leer stehenden Scheune zu Wohnzwecken

» Wahrung des ursprünglichen Gebäudecharakters, Erhalt von Fassadenöffnungen, alten Läden und Scheunentoren

» Neue Raumorganisation auf Grundlage der alten Tragstrukturen mit Kappendecke und Holzdachstuhl

» Maßgefertigte Einbauten aus Eichenholz

» Einsatz nachhaltiger, ökologischer Materialien wie Lehmputz, Holzweichfasermatten und Flachsdämmung

» Neues Sparrendach auf Bestandspfettendach, Dachdeckung mit Ziegeln eines Abrisshauses

## Gebäudedaten

**Grundstücksgröße:** 860 m$^2$
**Wohnfläche:** 210 m$^2$
**Zusätzliche Nutzfläche:** 30 m$^2$
**Anzahl der Bewohner:** 4
**Bauweise:** Massivbau (Vollziegel), Wände mit Holzweichfaserinnendämmung und Lehmputz
**Fassade:** Sichtmauerwerk
**Energiekonzept:** Gastherme, Fußbodenheizung, Kaminofen als Zusatzheizung, Vorrüstungen für Fotovoltaik und solarthermische Anlage auf dem Grundstück
**Heizwärmebedarf:** 60 kWh/m$^2$a
**Primärenergiebedarf:** 85 kWh/m$^2$a
**Baujahr Bestand:** ca. 1930
**Bauzeit Umbau:** 2010–2013

## Beurteilung der Jury

Das Projekt ist ein beispielhafter Beitrag zu Erhalt, Sanierung und Umnutzung alter Bausubstanz. Mit wenigen, behutsamen Eingriffen in die Gebäudehülle ist es dem Architekten gelungen, den Charakter des einfachen Zweckbaus nach außen beizubehalten und den Bezug zum dörflichen Umfeld zu wahren. In Innern jedoch wird das Vorhandene weiterentwickelt: mit einer neuen Raumaufteilung, die sich die alte Tragstruktur zunutze macht. Durch den zurückhaltend gestalteten Innenausbau, die reduzierte Farb- und Materialwahl sowie den Einsatz nachhaltiger Baustoffe fügen sich Alt und Neu wie selbstverständlich zu einem harmonischen Ganzen. Aus der leer stehenden Scheune ist ein zeitgemäßes Haus mit unverwechselbarer Raumatmosphäre geworden, das heutigen Wohnbedürfnissen in jeder Hinsicht gerecht wird.

**Jan Rösler, Architekt**

*» Durch minimale Eingriffe in die Fassaden blieb das äußere Erscheinungsbild und der Charakter des landwirtschaftlichen Gebäudes in seiner Umgebung gewahrt. «*

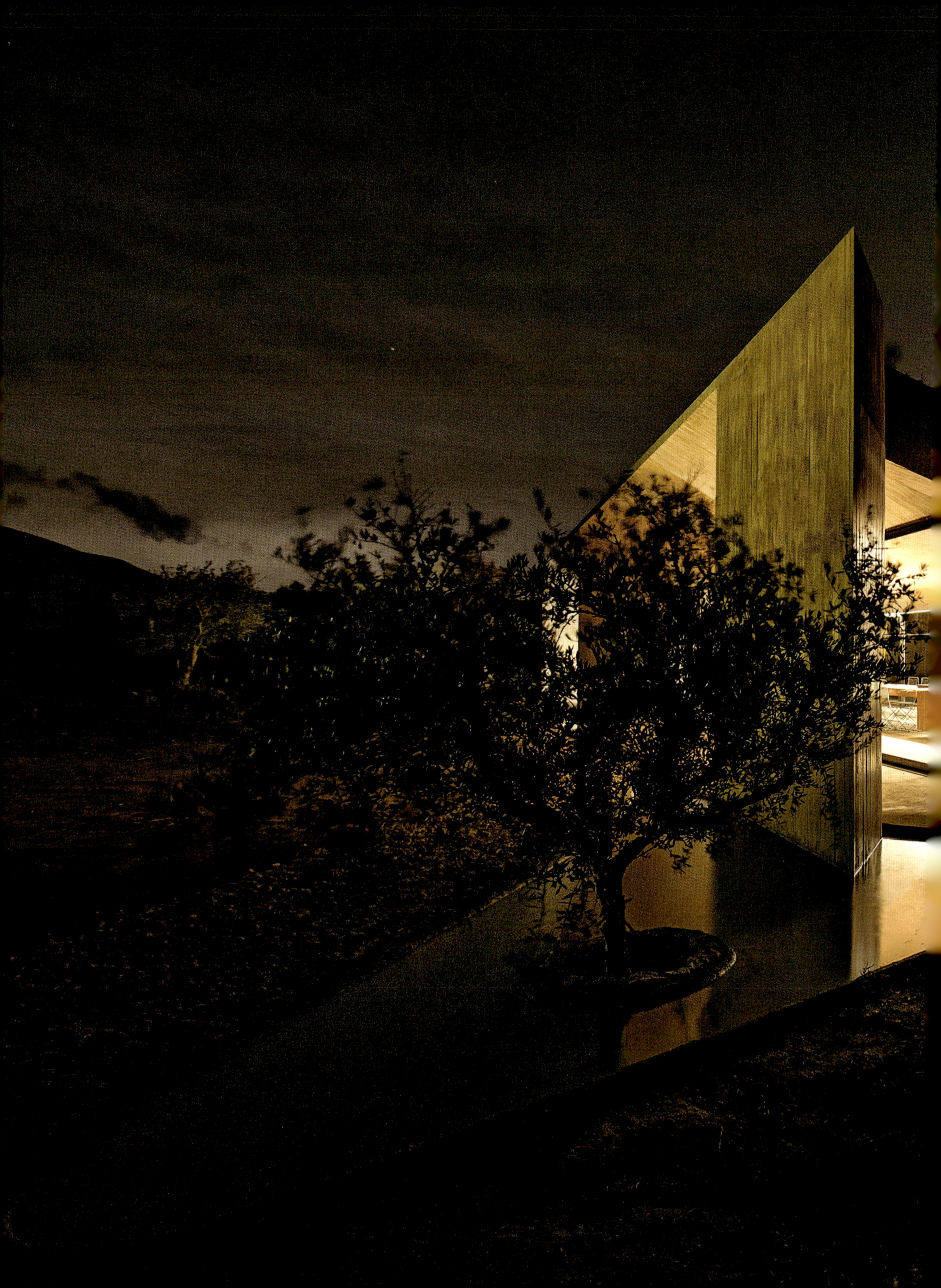

3. Preis

# KLARE KANTE
## Wohnhaus bei Megara/Attika (Griechenland)

tense architecture network

**Vorherige Doppelseite** Spiel mit Kontrasten: Massive Betonwände schirmen den Bau nach außen hin ab, nur der gläsern-transparente Wohnbereich lässt Einblicke ins Innere zu.

**Links** Vor der imposanten Kulisse des Gerania-Gebirges ist das Familiendomizil in Form eines Dreiecks in das weitläufige Grundstück mit einem Olivenhain eingebettet.

**Rechts oben** Einschnitte in den Umfassungsmauern sorgen bei Nacht für abwechslungsreiche Lichtreflexe. Der türbreite Durchlass in der Gebäudehülle führt in den Eingangshof.

**Rechts unten** Trichterförmig weitet sich das Haus Richtung Norden auf und öffnet sich mit einer gebäudebreiten Glasfront wie ein überdimensionales Schaufenster zur Landschaft.

Wie eine kleine steinerne Festung liegt dieses Familiendomizil in der weiten Tiefebene des griechischen Festlands, eingebettet in einen Olivenhain und umrahmt von der imposanten Kulisse des Gerania-Gebirges. Dem von Süden kommenden Besucher präsentiert es sich als scharfkantiger, geheimnisvoll verschlossener Monolith, der von hohen Mauern aus Sichtbeton umgeben ist. Ein türbreiter Durchlass in der massiven Gebäudehülle führt in einen kleinen Eingangshof, von dort geht es vorbei am Schlaftrakt und weiter in ein großes, lang gestrecktes Atrium mit dem angrenzenden Wohnbereich.

Der Grundriss ist einem Dreieck eingeschrieben und bildet innerhalb der massiven Umfassungsmauern eine mäandrierende Folge verschiedener Innen- und Außenräume, Haustrakte und Höfe. Wie ein Trichter öffnet sich der keilförmige Baukörper dabei immer weiter in Richtung Norden und findet seinen Abschluss in einer gut 22 Meter langen Glasfront vor dem Wohnbereich. Diese rahmt die Aussicht auf das imposante Bergpanorama wie ein überdimensionales Schaufenster. Die Architekten vom Büro tense architecture network richteten den Entwurf ganz auf diese grandiose Naturkulisse aus: »Obwohl die Bergkette im Norden liegt, orientiert sich das Haus ganz in diese Richtung und verzichtet damit auf den freien Ausblick über die Megara-Ebene im Süden«, erläutern sie. Diese enorme Transparenz steht in reizvollem Kontrast zu den beiden anderen Ansichtsseiten des Gebäude-Dreiecks, die sich geradezu hermetisch vor ihrer Umgebung verschließen: Die massiven Betonwände umgeben den Bau wie eine schützende Schale und werden lediglich von schmalen vertikalen Einschnitten durchbrochen, die gefiltertes Licht hereindringen lassen und gezielte Ausblicke in die Landschaft freigeben.

Das Familienleben der Bauherren, die zwischen ihrem Athener Stadtappartement und ihrem neuen attischen Landsitz pendeln, spielt sich vor allem in dem großen zusammenhängen Wohn-, Koch- und Essbereich auf der Aussichtsseite ab. Er lässt sich über Glasschiebetüren auf beiden Längsseiten – sowohl zum Atrium als auch zur freien Landschaft hin – öffnen, sodass die Natur fast durch das Haus hindurchzufließen scheint. Dieser vermeintlich schwerelosen Leichtigkeit geht jedoch ein größerer statischer Kraftakt voraus: Zwei keilförmige Betonwände, die vor die Nordseite gestellt sind, sowie eine mächtige Stahlstütze und ein Unterzug im Bereich des abknickenden Daches fangen die Lasten der Betondecke ab, die hier weit über die Fassade auskragt. Sie legt sich wie ein riesiger schützender Rahmen um die transparente Front und lässt eine überdachte Veranda entstehen.

Dass die Architekten ein Faible für ebenso ausgefallene wie sorgsam ausgefeilte Details haben, zeigt sich auch an anderer Stelle, etwa dem großen hölzernen Esstisch, der sich an das Kochfeld anschließt. So ist die extrem lange Tischplatte, die fast frei im Raum zu schweben scheint, über einen Stahlkamin von der Decke abgehängt. Dieser wiederum fungiert als Rauchabzug für eine archaisch einfache Feuerstelle, die auch der Beheizung des Innenraums dient: Sie ist direkt in den Betonboden eingelassen und nur mit einem Winkelrost abgedeckt. Einen reizvollen Materialkontrast zu den puristisch anmutenden Sichtbetonoberflächen des Interieurs bildet das warmtonige Mahagoniholz, das für die Küchenmöbel sowie sämtliche maßgefertigte Einbauten verwendet wurde.

Um das Haus nach außen hin auch optisch mehr in seine natürliche Umgebung einzubinden, erhielt die Sichtbetonschale eine transparente, erdfarbene Lasur. Das leicht geneigte Gründach dient als zusätzliche Dämmschicht und ist mit heimischen Gräsern, Kräutern und Blumen bepflanzt. Der Natur soll hier ganz bewusst freier Lauf gelassen werden, wie die Architekten erklären: »Die Betonfassaden werden allmählich von Pflanzen überwuchert, die entweder aus dem Boden herauswachsen oder vom Dachgarten herabranken.« Für die grüne Kulisse rings ums Haus hingegen hat jemand anderes vorgesorgt: Bereits vor vielen Jahren hatte der Vater des Bauherrn hier einen Olivenhain mit gut 300 Bäumen angelegt.

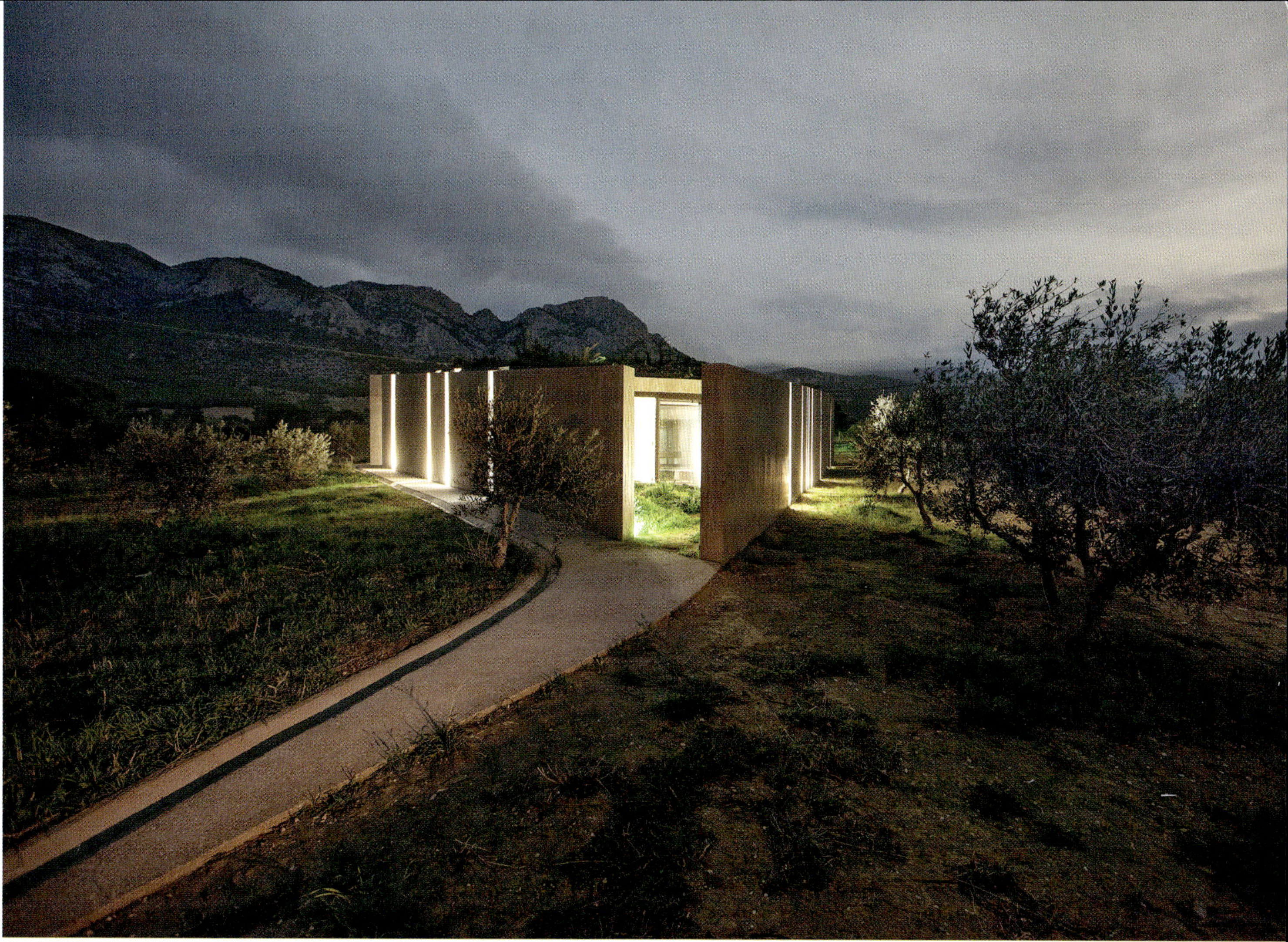

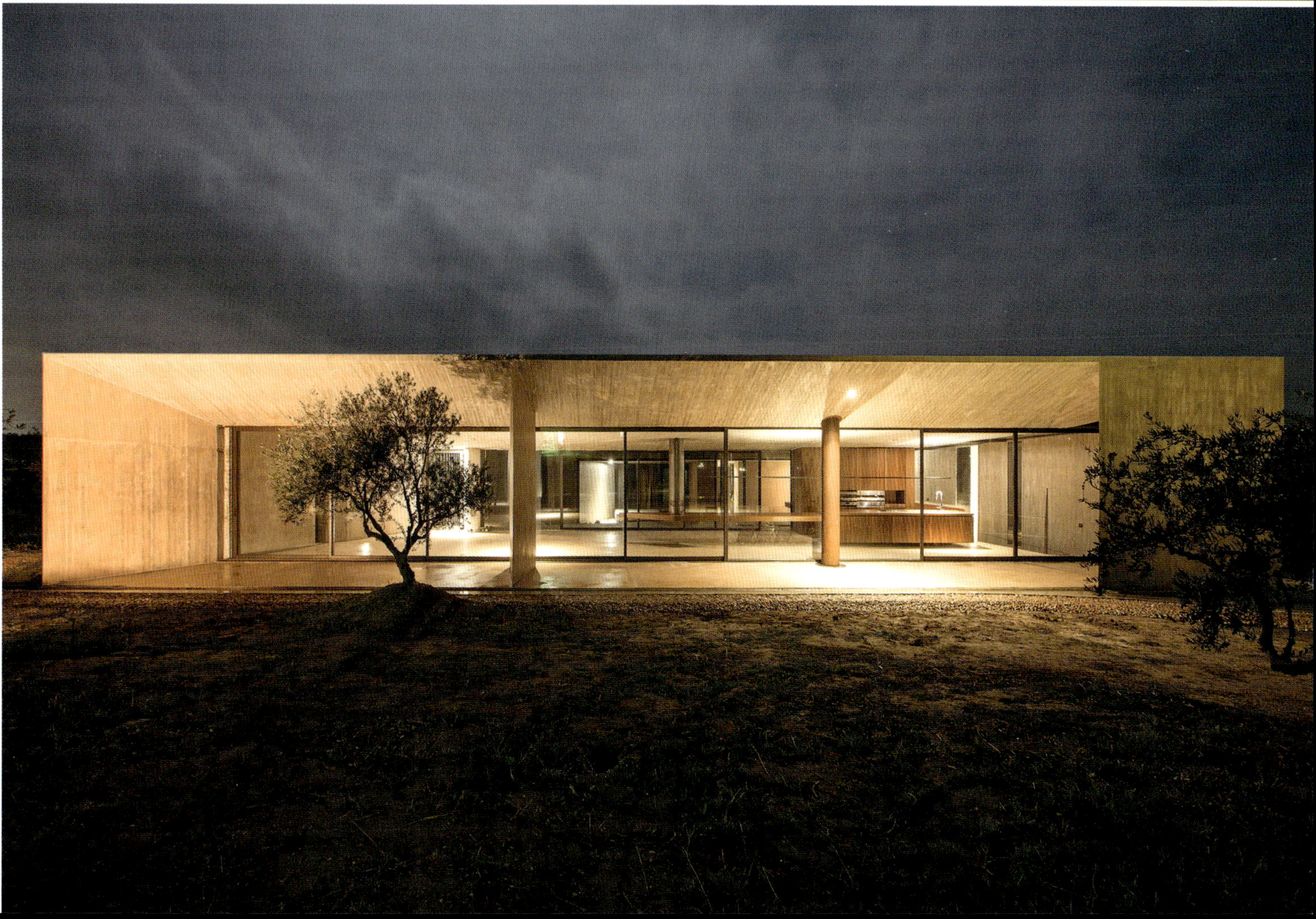

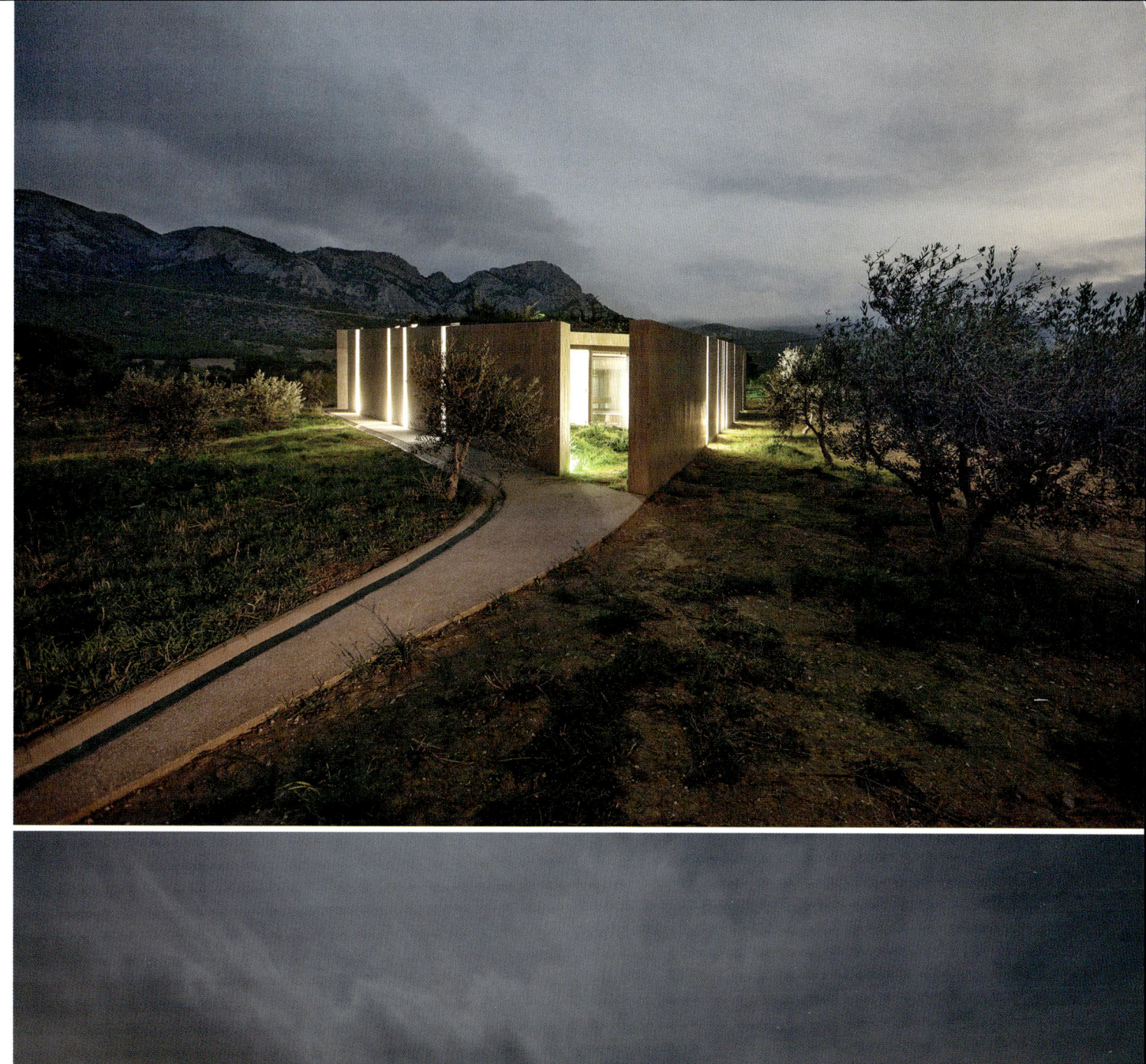

**Links** Wände und Decken aus Sichtbeton sowie einfache Estrichböden prägen das Interieur. Ein Blickfang im Wohnbereich ist der goldfarbene Vorhang, der als Raumteiler und Sonnenschutz dient.

**Links Mitte** Glasschiebetüren öffnen den Wohntrakt über seine gesamte Länge auf das Atrium. Die Südterrasse dient als Sonnendeck und windgeschützter Freisitz.

**Links unten** Wohnbereich und Schlaftrakt sind in getrennten Gebäudeteilen untergebracht, die über einen gläsernen Korridor miteinander verbunden sind.

**Rechts oben** Die Küchenzeile ist wie alle Einbauten aus Mahagoniholz und kontrastiert reizvoll mit den rohen Betonoberflächen. Das weit auskragende Dach beschirmt die Nordterrasse.

**Rechts unten** Spektakulär wirkt die lange, frei tragende Esstischplatte, die nur über das Kaminrohr von der Decke abgehängt ist. Die offene Feuerstelle ist in den Boden integriert.

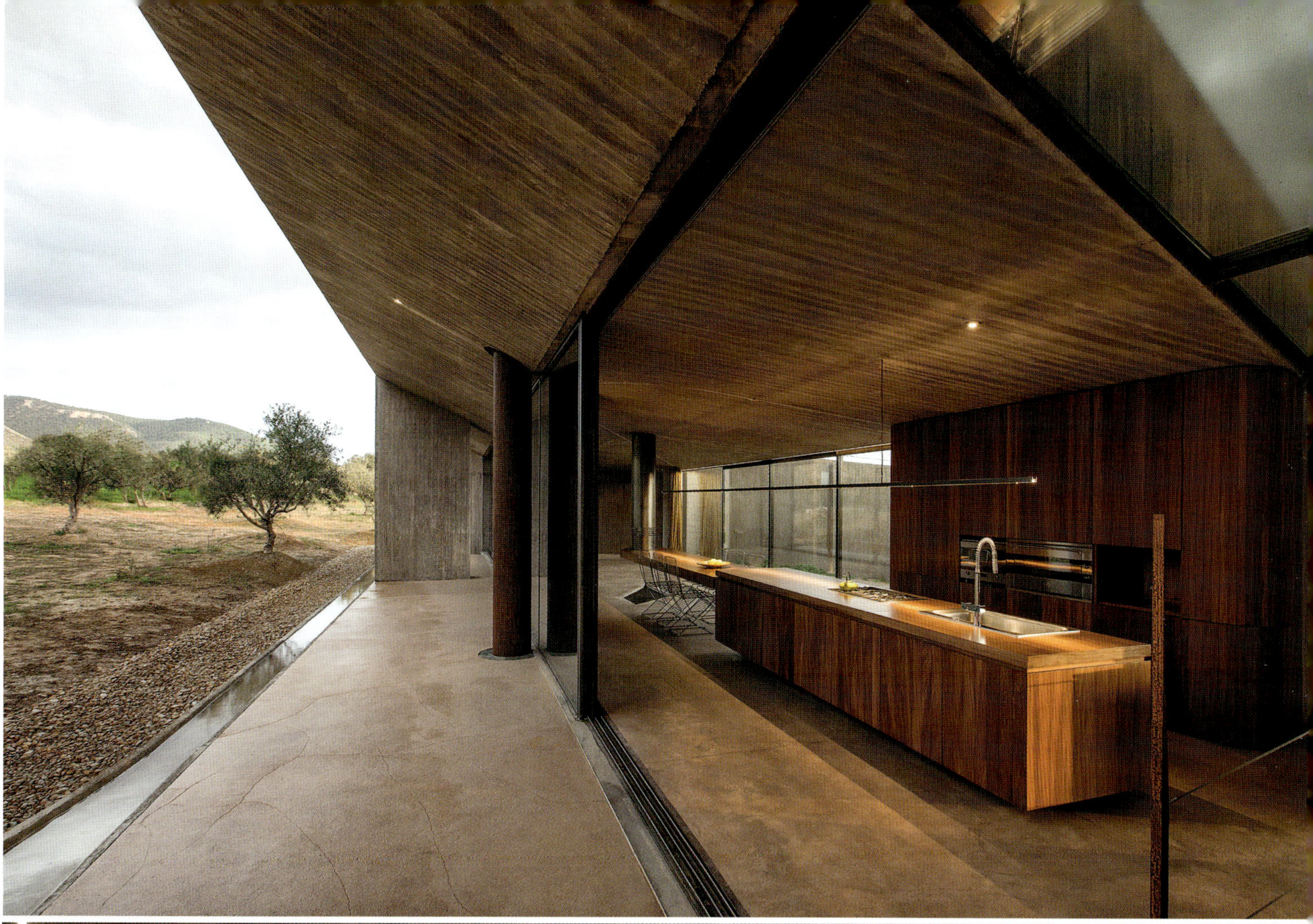
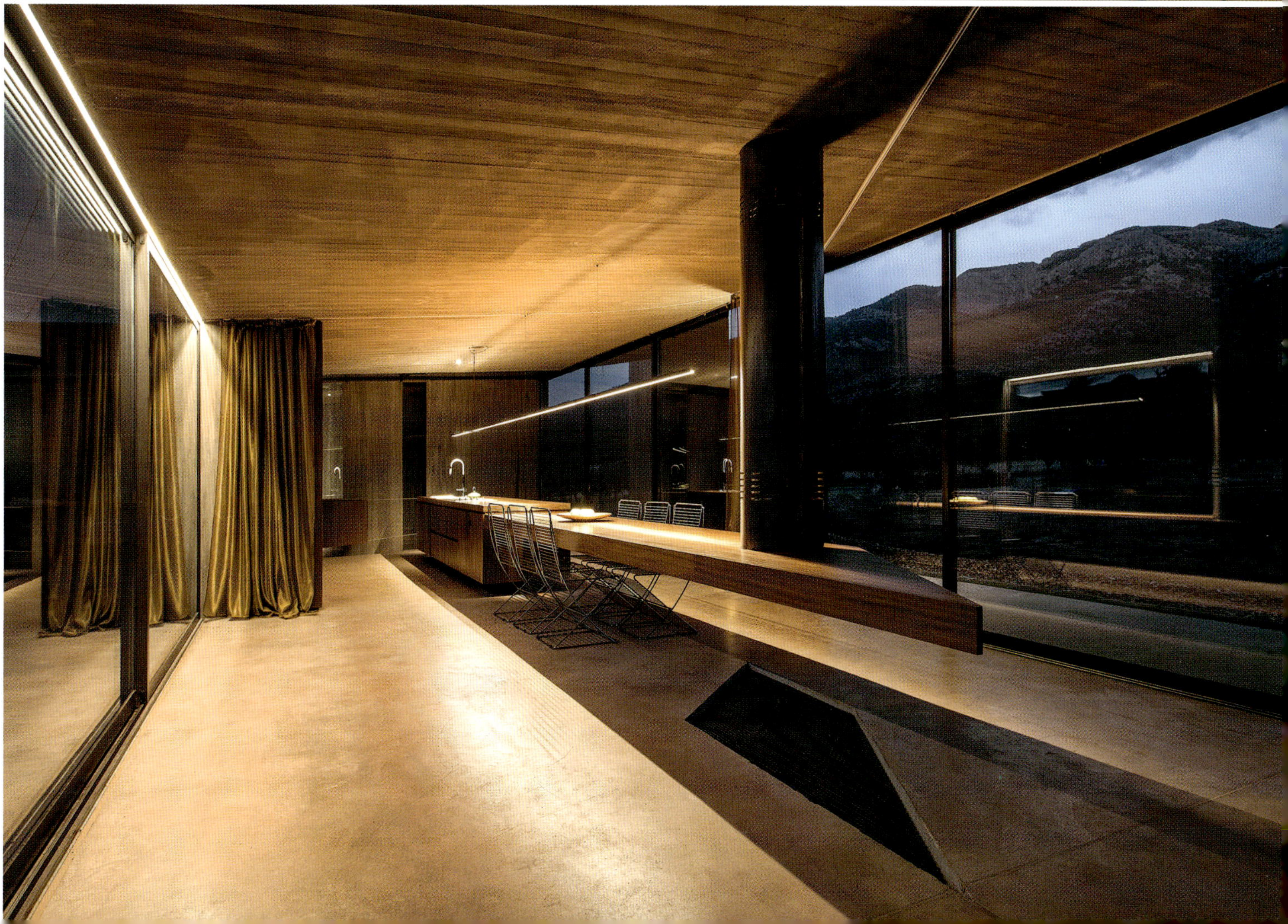

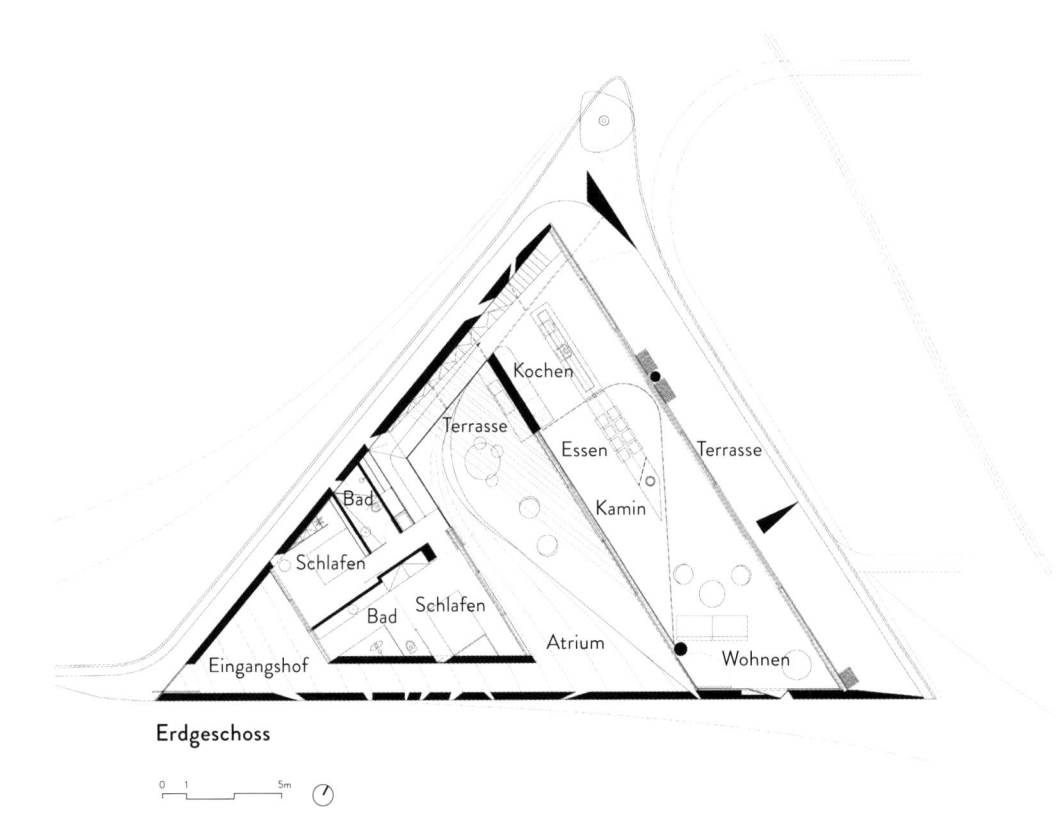

Erdgeschoss

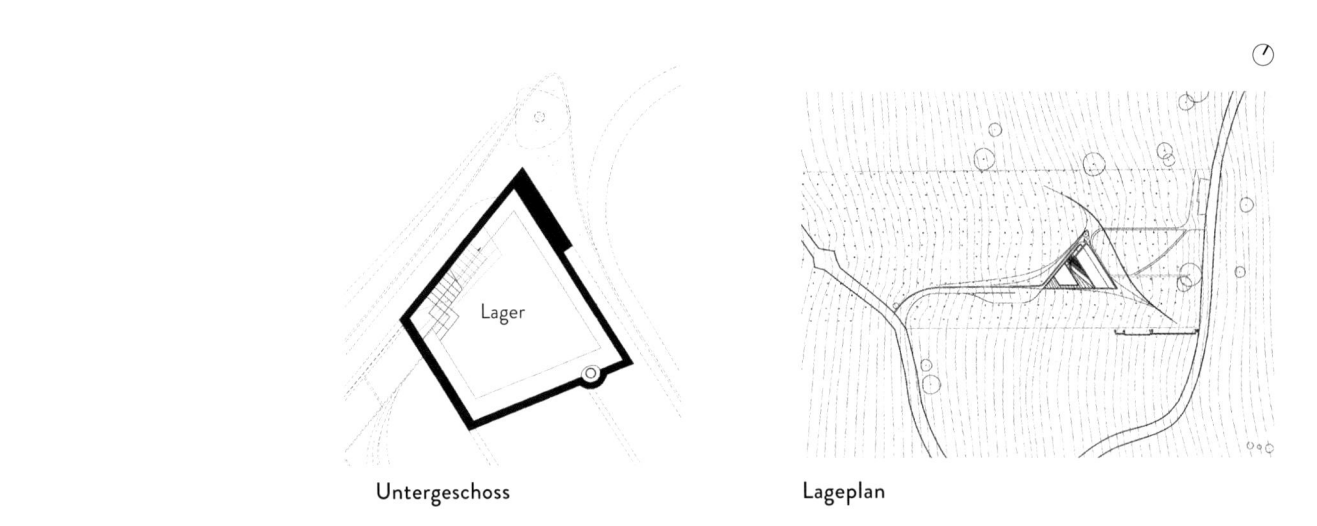

Untergeschoss

Lageplan

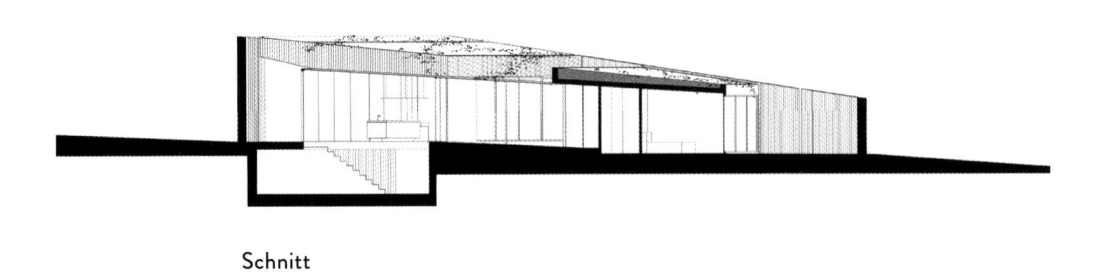

Schnitt

## Kurzporträt

» Atriumhaus, als dreieckiger, trichterförmiger Bau auf Bergkulisse ausgerichtet

» Gebäudebreite Glasfront auf der Aussichtsseite

» Innenhöfe für Privatheit sowie Schutz vor Wind und Sonne

» Fokussieren gezielter Ausblicke auf die Umgebung durch vertikale Einschnitte in Umfassungsmauern

» Maßgefertigte Möbeleinbauten als Kontrast zu roher Sichtbetonoptik

» Gründach mit regionaltypischer Vegetation sowie farbig lasierte Betonfassade zur Einbindung des Hauses in die Landschaft

## Gebäudedaten

**Grundstücksgröße:** 11.000 m$^2$
**Wohnfläche:** 180 m$^2$
**Zusätzliche Nutzfläche:** 45 m$^2$
**Anzahl der Bewohner:** 3
**Bauweise:** Stahlbeton
**Fassade:** Sichtbeton mit mineralischer Farblasur
**Baukosten gesamt:** ca. 330.000 Euro
**Energiekonzept:** Solarthermie, Fußbodenheizung, offene Feuerstelle im Wohnraum
**Heizwärmebedarf:** 34 kWh/m$^2$a
**Primärenergiebedarf:** 52 kWh/m$^2$a
**Bauzeit:** 2012–2014

## Beurteilung der Jury

Der Neubau besticht durch seine selbstbewusste, eigenständige Architektur- und Formensprache. Der spektakulären Landschaft setzten die Architekten einen massiven, skulptural geformten Solitär entgegen. Der dreieckige Baukörper orientiert sich konsequent an Grundstück und Topografie: Er öffnet sich ganz zur schönen Aussicht auf die Bergkulisse, während er sich im Übrigen verschlossen gibt. Introvertierte Patios dienen als geschützte Außenräume und gliedern den Grundriss in Gemeinschaftsbereiche sowie private Rückzugszonen. Die bewusste Reduktion im Formalen spiegelt sich auch in der zurückhaltenden Farb- und Materialwahl wider: Die Sichtbetonästhetik verstärkt den puristischen Eindruck. In Kombination mit dem unprätentiösen, doch im Detail aufwendigen Innenausbau ist hier eine sowohl konzeptionell als auch gestalterisch überzeugende Lösung entstanden.

**Kostas Mavros, Thanos Bampanelos, Tilemachos Andrianopoulos, tense architecture network**

〉〉 *Die Idee des Dreiecks ergab sich aus der Grundstückssituation heraus: Das Haus öffnet sich wie ein Trichter Richtung Norden und orientiert sich ganz auf die gegenüberliegende Bergkulisse.* 〈〈

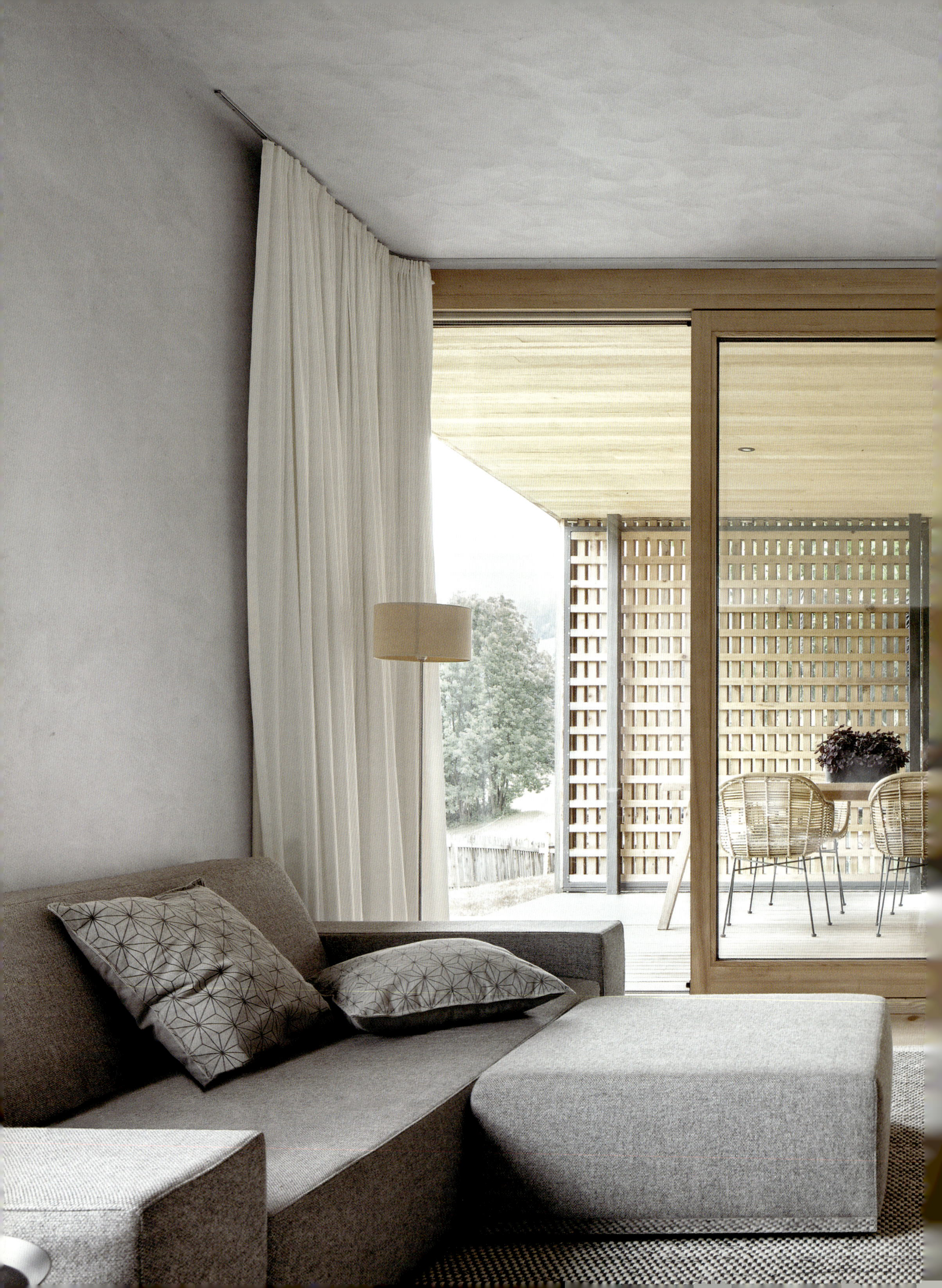

Interior-Preis

# HAUS IM HOLZGEWAND
Einfamilienhaus in Egg/Vorarlberg (Österreich)

Innauer Matt Architekten

**Vorherige Doppelseite** Die großzügige Loggia auf der Westseite erweitert den Wohnbereich fließend ins Freie, ein hölzernes Schiebeelement dient als Schattenspender und Sichtschutz.

**Rechts** Mit seiner archetypisch einfachen Umrissform passt sich das Haus der ländlichen Umgebung an. Das feine Holzgitter sorgt für ein ungewöhnliches Erscheinungsbild.

Das steile Hanggrundstück am Ortsrand von Egg, einer kleinen Gemeinde im Bregenzerwald, galt als schwer bebaubar. Trotz seiner idyllischen Lage blieb der schmale Streifen Land an einer Weggabelung daher lange frei – bis seine neuen Besitzer beschlossen, das Büro Innauer Matt mit der Planung ihres Familiendomizils zu beauftragen. Mit einem lang gestreckten Baukörper, der parallel zu den Höhenlinien verläuft, reagierten die Architekten geschickt auf das starke Gefälle und nutzten die bebaubare Fläche optimal aus: Im Norden schmiegt sich das Haus eng an das Gelände, auf der Aussichtsseite im Süden rückt es so nah wie möglich an die Grundstücksgrenze heran.

Mit seinen klaren Konturen, dem schlichten Satteldach und der unbehandelten Holzfassade fügt sich der Neubau zurückhaltend in seine ländliche Umgebung ein. Doch auch wenn er sich unverkennbar an regionalen Vorbildern orientiert, sollte hier keine moderne Variante des traditionellen Bregenzerwälderhauses entstehen. Alle Anklänge an landwirtschaftliche Gebäude haben seine Planer daher bewusst vermieden: »Es ist ein bürgerliches Haus, kein Bauernhaus«, betonen sie. Und als solches vermittelt es bei aller formalen Strenge auch eine spielerische Leichtigkeit, die sich bereits an seiner Außenhaut ablesen lässt: Die Holzschalung aus gekreuzten Weißtannenleisten erinnert an ein Webmuster – als hätte man dem Haus ein luftiges Lattenkleid übergestülpt.

Auch sonst spielte Holz bei diesem Projekt eine zentrale Rolle – sowohl bei der Konstruktion als auch beim Innenausbau –, zumal die Bauherren das Material aus dem familieneigenen Wald beziehen konnten. Während das Hanggeschoss massiv betoniert und teilweise ins Gelände eingegraben wurde, ist die obere Etage als leichte Holzelementkonstruktion darauf aufgesetzt. In dieser Ebene befindet sich auch der Zugangs- und Zufahrtsbereich mit einer gebäudeintegrierten Garage. Das lichtdurchflutete Entree mündet in einen schmalen Flur, der von Schrankwänden aus Fichtenholz flankiert wird. Er führt zu den Schlaf- und Kinderzimmern, deren behagliche Atmosphäre von hellen Wand- und Deckenvertäfelungen aus Weißtanne geprägt ist, die sich wie eine schützende Hülle um die Räume legen.

Über eine spalierartig gesäumte Treppe gelangt man zum großen Familienwohnraum in der unteren Ebene, der das kommunikative Zentrum des Hauses bildet. Wohn-, Koch- und Essbereich erstrecken sich als fließendes Raumkontinuum über die gesamte Gebäudelänge, lediglich unterteilt durch eine Wandscheibe mit offenem Kamin. Der Stückholzofen sorgt nicht nur für gemütliche Lagerfeueratmosphäre, sondern erwärmt über ein Leitungsnetz auch das gesamte Haus, eine solarthermische Anlage tut ein Übriges.

Zwei überdachte Freisitze, die an den Giebelseiten in die Gebäudehülle eingeschnitten sind, vermitteln zwischen drinnen und draußen: Ein kleiner Frühstücksplatz vor der Küche im Osten fängt die Morgensonne ein, eine breite Loggia vor dem Wohnbereich im Westen lädt zum Verweilen in der Abendsonne und bietet weite Ausblicke in die freie Landschaft. Über einen verschiebbaren Wandschirm in der gitterartigen Fassade lässt sich der Sitzplatz je nach Bedarf verschatten. Auch im Hausinnern ist die malerische Bergkulisse des Bregenzerwaldes stets präsent: Deckenhohe Fenster mit niedrigen Brüstungen geben den Blick Richtung Süden frei, eine lange Sitzbank am Essplatz dient als bequemer Aussichtsposten.

Bei der Grundrissorganisation verfolgten die Architekten eine klare Linie und betonten die Längsausrichtung des Hauses mit einer durchlaufenden Service-Wand, die den offenen Wohnbereich auf der Hangseite flankiert. Sie bildet eine Art Rückgrat, trennt Aufenthalts- und Nebenräume voneinander und nimmt außer der Küchenzeile auch praktische Stauräume, Schränke und Regalnischen auf. Böden und Einbauten sind aus hellem Fichtenholz, dessen lebhaft gemaserte Oberflächen in reizvollem Kontrast zu den dezenten, hellgrau verputzten Decken und Wänden stehen. Trotzdem wirkt das Interieur alles andere als rustikal: »Man nimmt das astige Holz mit seinem unregelmäßigen Muster eher wie eine Tapete wahr«, findet Sven Matt, »und es ist ein schöner Gegensatz zu den reduzierten, feinen Oberflächen der Weißtanne in den oberen Räumen.« Mit seiner hochwertigen handwerklichen Ausführung und den wohldurchdachten Details steht dieses Haus also in bester Vorarlberger Bautradition, die seine Architekten hier mit souveräner Lässigkeit fortgeführt haben.

57

**Links oben** Das Grundstück am Ortsrand fällt steil in Richtung Süden ab. Hauseingang, Garagenzufahrt und Stellplatz liegen in der oberen Ebene auf Straßenniveau.

**Links unten** Die holzvertäfelte Nische lässt einen geschützten Eingangsbereich entstehen. Eine durchlaufende Glasfront erhellt das geräumige Entree mit der Garderobe.

**Rechts oben** Freisitze auf beiden Stirnseiten verzahnen das Haus mit der Landschaft. Vor der Küche im Osten dient eine Veranda als Übergangszone zwischen innen und außen.

**Rechts unten** Großformatige Fenster mit markanten, weiß geölten Laibungen rhythmisieren die Südfassade. Das Dach ist mit dunkelgrauen Faserzementplatten gedeckt.

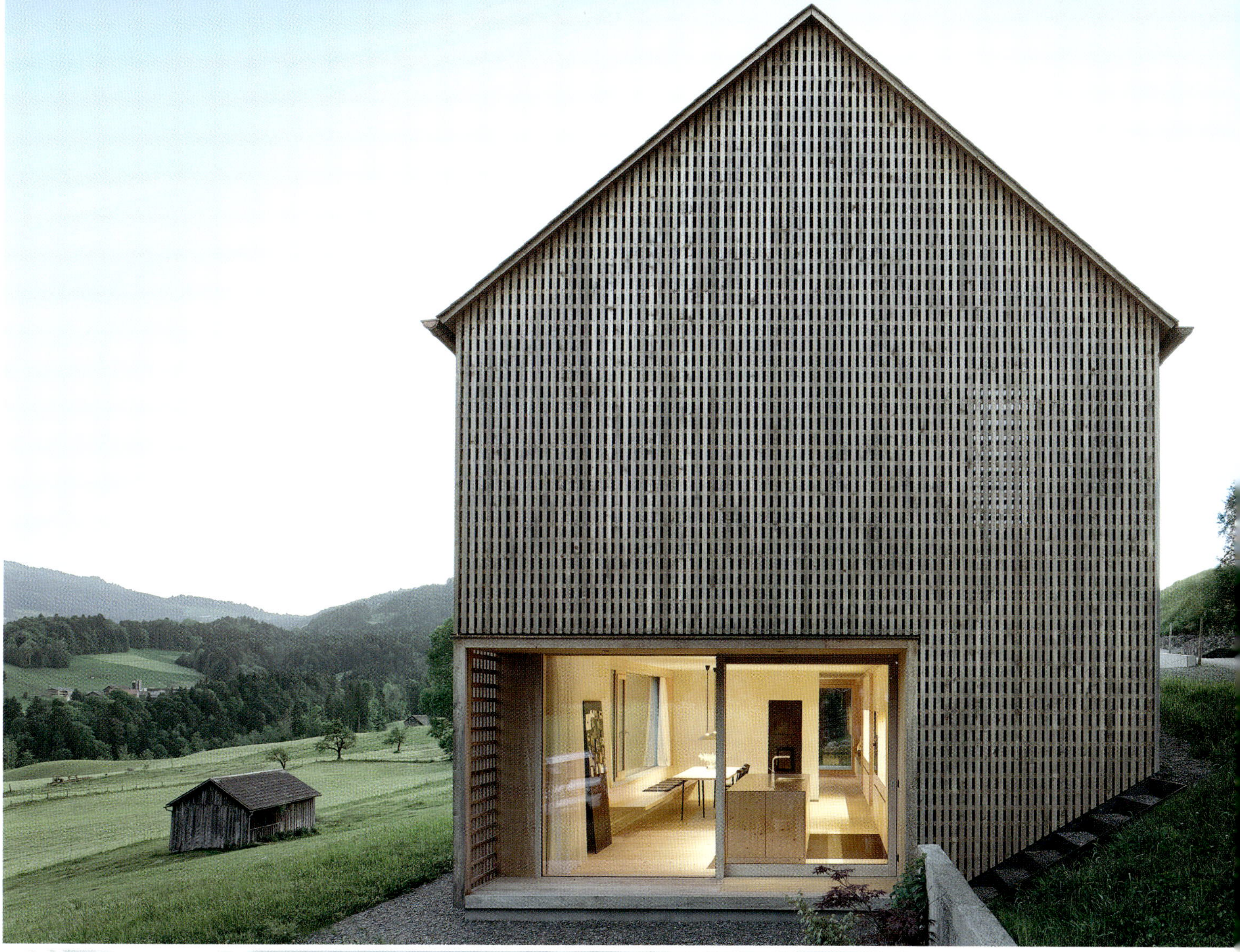
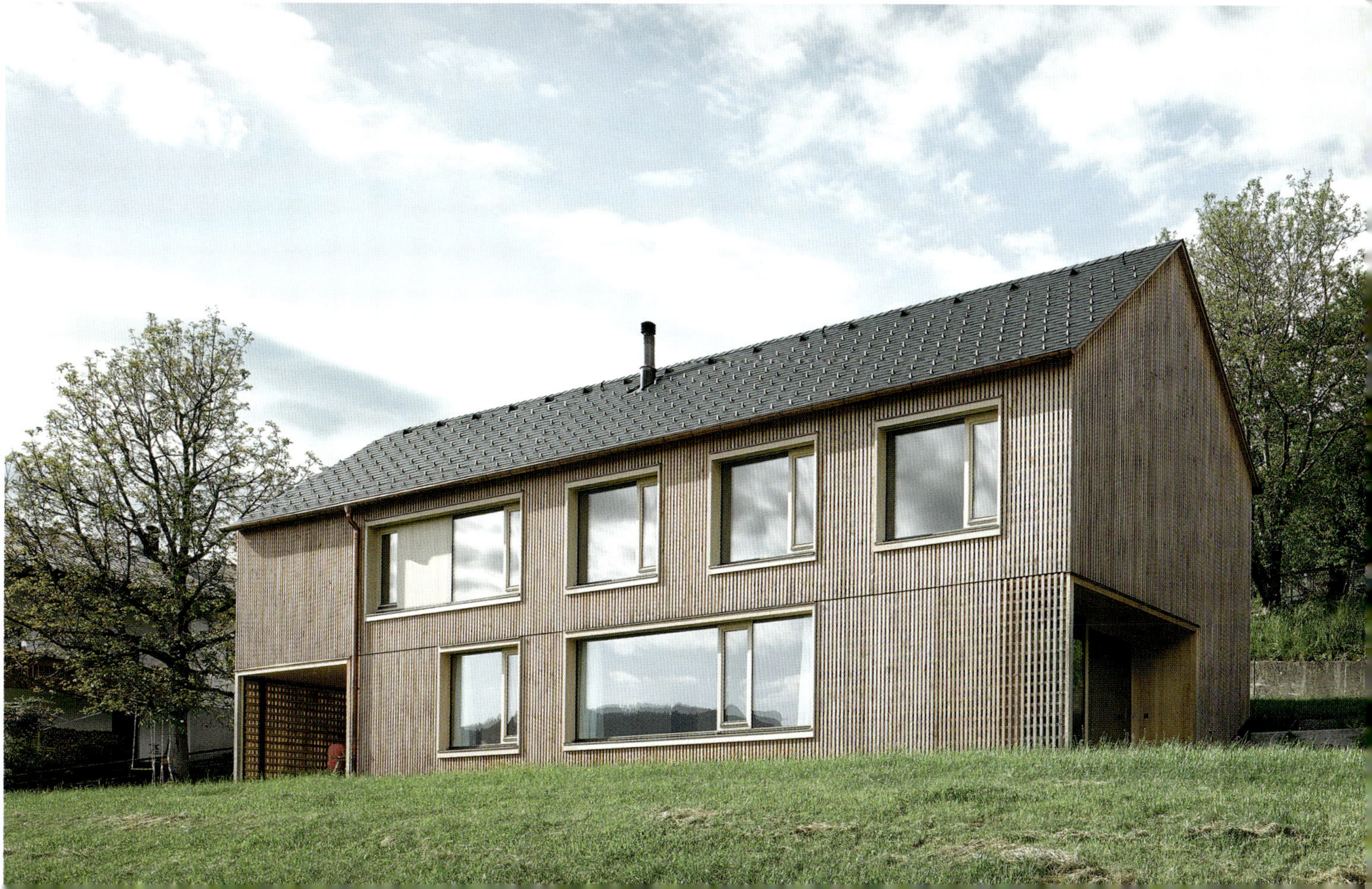

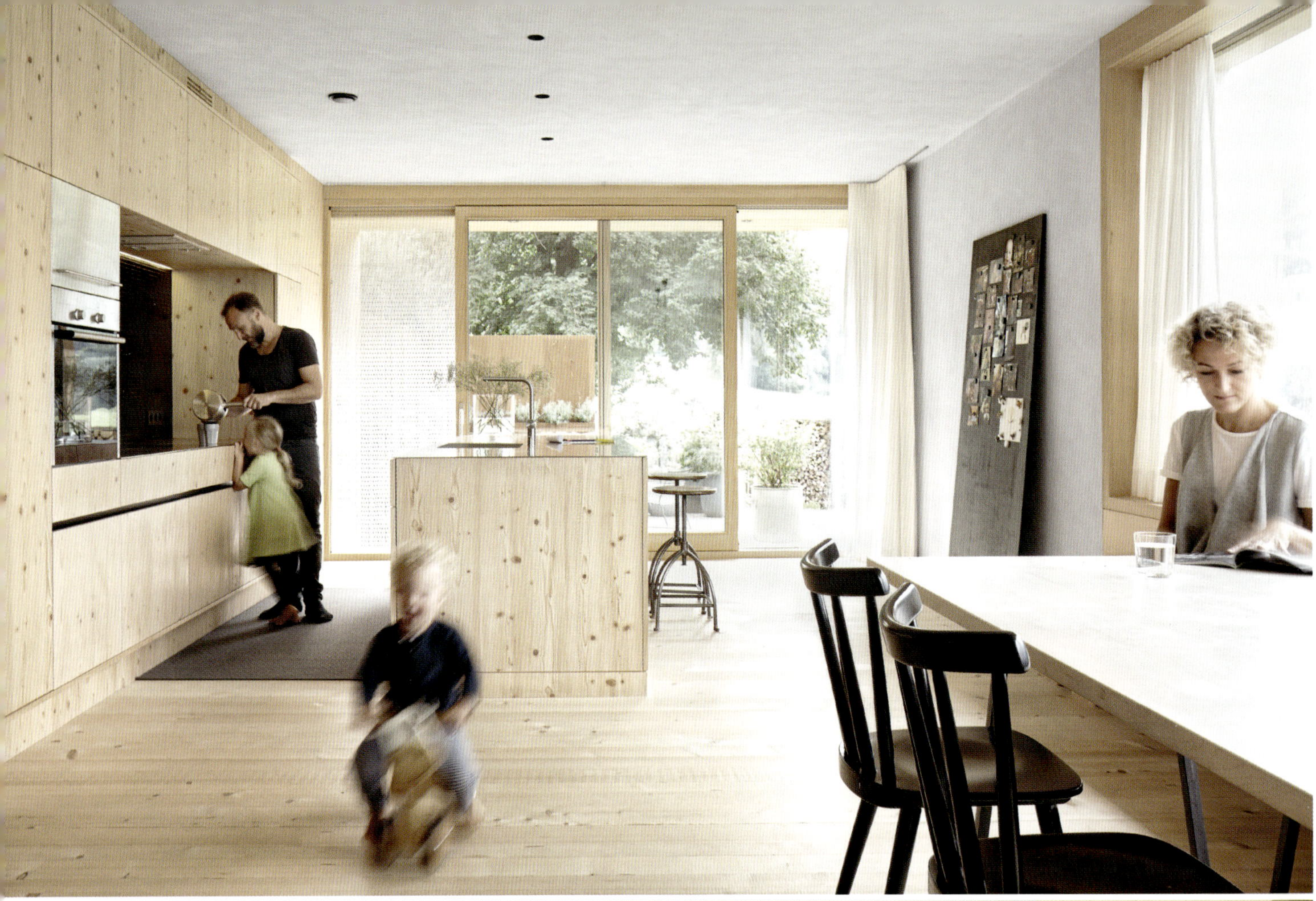

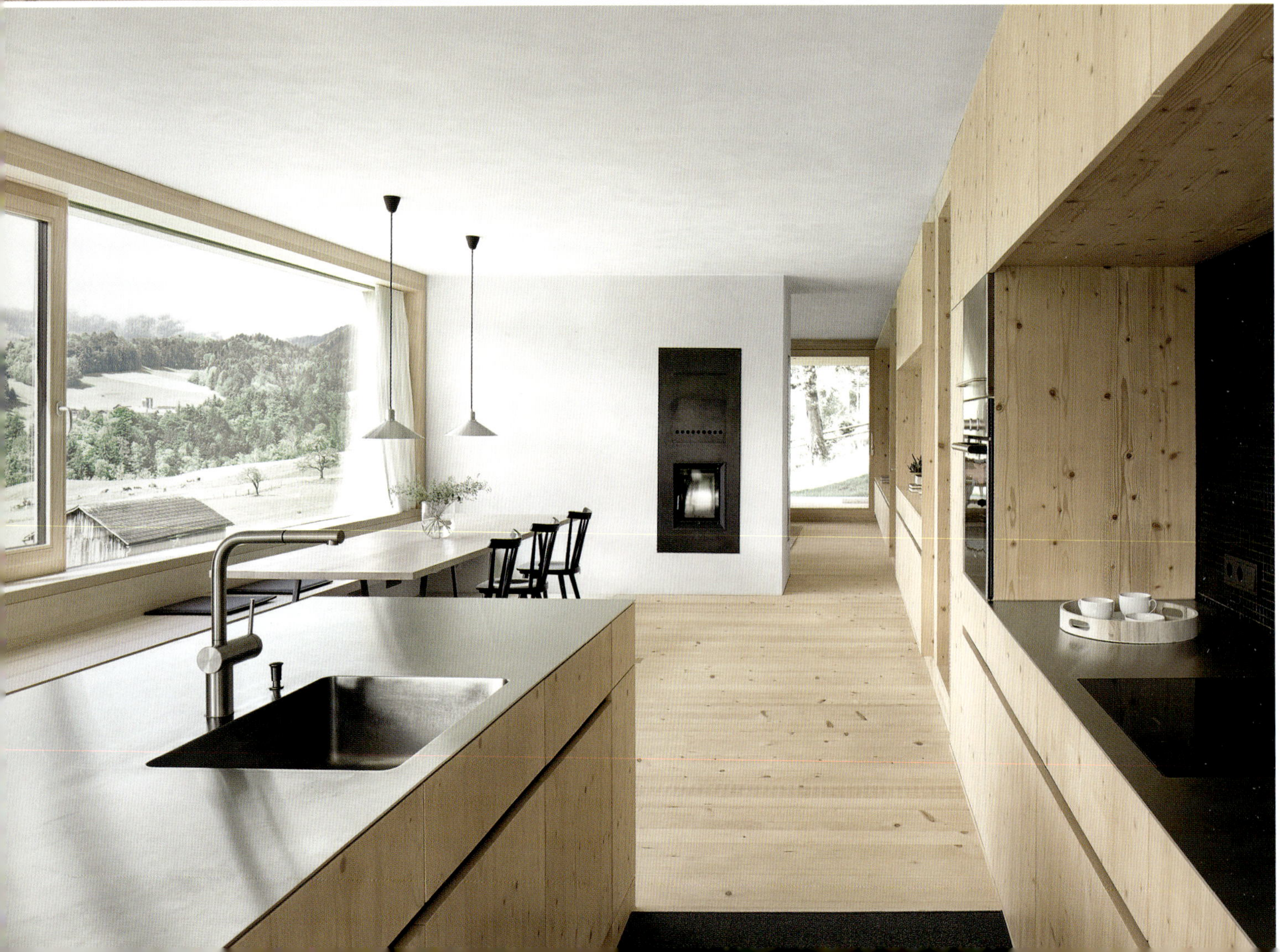

**Links oben** Herzstück des Hauses ist der offene Allraum im Hanggeschoss. Sämtliche Möbeleinbauten sowie die Dielenböden sind aus massivem Fichtenholz.

**Links unten** Die durchgehende Sichtachse macht das Haus in seiner gesamten Dimension erlebbar. Die Kaminwand teilt den Essplatz vom dahinterliegenden Wohnbereich ab.

**Rechts oben** Das deckenhohe Panoramafenster auf der Südseite gibt den Blick auf die Bergkulisse des Bregenzerwaldes frei. Viel Platz für Gäste bietet die durchlaufende Sitzbank.

**Rechts Mitte** Eine schlichte Podesttreppe führt hinauf in die Eingangsebene – und ist auffallend unauffällig in die holzverkleidete Einbauwand integriert.

**Rechts unten** Auf der Rückseite des Kaminofens dient ein Alkoven als gemütliche Sitznische. Die Oberflächen der massiven Betonwände erhielten einen hellgrauen Putz mit Marmormehl.

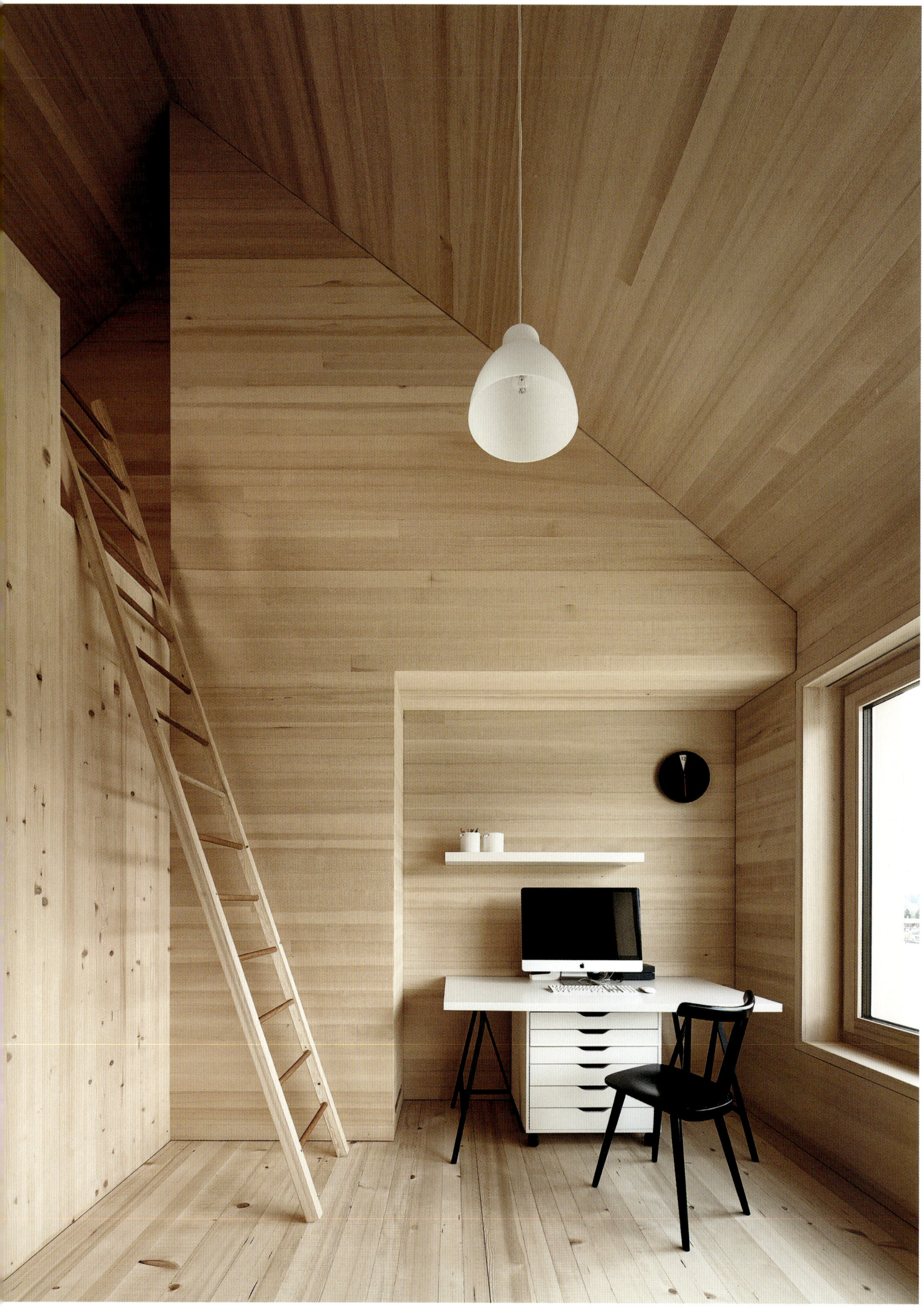

**Links** In den Zimmern in der Eingangsebene sorgen Wand- und Deckenvertäfelungen aus Weißtanne für gemütliches Flair und kontrastieren reizvoll mit astigem Fichtenholz.

**Unten** Galerien nutzen den Raum unter der Dachschräge optimal aus. Ein Oberlicht auf der Nordseite erhellt die Leseecke über dem Arbeitszimmer.

**Ganz unten links** Im Elternbad auf der Ostseite schützt die gitterartige Holzschalung vor Einblicken und lässt dennoch genügend Licht nach innen dringen.

**Ganz unten rechts** Die Treppe ins Hanggeschoss wird von einem spalierartigen Holzgerüst flankiert. Der Bodenbelag im Eingangsbereich ist aus Zementestrich.

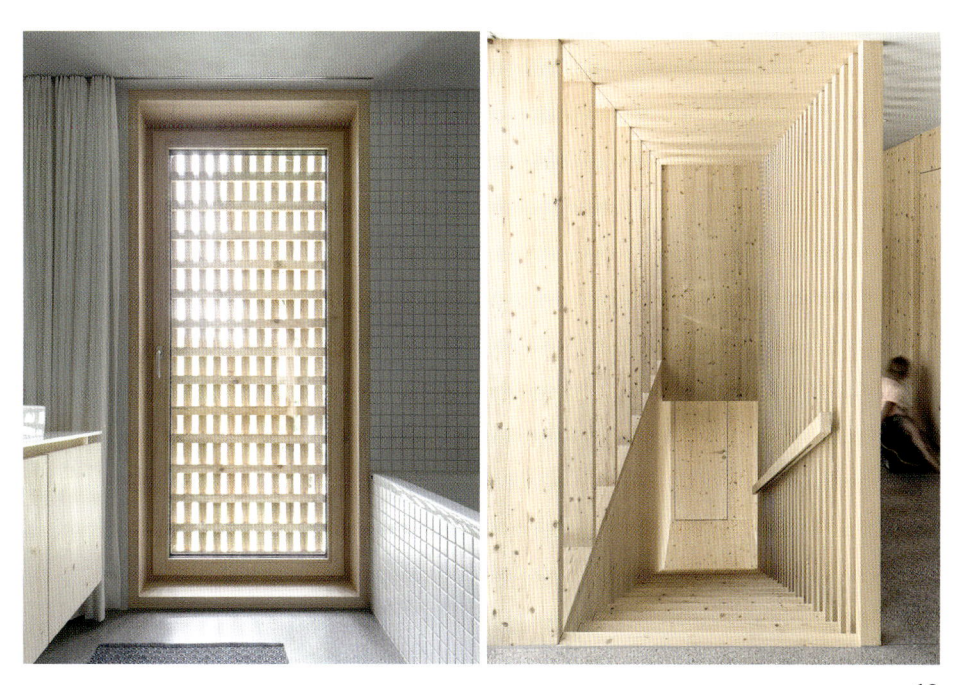

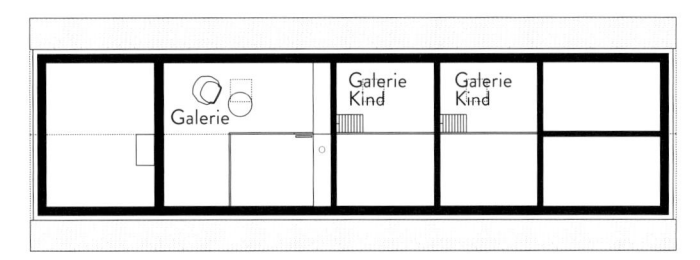

Dachgeschoss

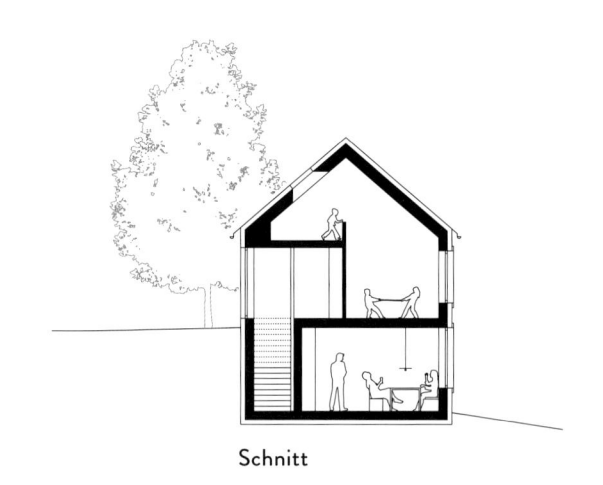

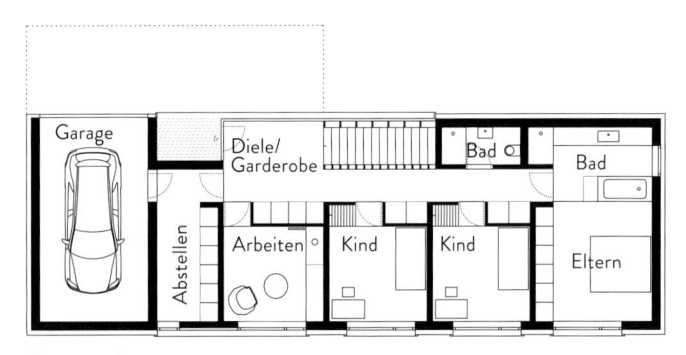

Schnitt

Obergeschoss

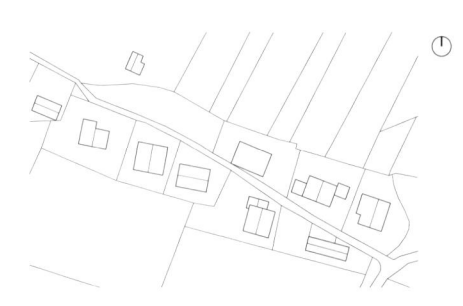

Lageplan

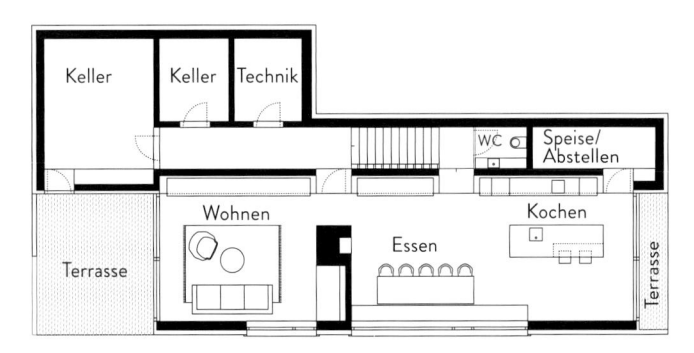

Erdgeschoss

## Kurzporträt

» Schmaler Baukörper, an Höhenlinien ausgerichtet, zur optimalen Ausnutzung der Fläche

» Hanggeschoss als massive Basis, Obergeschoss als leichte, aufgesetzte Holzelementkonstruktion

» Gitternetzstruktur zur Auflockerung der formalen Strenge der Holzfassaden

» Kompakter, linear gegliederter Grundriss

» Unbelichtete Nebenräume als Rückgrat auf der Hangseite

» Handwerklich hochwertiger Innenausbau mit heimischem Holz

» Einsatz umweltfreundlicher, nachhaltiger Materialien

» Niedriger Wärmebedarf dank hochgedämmter Hülle

» Zeitgemäßes Energiekonzept

## Gebäudedaten

**Grundstücksgröße:** 845 m$^2$
**Wohnfläche:** 145 m$^2$
**Zusätzliche Nutzfläche:** 43 m$^2$ (Keller)
**Anzahl der Bewohner:** 4
**Bauweise:** Mischbau, Hanggeschoss in Stahlbeton, Obergeschoss als vorgefertigter, gedämmter Holzelementbau
**Fassade:** Holzschirm aus Weißtanne, kreuzweise verlegt
**Baukosten gesamt:** ca. 500.000 Euro
**Energiekonzept:** Ganzhausofen für Warmwassererzeugung und Heizung, Wärmeverteilung über Ofen, Wandheizung und Heizestrich, Solarkollektoren zur Heizungsunterstützung
**Heizwärmebedarf:** 20 kWh/m$^2$a
**Bauzeit:** 2012–2013

## Beurteilung der Jury

Mit ihrem Konzept reagieren die Architekten geschickt auf die Topografie der exponierten Hanglage. Auch der linear organisierte Grundriss ist konsequent daran ausgerichtet und überzeugt in seiner Stringenz und Funktionalität. In Formensprache und Materialwahl knüpft das Haus an die lokale Bautradition an, variiert jedoch auf spielerische Weise vertraute Elemente: etwa mit der gitterartig strukturierten Holzfassade, die neue Akzente setzt und für ein unverwechselbares Erscheinungsbild sorgt. Insbesondere beim Innenausbau besticht der souveräne Umgang mit dem heimischen Baustoff Holz: Sorgfältig ausgearbeitete, wohldurchdachte Details von hoher handwerklicher Präzision und Ausführungsqualität tragen zur ästhetisch ansprechenden, stimmigen Wohnatmosphäre bei.

**Sven Matt und Markus Innauer, Innauer Matt Architekten**

» *Einfache Materialien, die auf besondere Art verarbeitet sind, verfeinern das Erscheinungsbild des Hauses und bringen etwas Spielerisches in die Architektur herein.* «

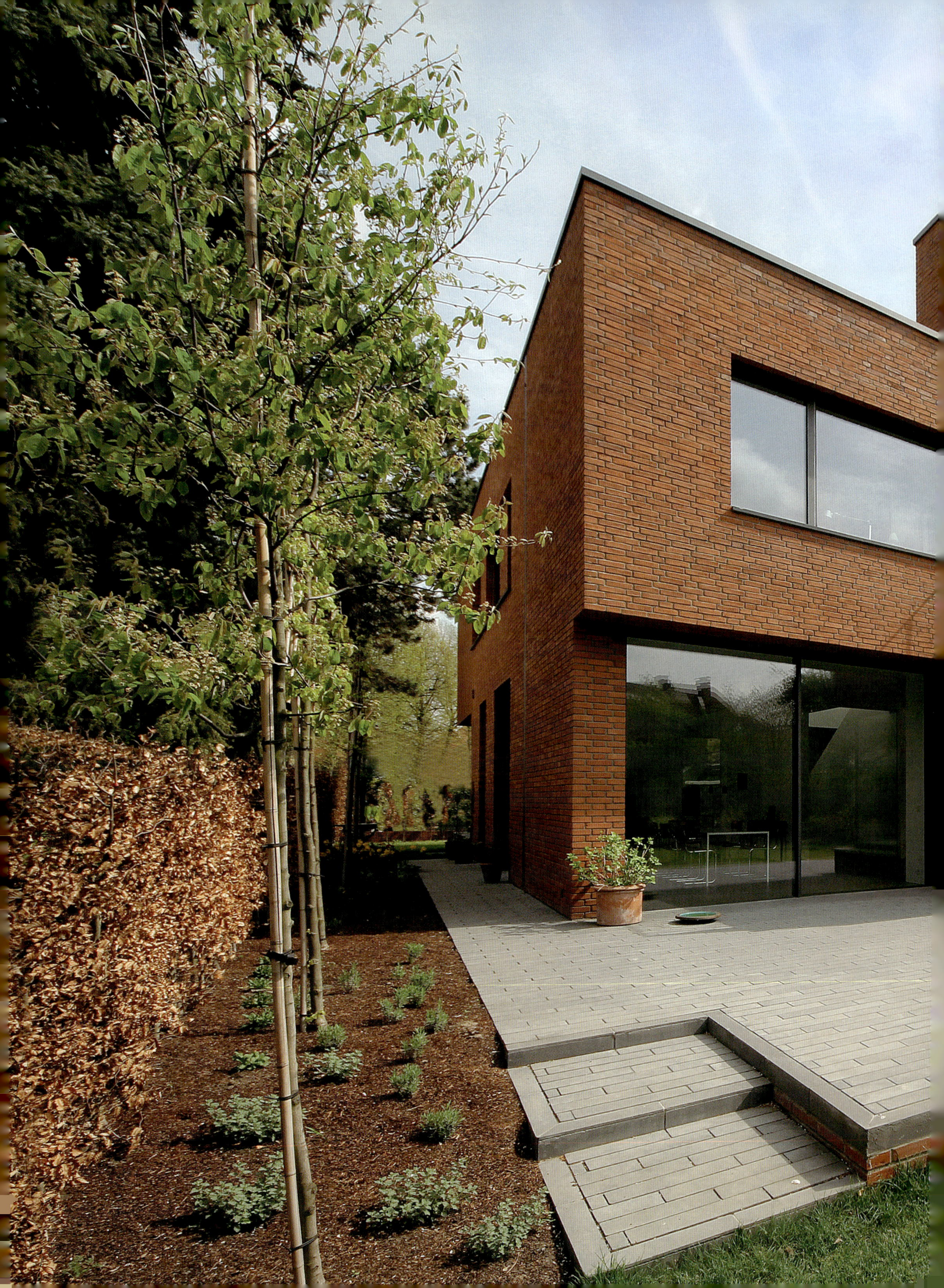

Auszeichnung

# STEIN AUF STEIN

Einfamilienhaus in Münster

hehnpohl architektur

**Vorherige Doppelseite** Der kompakte kubische Baukörper steht formal in der Tradition der Moderne. Wasserstrichklinker verleihen seinen Ansichtsseiten eine lebendige Ausstrahlung.

**Rechts oben** Der Wohnraum orientiert sich mit einer Übereckverglasung auf den Garten im Südwesten. Eine niedrige durchlaufende Bank dient als Sitzgelegenheit und Ablagefläche.

**Rechts unten** Das Erdgeschoss bildet ein offenes, lichtdurchflutetes Raumkontinuum, das sich je nach Bedarf durch wandintegrierte deckenhohe Glasschiebetüren unterteilen lässt.

Mit seiner lockeren, historisch gewachsenen Bebauung und den ruhigen Straßenzügen gehört das Erphoviertel zu den beliebtesten Wohngegenden in Münster. Im östlichen Teil entstand in den 1930er-Jahren die Erphokirche, benannt nach dem gleichnamigen Bischof. Deren Architektur orientiert sich an romanischen Vorbildern und ist typisch für die Übergangszeit zwischen Historismus und früher Moderne: Geometrisch gegliederte Wandflächen, plastische Vor- und Rücksprünge sowie tief eingeschnittene Öffnungen strukturieren die Ansichtsseiten des Sakralbaus, dem die Fassade aus Naturwerkstein eine erdverbundene Schwere verleiht.

Direkt gegenüber steht das Wohnhaus, das die Architekten vom Büro hehnpohl für eine sechsköpfige Familie konzipierten. Mit dem Neubau stellen die Planer ganz bewusst Bezüge zur Architektur der Kirche her, indem sie deren gestalterische Prinzipien neu interpretierten und auf einen kleineren Maßstab übertrugen. Das Ergebnis ist ein kubischer Backsteinbau in klassisch-moderner Formensprache, der sich zurückhaltend in sein städtebauliches Umfeld fügt. Das Wechselspiel von offenen und geschlossenen Flächen, von Vor- und Rücksprüngen in der Fassade verleiht ihm Plastizität und verzahnt ihn mit seiner Umgebung. Übereckfenster schaffen diagonale Blickachsen, Einschnitte in die Gebäudehülle lassen einen geschützten Freisitz sowie einen überdachten Eingangsbereich entstehen.

Dreh- und Angelpunkt des Grundrisses ist ein lichtdurchfluteter, zentraler Treppenraum, der durch eine Öffnung im Dach erhellt wird. Im Erdgeschoss gruppieren sich Küche, Essplatz, Wohn- und Arbeitsbereich als lose Raumfolge um das geräumige Entree. Mit deckenhohen, transluzenten Glasschiebetüren lassen sich einzelne Bereiche sowohl vom Flur als auch voneinander abteilen. Große Glasfronten stellen überall den Sichtkontakt nach draußen her: Das Eckfenster der Küche orientiert sich zur Erphokirche, eine breite Schiebetür öffnet den Essbereich auf Terrasse und Garten. Wesentlich kleinteiliger ist die Grundrissorganisation im Obergeschoss, wo neben dem Elternschlafraum vier Kinderzimmer sowie zwei Bäder Platz finden, die alle über die offene Galerie neben der Treppe erschlossen werden.

Wenige Farben und Materialien sowie sorgsam ausgearbeitete, reduzierte Details bestimmen den Raumeindruck im ganzen Haus: Weiße Decken und Wände sowie maßgefertigte Einbauten tragen zur lichten und luftigen Wohnatmosphäre bei, ein fugenloser polierter Sichtestrichboden bindet die Räume auch optisch zusammen. Im Gegensatz zum farblich dezenten Interieur präsentiert sich das Haus nach außen hin mit einer roten, lebhaft wirkenden Backsteinfassade aus Wasserstrichklinker. Bei der Produktion des Steins wird Ton mithilfe von Wasser durch eine Form gestanzt, was ihn glatter als herkömmliche Ziegel macht und zugleich ein charakteristisches Schlierendesign erzeugt. »Der Stein ›strahlt‹ in der Sonne, das Herstellungsverfahren durch den Wasserstrich ergibt eine schöne Oberflächenstruktur und Haptik«, erklärt Christian Pohl. In reizvollem Kontrast zur Massivität des Baukörpers stehen die großen, wie ausgestanzt wirkenden Öffnungen mit ihren schmal profilierten Metallfenstern, die zum zeitgemäßen Erscheinungsbild des Hauses beitragen.

Auch im Garten setzt sich dieses stimmige Gesamtkonzept fort: Hainbuchenhecken und Spalierlinden an den Grundstücksgrenzen sorgen für Sichtschutz. Niedrige Mauern im Eingangsbereich umrahmen Pflanzbeete und bieten sich als Sitzgelegenheiten an – ähnlich wie bei der Kirche gegenüber.

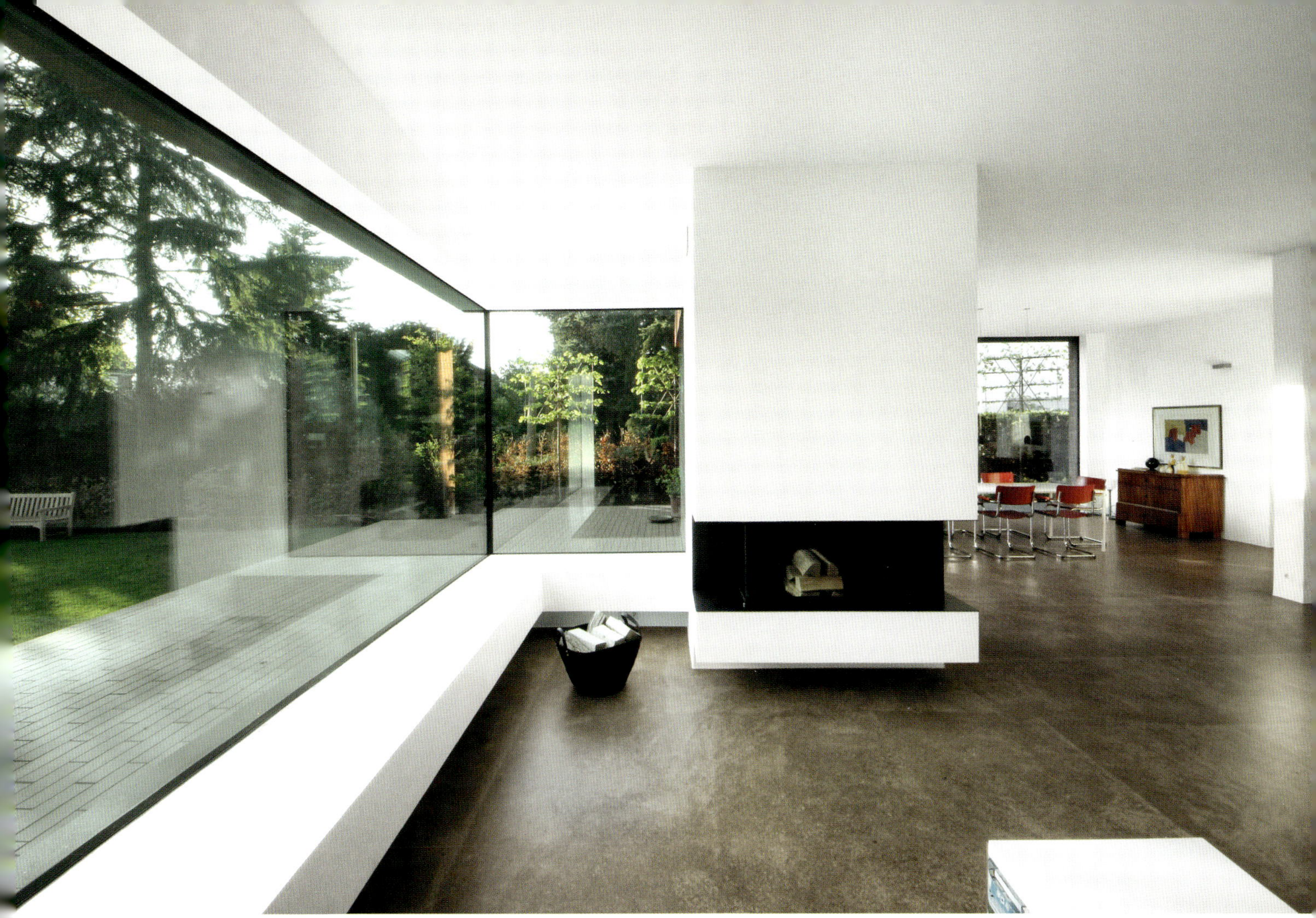
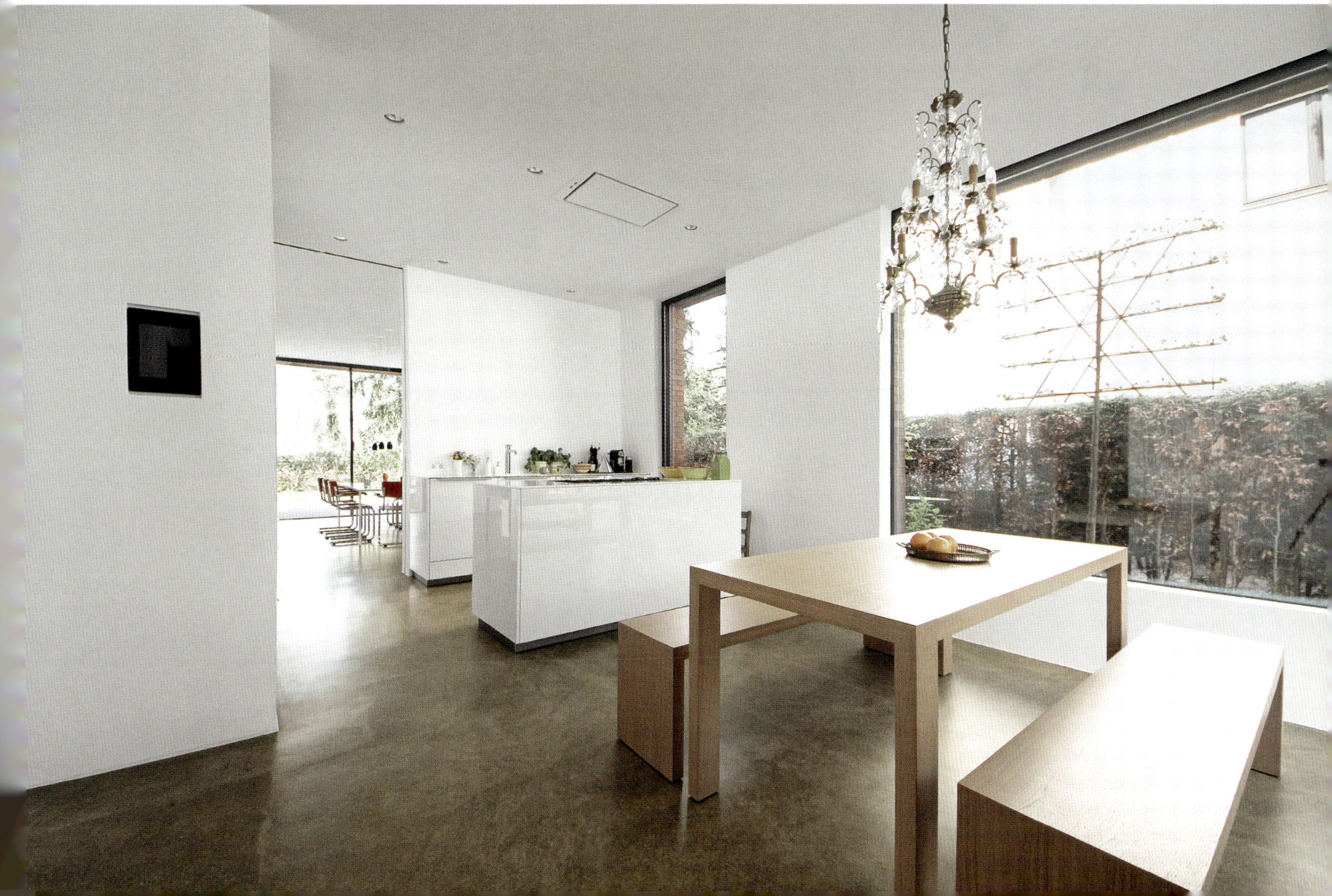

**Links oben** Ein Kaminofen sorgt im Wohnbereich für angenehme Strahlungswärme. Der polierte Estrichboden bindet die offenen Raumzonen auch optisch zu einer Einheit zusammen.

**Links Mitte** Im geräumigen Entree bieten maßgefertigte Einbauten praktischen Stauraum. Die Garderobe findet in einer deckenhohen, hochglanzlackierten Schrankwand Platz.

**Links unten** Das leicht auskragende Obergeschoss überdacht den Eingangsbereich und verleiht dem Baukörper zusätzlich Plastizität. Die Beetumrandungen sind wie die Fassade aus Backstein.

**Rechts oben** Im Obergeschoss gruppieren sich die privaten Rückzugsräume von Eltern und Kindern um einen U-förmigen Flur. Ein Oberlicht erhellt den Luftraum über der Treppe.

**Rechts unten** Durchgehende Sichtachsen lassen überall ein Gefühl von Offenheit und Weite entstehen. Die Treppe in die obere Etage ist aus massiven Blockstufen.

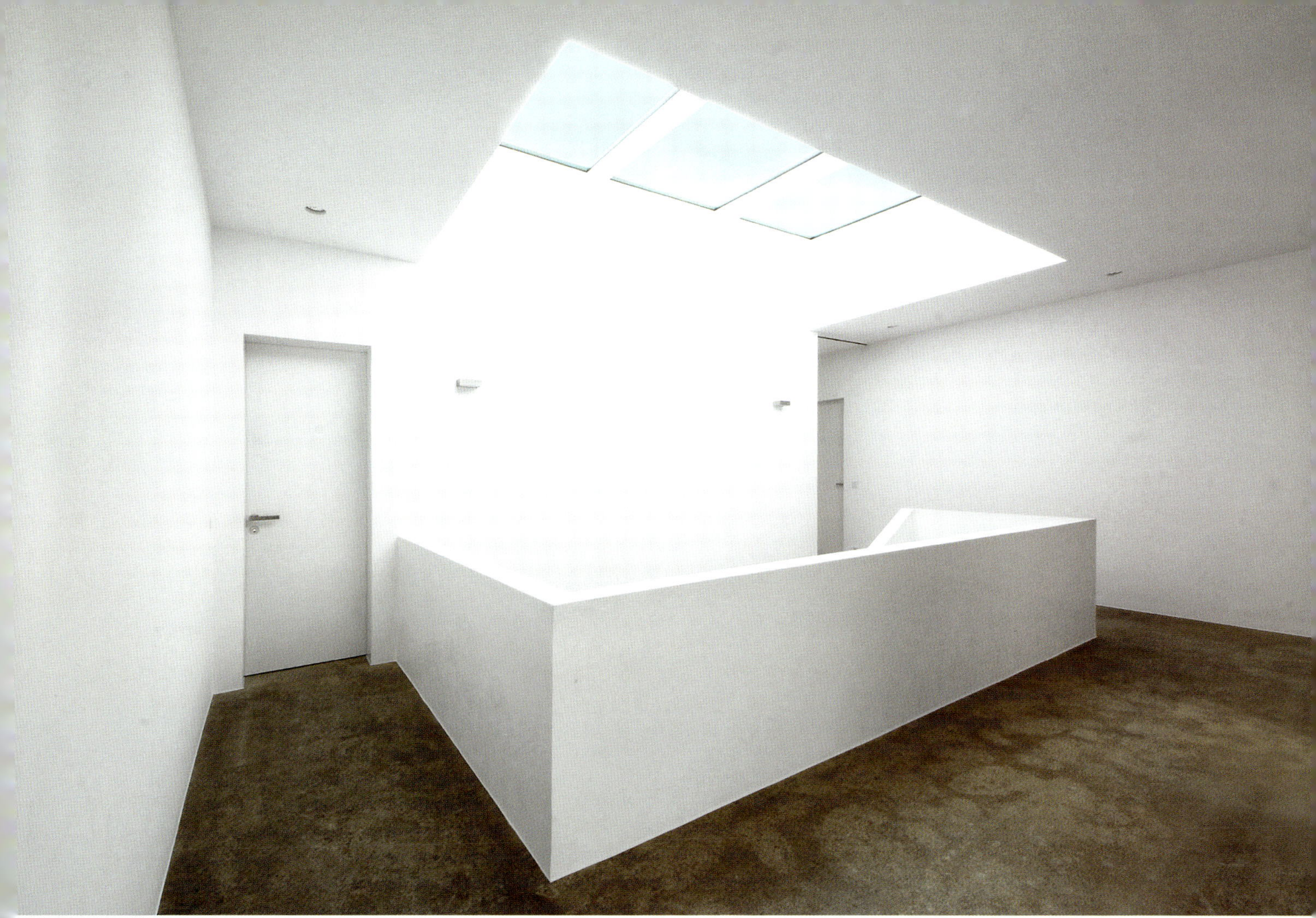

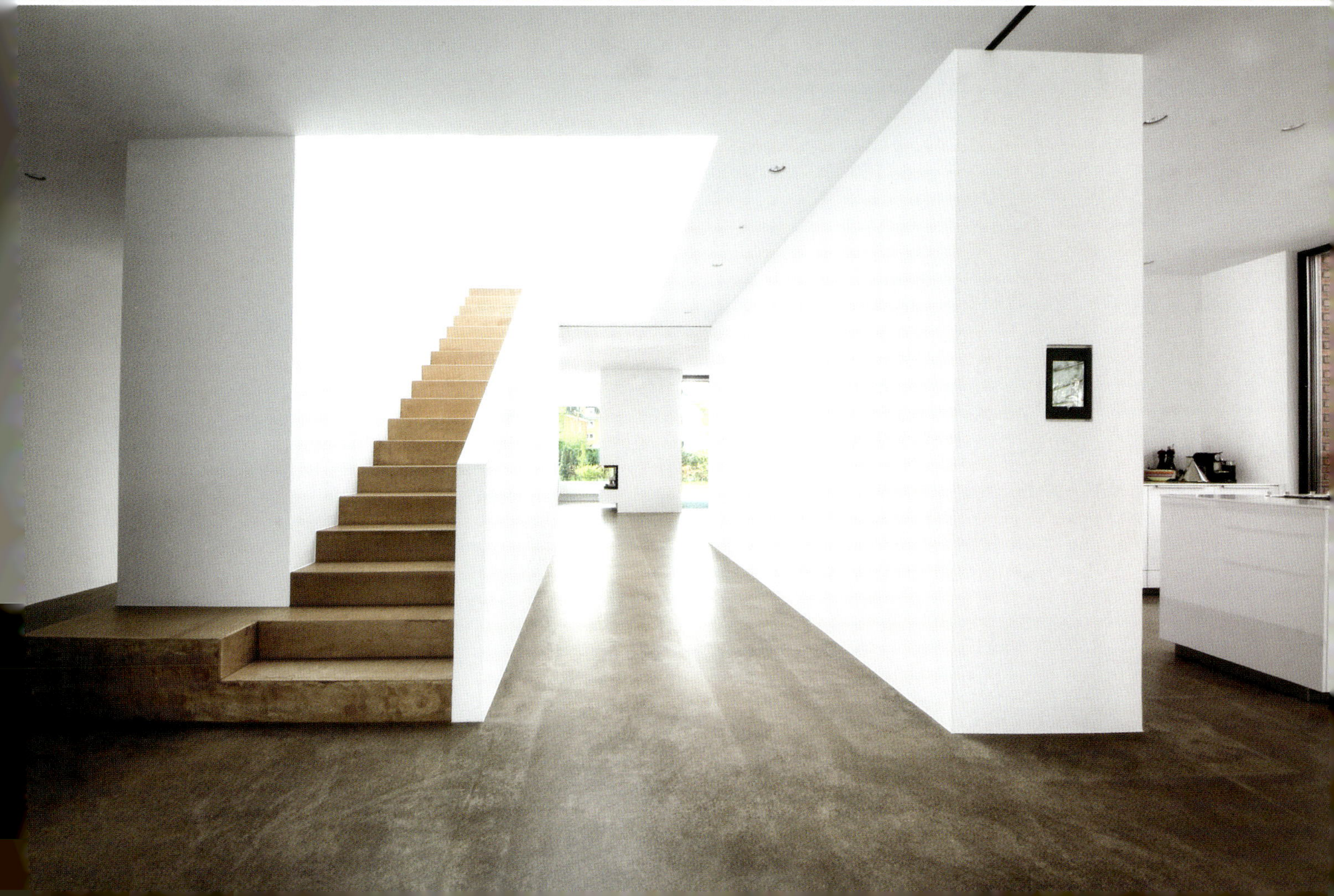

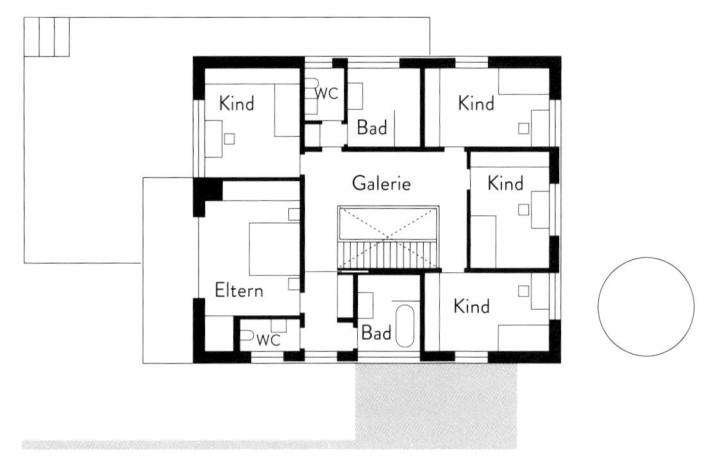

Obergeschoss

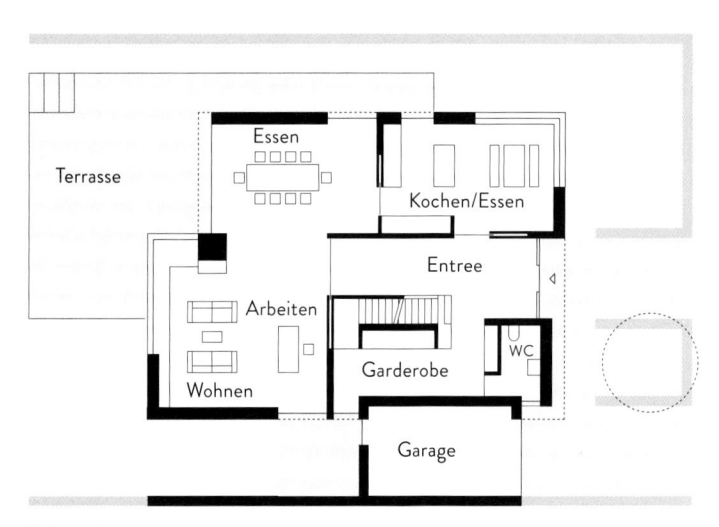

Erdgeschoss

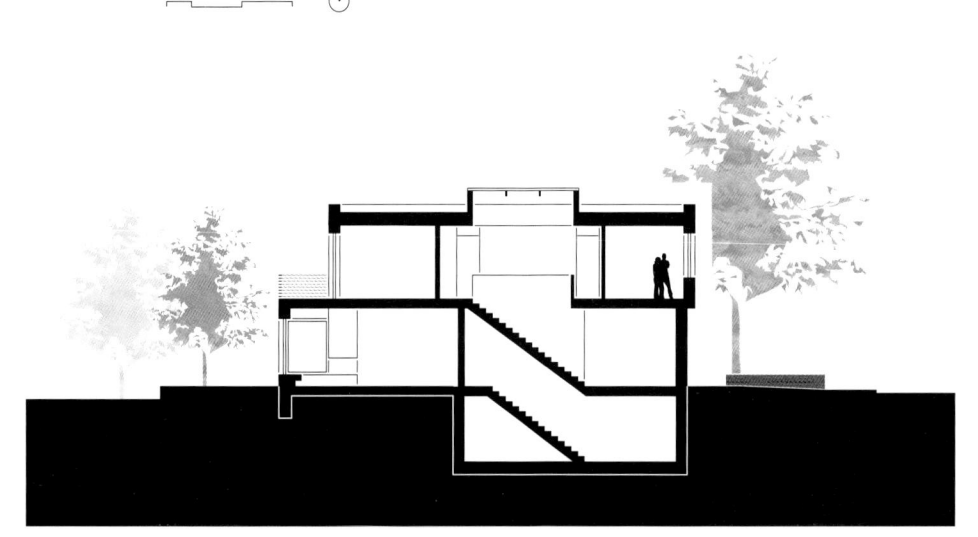

Schnitt

## Kurzporträt

» Kubischer Neubau in klassisch-moderner Formensprache

» Backsteinfassade mit Wasserstrichklinkern aus der Region

» Kompakter Grundriss, alle Räume um ein zentrales Treppenhaus organisiert

» Offene Gemeinschaftsbereiche im Erdgeschoss über Schiebetüren abteil- oder zusammenschaltbar

» Reduzierte Farb- und Materialwahl

» Große Glasfronten und durchgehende Blickachsen

» Gestaltung der Außenanlagen als Teil des Gesamtkonzepts

## Gebäudedaten

**Grundstücksgröße:** 750 m²
**Wohnfläche:** 270 m²
**Zusätzliche Nutzfläche:** 80 m²
**Anzahl der Bewohner:** 6
**Bauweise:** Mauerwerk, zweischalige Außenwandkonstruktion mit Mineralfaserdämmung
**Fassade:** Wasserstrichklinker
**Energiekonzept:** Brennwerttherme, solarthermische Anlage
**Heizwärmebedarf:** 53 kWh/m²a
**Primärenergiebedarf:** 61 kWh/m²a
**Bauzeit:** 2012–2014

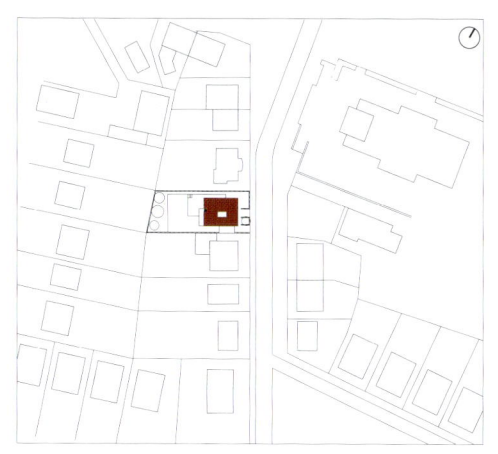

**Lageplan**

**Marc Hehn, Christian Pohl,
hehnpohl architektur**

» *Das Haus steht in engem Bezug zu seinem Umfeld und orientiert sich an den gestalterischen Prinzipien der gegenüberliegenden Kirche.* «

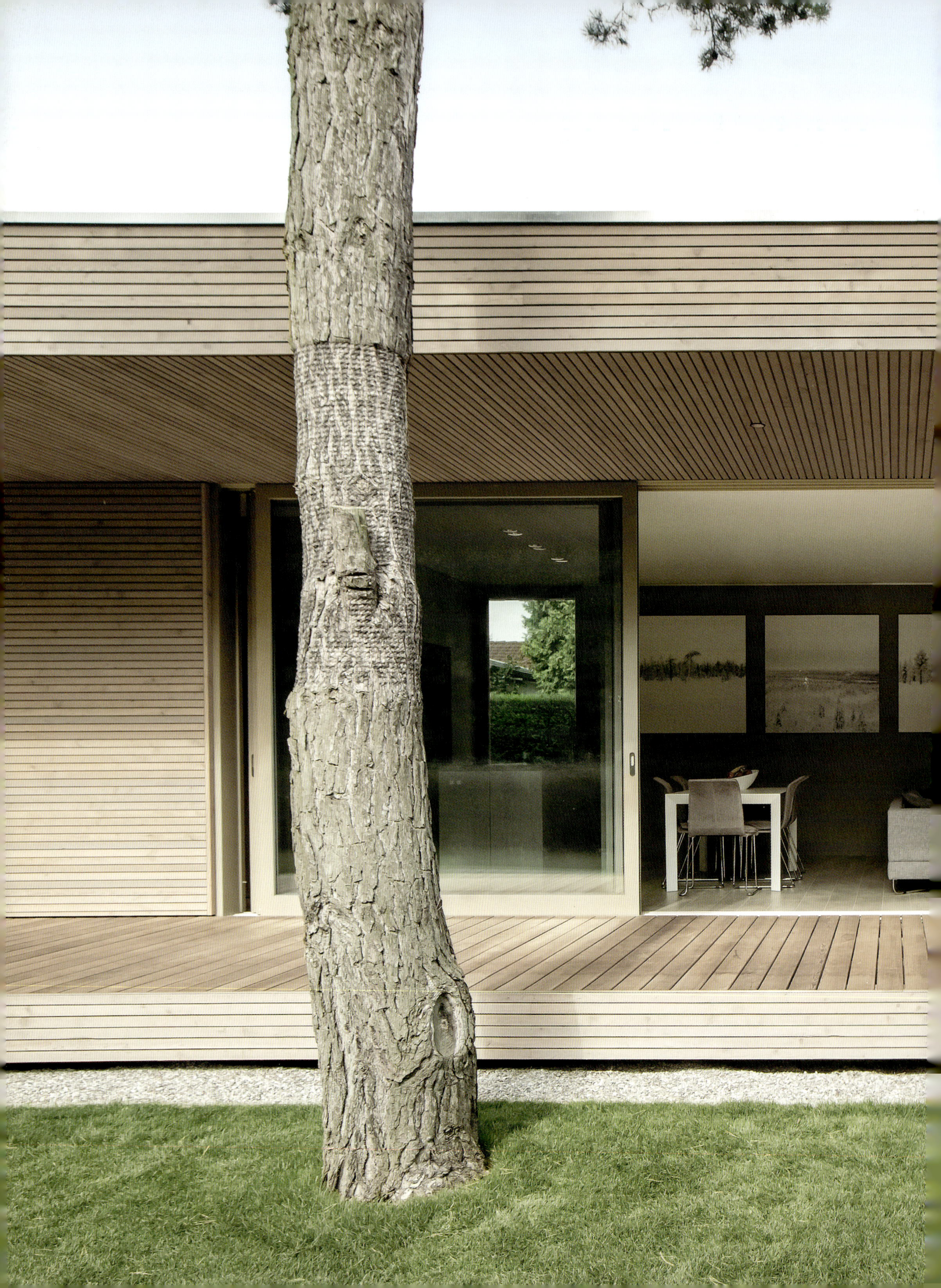

Auszeichnung

# REICHTUM DURCH REDUKTION

Bungalow in Wandlitz bei Berlin

2D+ Architekten

**Vorherige Doppelseite** Klare Konturen und eine reduzierte Formensprache prägen das Erscheinungsbild des Zweipersonenhauses, das auf geringer Fläche erstaunlich viel Raum bietet.

**Links** Veranden auf beiden Längsseiten bilden Übergangszonen zwischen drinnen und draußen. Der puristisch angelegte Kiesgarten auf der Ostseite vermittelt fernöstliches Flair.

**Rechts oben** Das idyllische Gartengrundstück mit einer alten Kiefer bildet die grüne Kulisse für den Bungalow. Seine Fassaden sind mit vorvergrauter Lärchenschalung verkleidet.

**Rechts unten** Ein drehbarer Kamin sorgt an kühlen Tagen für gemütliche Lagerfeueratmosphäre. Schiebetüren erweitern den Wohnbereich schwellenlos auf die breite Loggia.

Raus aus der Stadt: Das Berliner Bauherrenpaar hatte beschlossen, seinen Lebensmittelpunkt aufs Land zu verlegen – und auf das alte Familiengrundstück im nahe gelegenen Wandlitz zu ziehen. Das idyllisch eingewachsene Areal mit einem Bungalow aus den 1960er-Jahren hatte den beiden bislang als Sommerdomizil gedient. Doch ihre Idee, die Datsche zu sanieren und zu erweitern, verwarfen sie angesichts der schlechten Bausubstanz rasch wieder. Nachdem die Entscheidung für einen Neubau gefallen war, sahen sich ihre Architekten vor eine fast unlösbare Aufgabe gestellt: »Die Liste der Wünsche für das kleine Grundstück wuchs rasant«, erzählt Markus Bonauer vom Büro 2D+ Architekten – kein Wunder, zumal das Paar zuvor in einer weitläufigen Stadtwohnung gelebt hatte. Auf dem Areal war jedoch nur eine Bebauung von maximal 100 Quadratmetern zulässig. Wie also sollte man eine vergleichbare Großzügigkeit und Offenheit auf so geringer Fläche ohne Einschränkungen bei Komfort oder Ausstattung realisieren?

Nach etlichen Vorentwürfen und intensiven Diskussionen kristallisierte sich schließlich die Lösung heraus: ein maßgeschneidertes »Wohnmöbel« in Form eines langgestreckten kubisch-klaren Holzbaus, der auf einer Ebene alle Annehmlichkeiten des modernen Lebens vereint. Er bietet eine vollwertige Einbauküche, einen großen Wohnbereich mit drehbarem Kamin, ein geräumiges Bad sowie ein separates Schlafzimmer. Ganz ohne Kompromisse ging es nicht: Aus dem Weinkeller wurde ein Weinkühlschrank, aus dem Wellnessbereich ein Bad mit Sauna. »Reduktion war hier ein Leitthema«, räumen die Planer ein – doch offenbar im positiven Sinn: Das Zweipersonenhaus liefert den besten Beweis, dass Wohnqualität nicht von der Quadratmeterzahl abhängt.

Die wichtigste Voraussetzung für dieses kleine Raumwunder ist – neben einem straff organisierten Grundriss – die enge Verbindung von Architektur und Innenausbau. Jeder Zentimeter wird hier sinnvoll genutzt. Hinter flächenbündigen Wandvertäfelungen aus gekälkter Eiche verbergen sich zahlreiche Stauräume und Schränke, die zusätzliche Aufbewahrungsmöbel sparen. Die warmtonigen Holzoberflächen prägen die Wohnatmosphäre im ganzen Haus und tragen zusammen mit dem hellgrauen Fliesenboden zum ebenso stimmigen wie homogenen Raumeindruck bei. Deckenhohe Glasfronten lassen fließende Übergänge zwischen innen und außen entstehen, Veranden auf beiden Längsseiten dienen als überdachte Freiluftzimmer: Im Osten sitzt man mit Blick auf einen japanisch anmutenden Steingarten, im Westen wird das breite Terrassendeck von einer grünen Naturkulisse mit einer mächtigen alten Kiefer umrahmt.

Die Idee der Reduktion sowie der schonenden Nutzung von Ressourcen spielte auch bei der Wahl von Baumaterialien und Bauweise eine Rolle: Die Architekten entschieden sich für eine Holzständerkonstruktion, die sie mit einer vorvergrauten, naturbelassenen Lärchenschalung verkleideten. Das Tragwerk ist direkt in die Dämmebene integriert, was zusätzlich Platz sparte. Auch beim Innenausbau bot die gewählte Konstruktionsart Vorteile: Die enorme Präzision der millimetergenauen Einbauten und flächenbündigen Anschlüsse wäre anders kaum möglich gewesen – bei Mauerwerk oder Stahlbeton sind die Maßtoleranzen viel zu hoch. Und gerade diese wohldurchdachten Details sind es, die das Wohnmöbel zum architektonischen Schmuckstück machen. Die Planer sehen es auch als Prototyp »für eine neue Generation von Bauherren, die bereit sind, sich räumlich einzuschränken, ohne auf Komfort und Ausstattung verzichten zu wollen«. Dass sich die Kosten hierfür auch noch in moderaten Grenzen hielten, ist ein weiterer angenehmer Nebeneffekt.

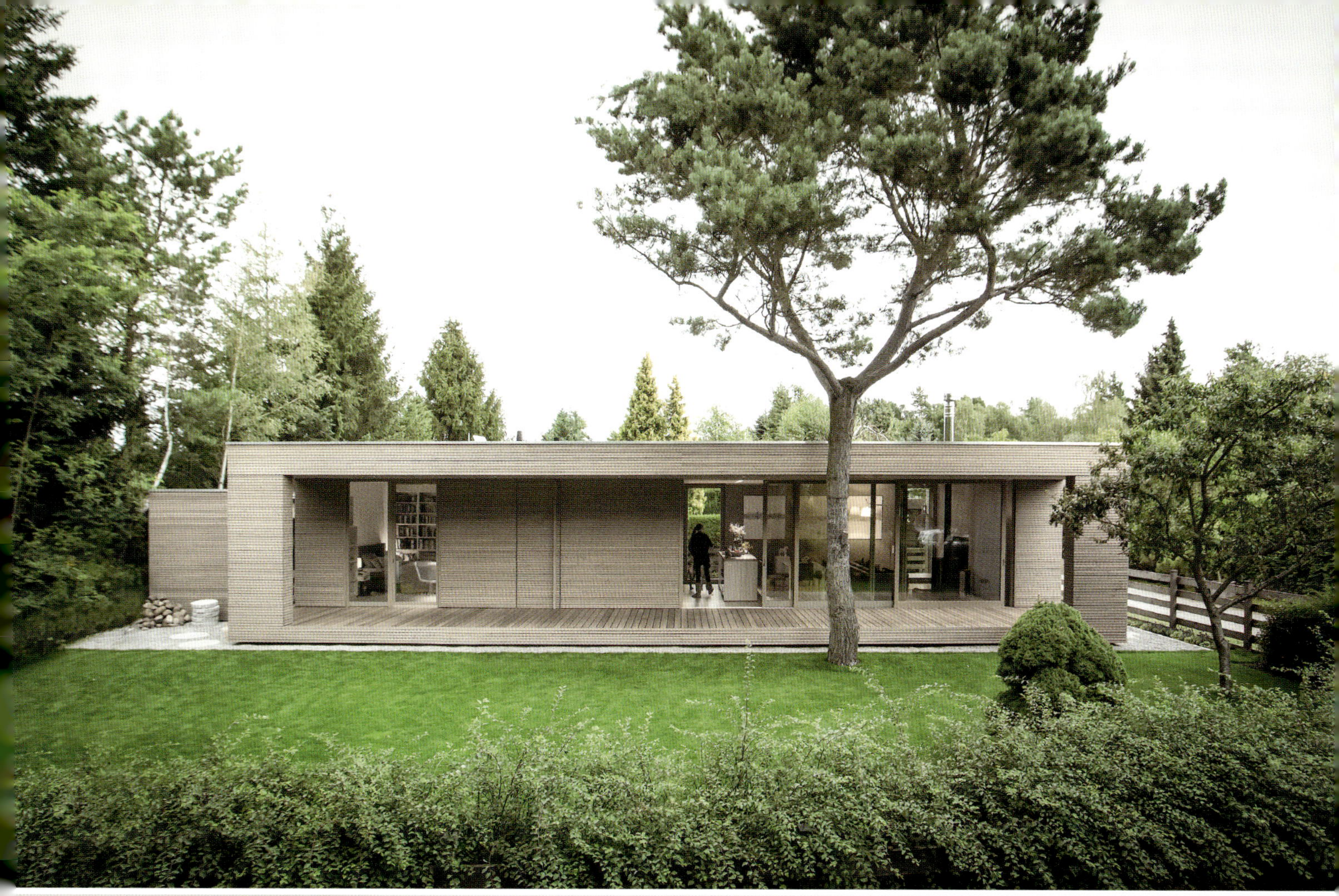

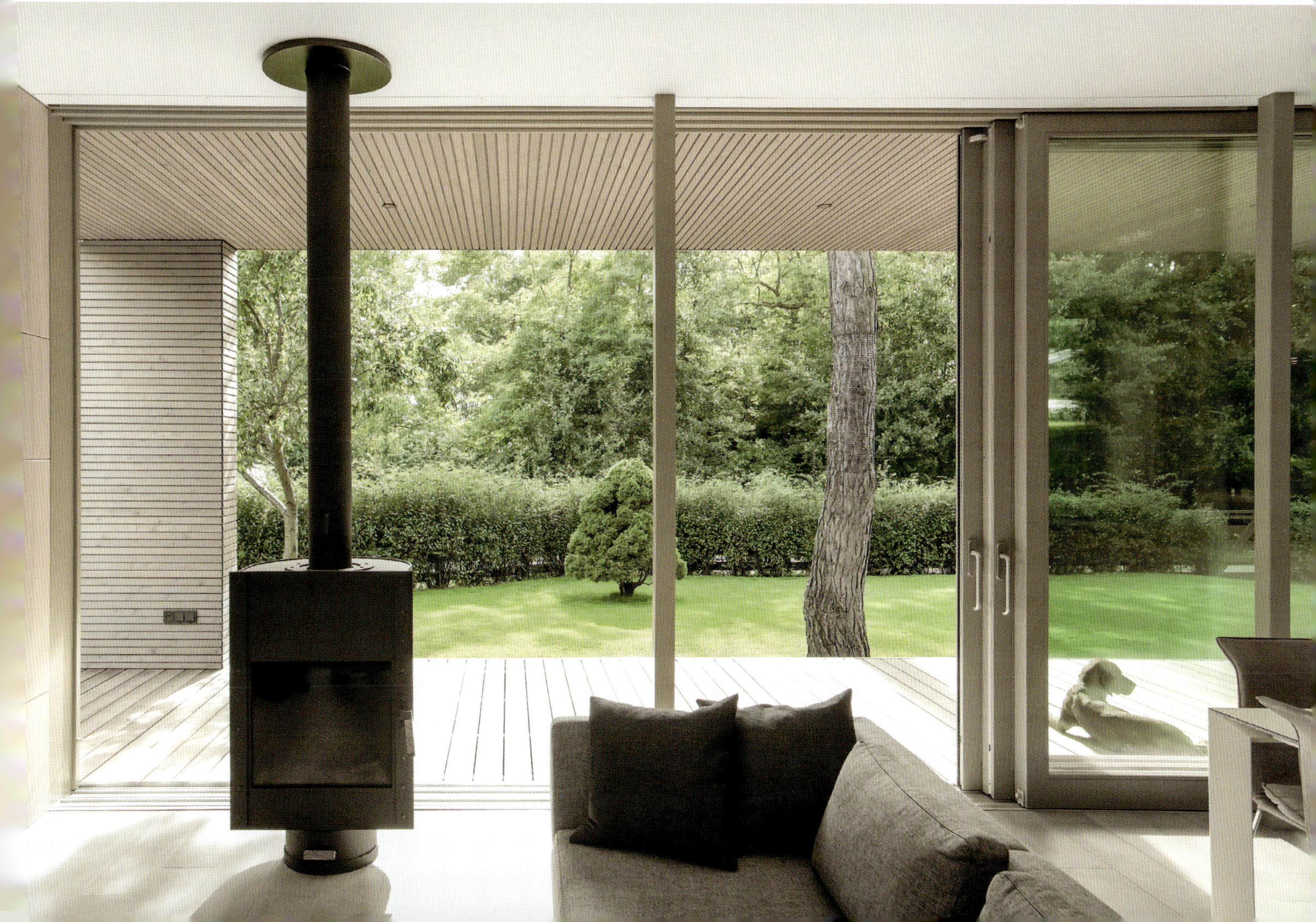

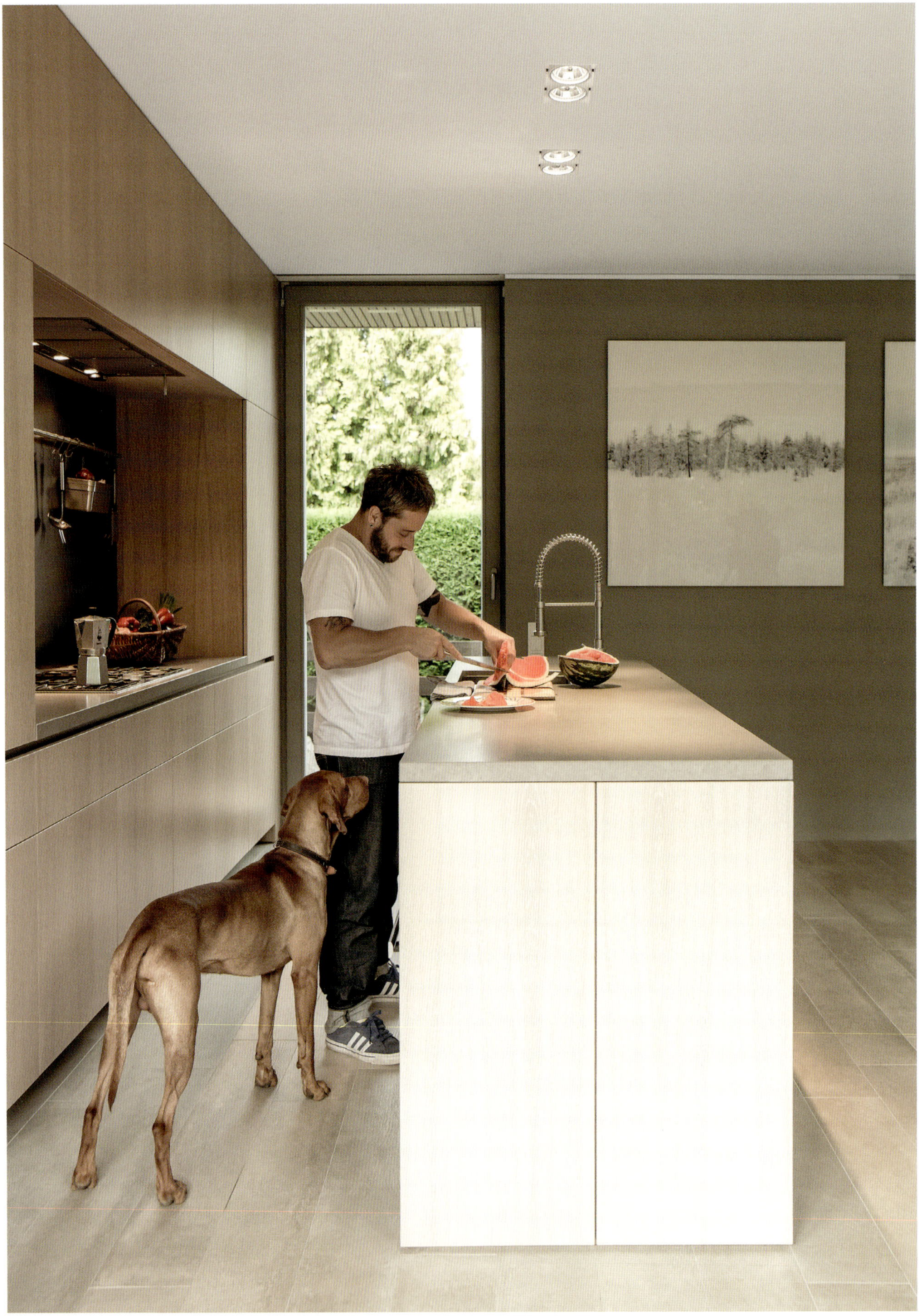

**Links** Funktional und flächensparend ist die kleine Küche organisiert. Die deckenhohe Schrankfront links übernimmt eine tragende Rolle: Ihre Rückseite dient als aussteifende Wand.

**Oben links** Durchgehende Sichtachsen sorgen für optische Großzügigkeit. Vom Schlafzimmer reicht der Blick über die gesamte Gebäudelänge bis in den gegenüberliegenden Wohnraum.

**Oben rechts** Holzvertäfelte Einbauten aus gekälkter Eiche prägen den Raumeindruck im ganzen Haus – sogar im Bad. Die Tür links führt zur Sauna, die hier auch noch Platz fand.

**Unten** Im Süden schützt das weit auskragende Dach vor der Sonne. Im Innern wurde ein hellgrauer keramischer Dielenboden verlegt, der im Farbton gut mit den Holzflächen harmoniert.

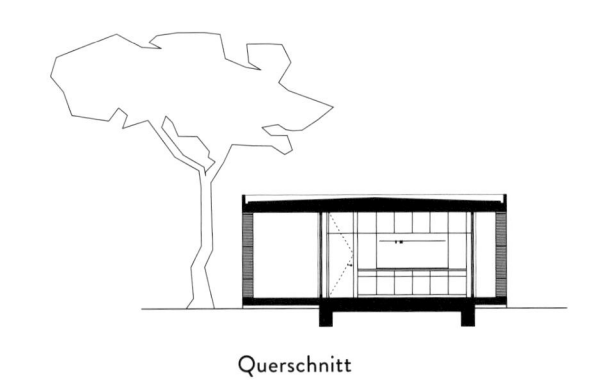

Querschnitt

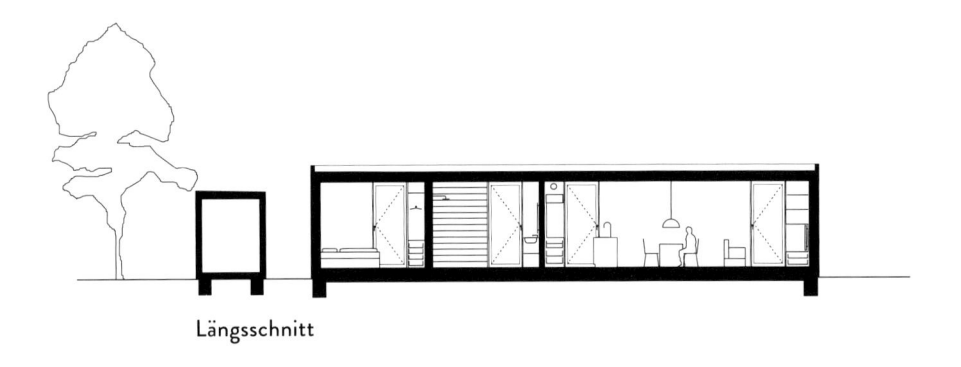

Längsschnitt

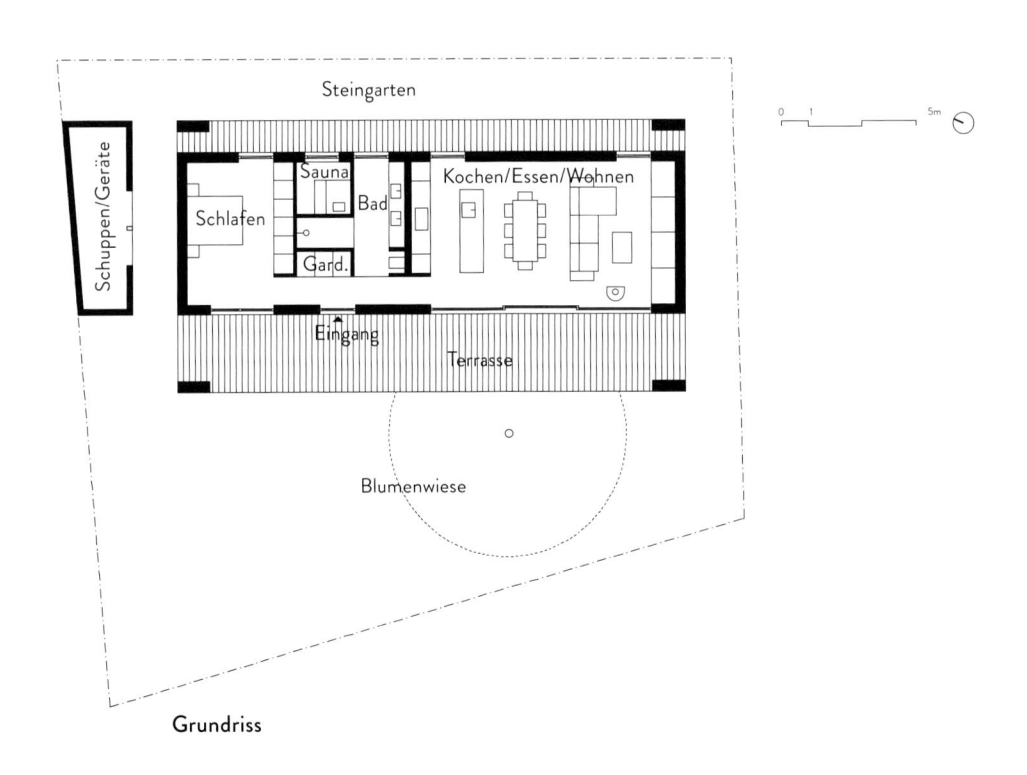

Steingarten
Schuppen/Geräte
Schlafen
Sauna
Bad
Gard.
Kochen/Essen/Wohnen
Eingang
Terrasse
Blumenwiese

Grundriss

## Kurzporträt

» Alle Räume auf einer Ebene

» Kompakter Grundriss mit minimalen Verkehrsflächen

» Koch-, Ess- und Wohnbereich als offene Einheit

» Maßgefertigte Einbauten

» Große Glasfronten für fließende Übergänge zwischen innen und außen

» Einheitlicher Innenausbau sowie reduzierte Farb- und Materialwahl

» Gebäudelange überdachte Terrassen

» Holzständerbau mit integrierter Dämmebene

» Einsatz nachhaltiger Materialien und Baustoffe

» Gartenschuppen als Kellerersatz

## Gebäudedaten

**Grundstücksgröße:** 420 m$^2$
**Wohnfläche:** 76 m$^2$
**Zusätzliche Nutzfläche:** 71 m$^2$ (Terrassen, Schuppen)
**Anzahl der Bewohner:** 2 + Hund
**Bauweise:** Holzständerbau mit Holzfaserdämmung
**Fassade:** horizontale Profilholzschalung in vorvergrauter Lärche, hinterlüftet
**Baukosten gesamt:** 309.000 Euro
**Energiekonzept:** Gasbrennwerttherme mit Schichtenspeicher, Kaminofen als Zusatzheizung
**Heizwärmebedarf:** 90 kWh/m$^2$a
**Primärenergiebedarf:** 134 kWh/m$^2$a
**Bauzeit:** 2013–2014

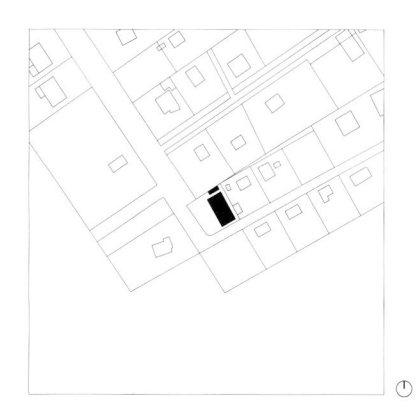

Lageplan

**Markus Bonauer, Michael Bölling, Tiffany Taraska, 2D+ Architekten**

》》 *Wir sehen das Projekt auch als Beitrag zur aktuellen Tendenz des ›Downsizing‹ im Wohnungsbau: Es zeigt, dass der Verzicht auf Fläche nicht zwangsläufig die Funktionalität, Wertigkeit oder den Komfort eines Hauses einschränken muss.* 《《

Auszeichnung

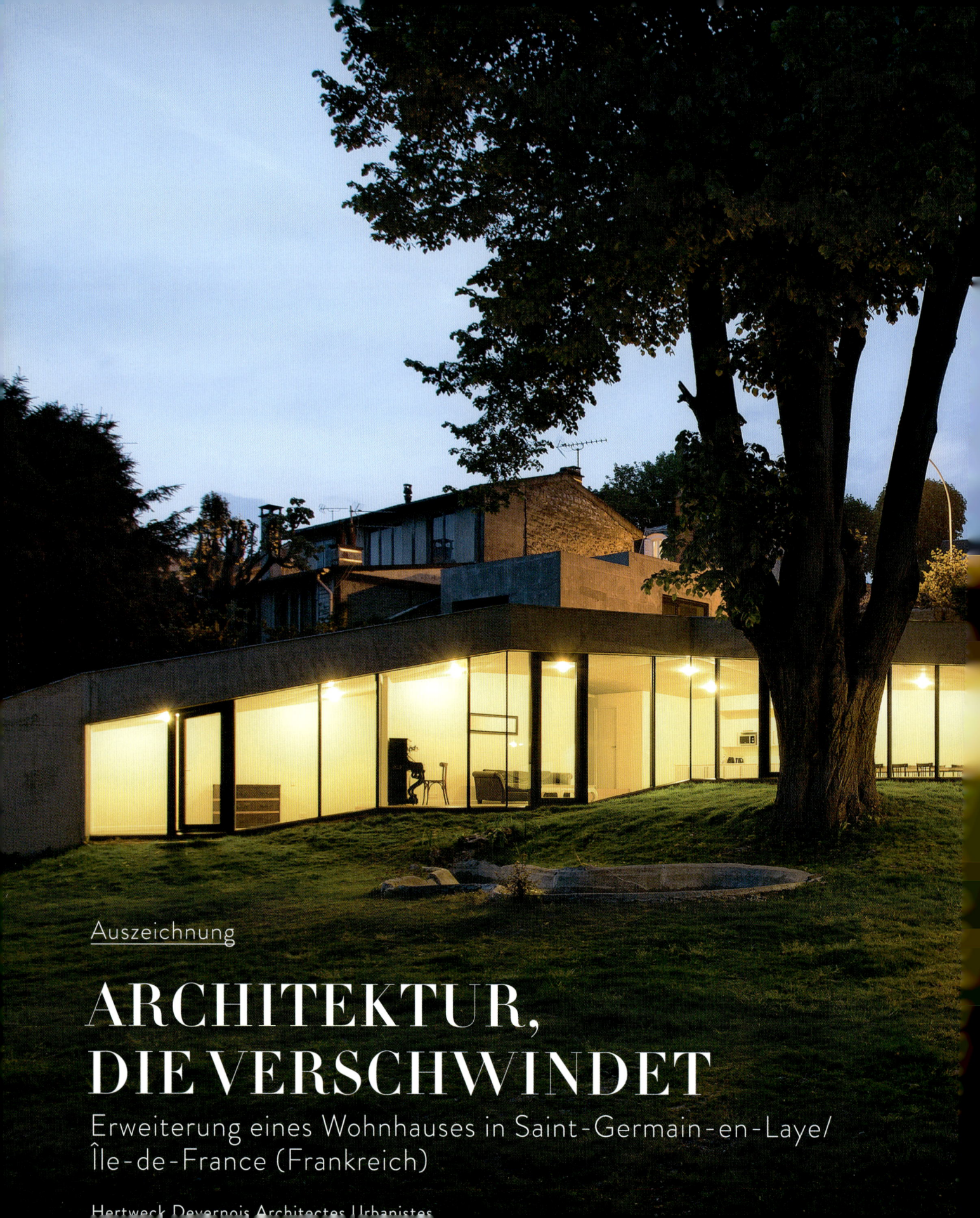

# ARCHITEKTUR, DIE VERSCHWINDET

Erweiterung eines Wohnhauses in Saint-Germain-en-Laye/
Île-de-France (Frankreich)

Hertweck Devernois Architectes Urbanistes

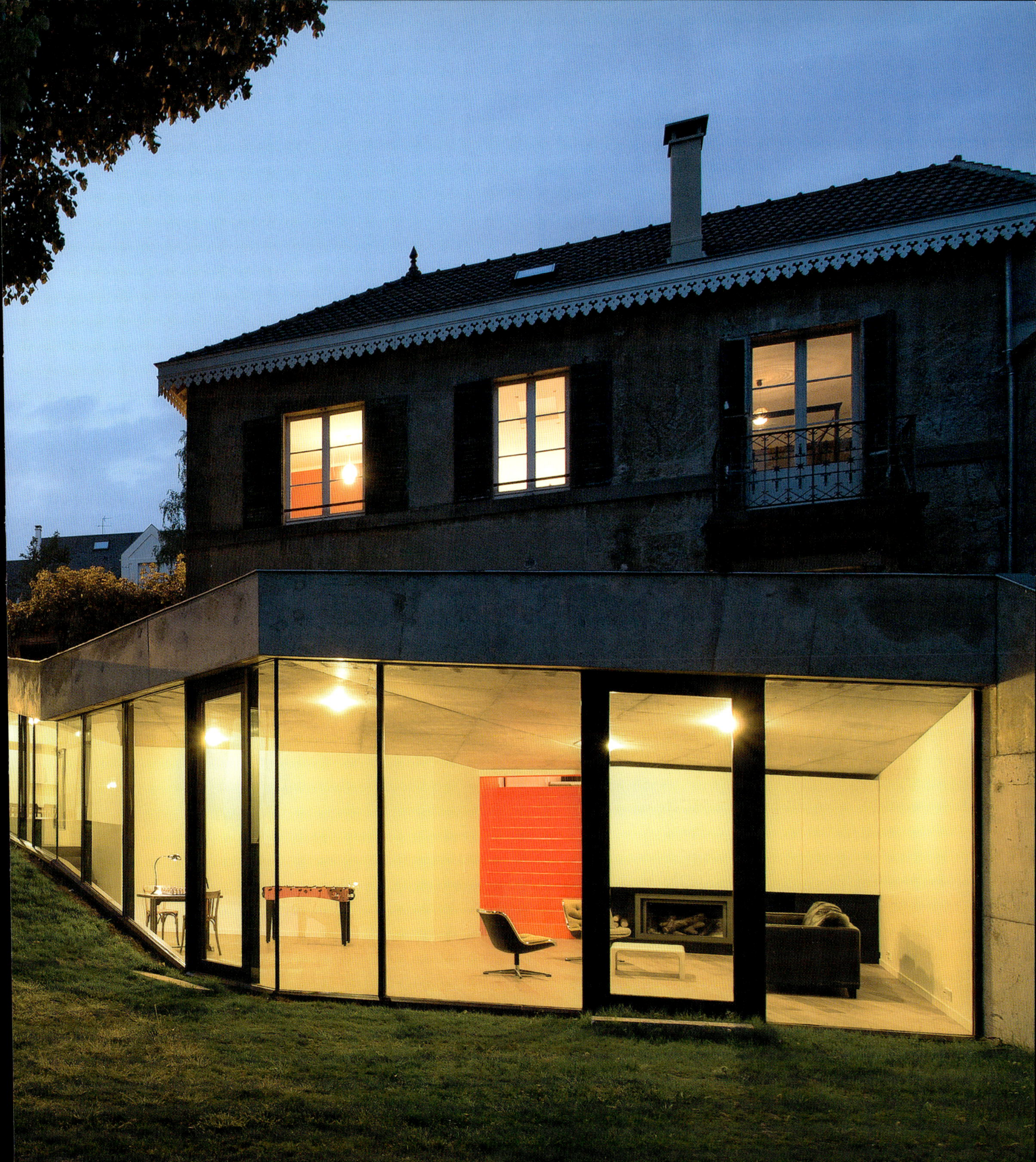

**Vorherige Doppelseite** Transparenz und luftige Offenheit prägen den Erweiterungsbau. Er orientiert sich auf den Garten im Süden und umschließt in seiner Mitte eine mächtige alte Linde.

**Rechts unten** Auffallend unauffällig ist der Erweiterungstrakt in die Topografie des Hangareals eingebunden. Durch die Begrünung der Dachfläche blieb die natürliche Vegetation erhalten.

**Rechts oben links** Ganz unprätentiös ist das Entree gestaltet. Über ein schmales schachtartiges Treppenhaus gelangt man von der Straße direkt in den Anbau im Untergeschoss.

**Rechts oben rechts** Ein schlichtes Eingangsbauwerk nimmt den neuen Hauszugang und die Garage auf. Das historische Wohnhaus wurde umgebaut, die Fassade soll später noch saniert werden. Der kleine Bunker in der Gartenmauer ist ein Relikt aus dem Zweiten Weltkrieg.

Das alte Haus auf dem schönen Gartengrundstück unweit des historischen Zentrums von Saint-Germain-en-Laye hatte viel Charme – doch für seine neuen Eigentümer war es zu klein. Mit knapp 100 Quadratmetern Wohnfläche bot es der kinderreichen Familie nicht annähernd genügend Raum. Ein Anbau war die naheliegendste Lösung, allerdings standen die Behörden diesem Vorhaben zunächst skeptisch gegenüber: Die Gemeinde, die westlich von Paris an ein großes Waldgebiet angrenzt, legt viel Wert auf den Schutz ihres Naturerbes und hatte das gesamte Grundstück als unbebaubare Fläche ausgewiesen. Dass hier dennoch ein großzügiger Erweiterungstrakt entstehen konnte, der seinen sechs Bewohnern beachtliche 320 Quadratmeter an zusätzlicher Wohnfläche beschert, ist einem geschickten planerischen Kunstgriff zu verdanken. Die Architekten vom Büro Hertweck Devernois ließen den Neubau einfach dezent unter der Erde verschwinden. Auf diese Weise gelang es ihnen, zwei scheinbar widersprüchliche Vorgaben miteinander zu verbinden: einerseits die schöne, eingewachsene Gartenlandschaft zu erhalten, andererseits mehr Wohnraum zu schaffen.

Inspiriert von den Schnittbildern des italienischen Avantgarde-Künstlers Lucio Fontana – der seine Leinwände stellenweise mit dem Messer zerschlitzte, um ihnen mehr Plastizität zu verleihen – schnitten die Planer gewissermaßen in die Erdoberfläche ein, um die Räume darin einzubetten. Bei diesem Konzept einer »bewohnbaren Topografie« kam ihnen die natürliche Neigung des Geländes entgegen: Das Grundstück fällt von der Straße im Norden Richtung Süden um etliche Meter ab. Anschließend überdeckten sie den Erweiterungsbau wieder mit gewachsenem Boden, sodass keine zusätzliche versiegelte Fläche entstand. Mit ihrem ungewöhnlichen Entwurf sowie der Argumentation, dass man den Anbau weder vom öffentlichen Raum noch auf Satellitenbildern von Google Earth erkennen könne, konnten die Architekten schließlich auch das Bauamt überzeugen und erhielten die Genehmigung.

Um zu ihrem neuen Domizil zu gelangen, müssen die Bewohner nun buchstäblich in die Erde abtauchen. Über ein schlichtes Eingangsbauwerk an der Straße und eine einläufige Treppe geht es hinab ins Hanggeschoss, dem neuen Zentrum des Familienlebens. Koch-, Ess-, Wohn-, Arbeits- und Spielbereiche gehen hier fließend ineinander über, sodass auf dem sanft abfallenden Gelände eine bewegte Wohnlandschaft auf leicht versetzten Ebenen entsteht. Diese öffnet sich mit einer 32 Meter langen, gefalteten Glasfassade zum Garten hin und umschließt in ihrer Mitte eine imposante alte Linde. Die Lasten der Stahlbetondecke, auf der gut 60 Zentimeter Erde aufgeschüttet sind, werden von 25 schlanken Stahlstützen abgefangen, die in die umlaufenden Glasfronten integriert sind. Somit waren im Innern keine weiteren Stützen oder Querwände erforderlich – und dies bei einer Tragweite von bis zu 8 Metern.

Mit seinem luftigen, offenen Raumkonzept bietet der Anbau nicht nur deutlich mehr Fläche, sondern auch eine Großzügigkeit, die dem alten, noch aus dem 19. Jahrhundert stammenden Wohnhaus mit seinem kleinteiligen Grundriss bisher fehlte. Konsequenterweise wurde der Bestand daher auch zum reinen Schlaftrakt umfunktioniert. Über eine weitere Treppe gelangt man vom Neubau hinauf in den alten Teil, in dem die privaten Rückzugsbereiche der Eltern und Kinder untergebracht sind.

85

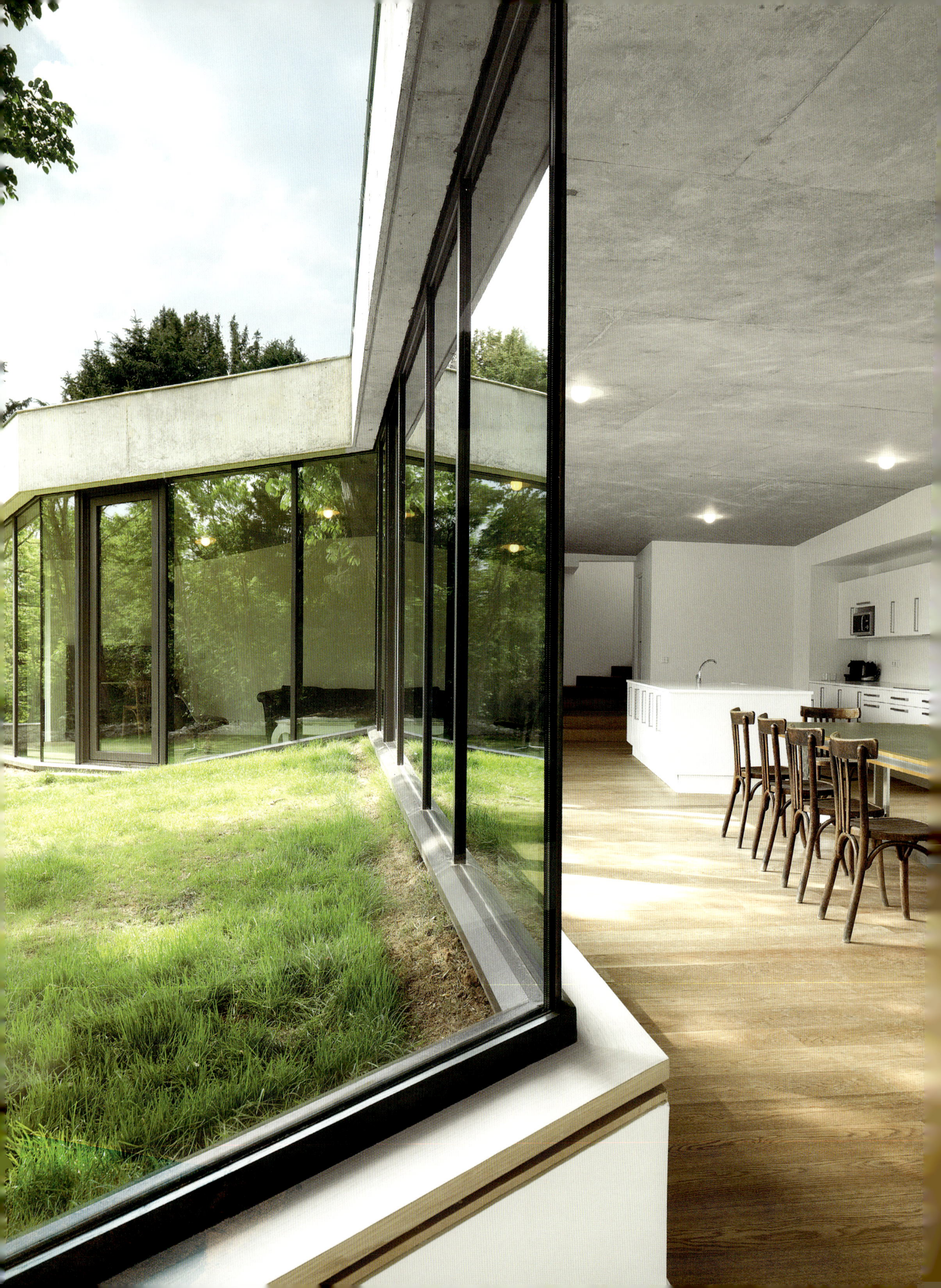

**Links** Der Neubau erstreckt sich als fließendes Raumkontinuum entlang der gefalteten Glasfassade. Über die Eingangstreppe gelangt man direkt in die große Küche im Zentrum.

**Rechts oben** Das Haus folgt der leichten Neigung des Geländes von Nord nach Süd, Stufen gleichen den Niveauunterschied zwischen den einzelnen Wohnebenen aus.

**Rechts Mitte** Die Natur ist auch im Innenraum stets präsent. Heller Parkettboden, weiß gestrichene Wände und roh belassene Betondecken bilden einen neutralen Hintergrund.

**Rechts unten** Offene Zonen statt abgeteilter Zimmer bestimmen das Raumkonzept im ganzen Haus. Der Arbeitsplatz ist in einer geschützten Nische untergebracht.

Schnitt

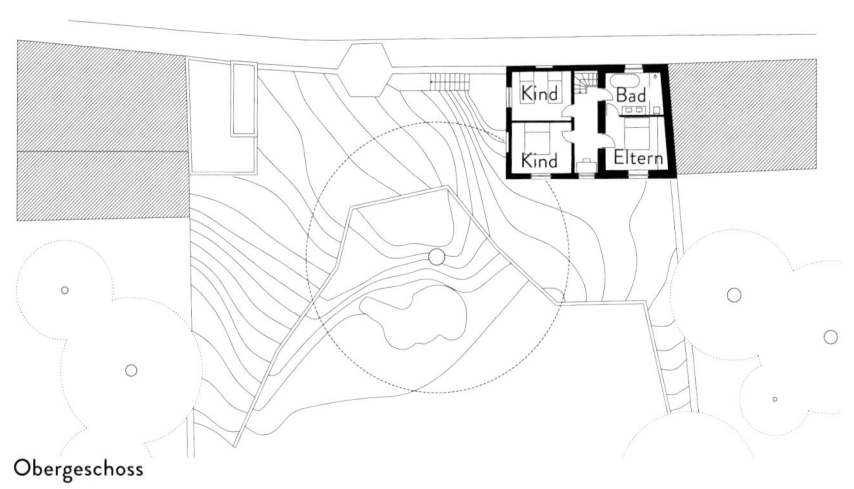

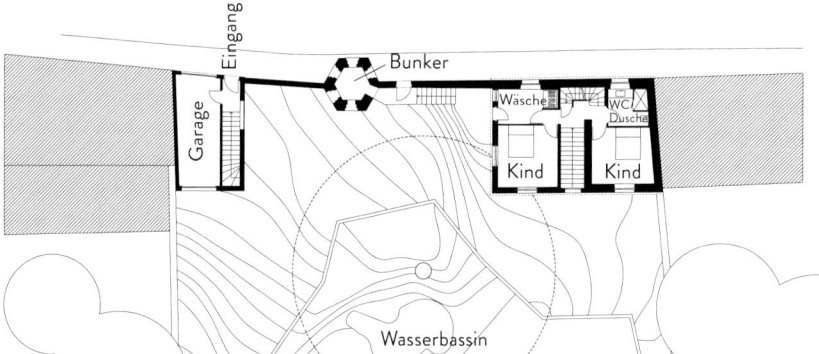

Obergeschoss

Erdgeschoss

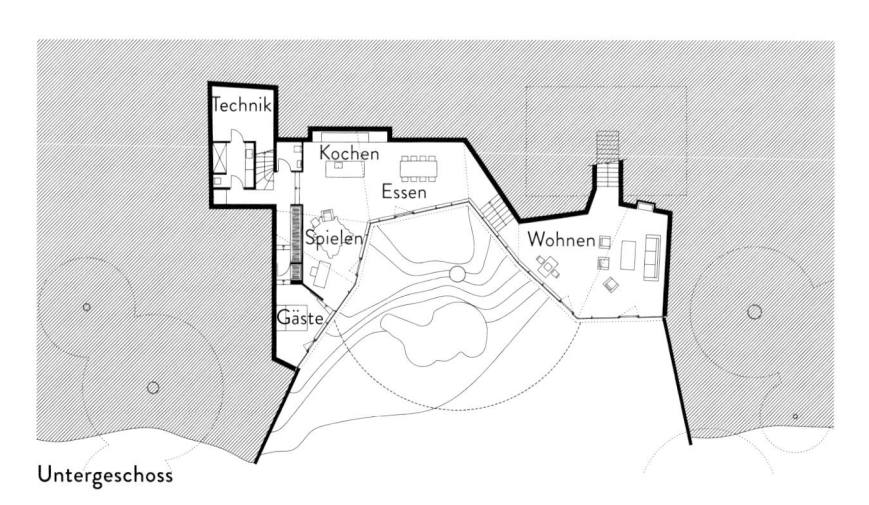

Untergeschoss

## Kurzporträt

» Wohnflächenerweiterung durch unterirdischen Anbau

» Integration des Gebäudes in die Topografie

» Keine weitere Versiegelung des Grundstücks durch Dachbegrünung

» Neubau als offener Familienwohnbereich mit direktem Bezug zum Garten

» Gute Energiebilanz durch große Glasfronten nach Süden und Gründach als thermische Speichermasse

» Bestand zum Schlaftrakt umfunktioniert

## Gebäudedaten

**Grundstücksgröße:** 2.400 m²
**Wohnfläche Bestand:** 100 m²
**Wohnfläche Erweiterung:** 320 m²
**Zusätzliche Nutzfläche:** 15 m² (Garage)
**Anzahl der Bewohner:** 6
**Bauweise:** Stahlbeton
**Fassade:** Glasfassade mit integrierten Stahlstützen
**Baukosten gesamt:** ca. 600.000 Euro
**Energiekonzept:** Gasheizung, passive solare Wärmegewinne über verglaste Südfassade
**Heizwärmebedarf:** 25 kWh/m²a
**Primärenergiebedarf:** 35 kWh/m²a
**Bauzeit:** 2012–2013

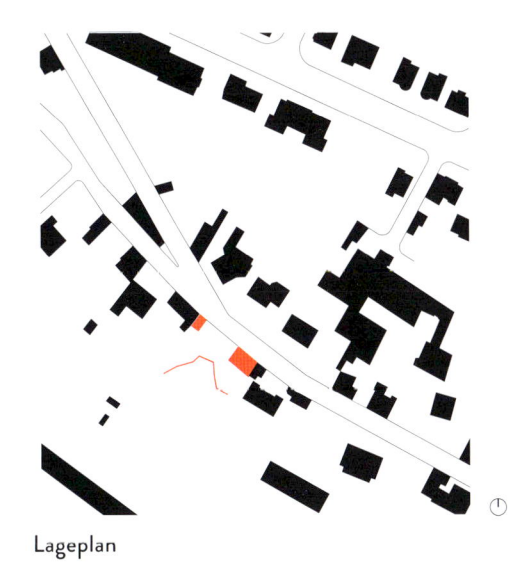

Lageplan

**Florian Hertweck und Pierre Alexandre Devernois, Hertweck Devernois Architectes Urbanistes**

›› *Unser Entwurf versucht, einen Widerspruch zu überbrücken: einerseits die Natur auf dem Grundstück zu erhalten, andererseits dem Wunsch der Bauherren nach mehr Wohnfläche zu entsprechen.* ‹‹

Auszeichnung

# DIE ENTDECKUNG DER EINFACHHEIT

Wohnhaus in Stockholm (Schweden)

Tommy Carlsson Arkitektur

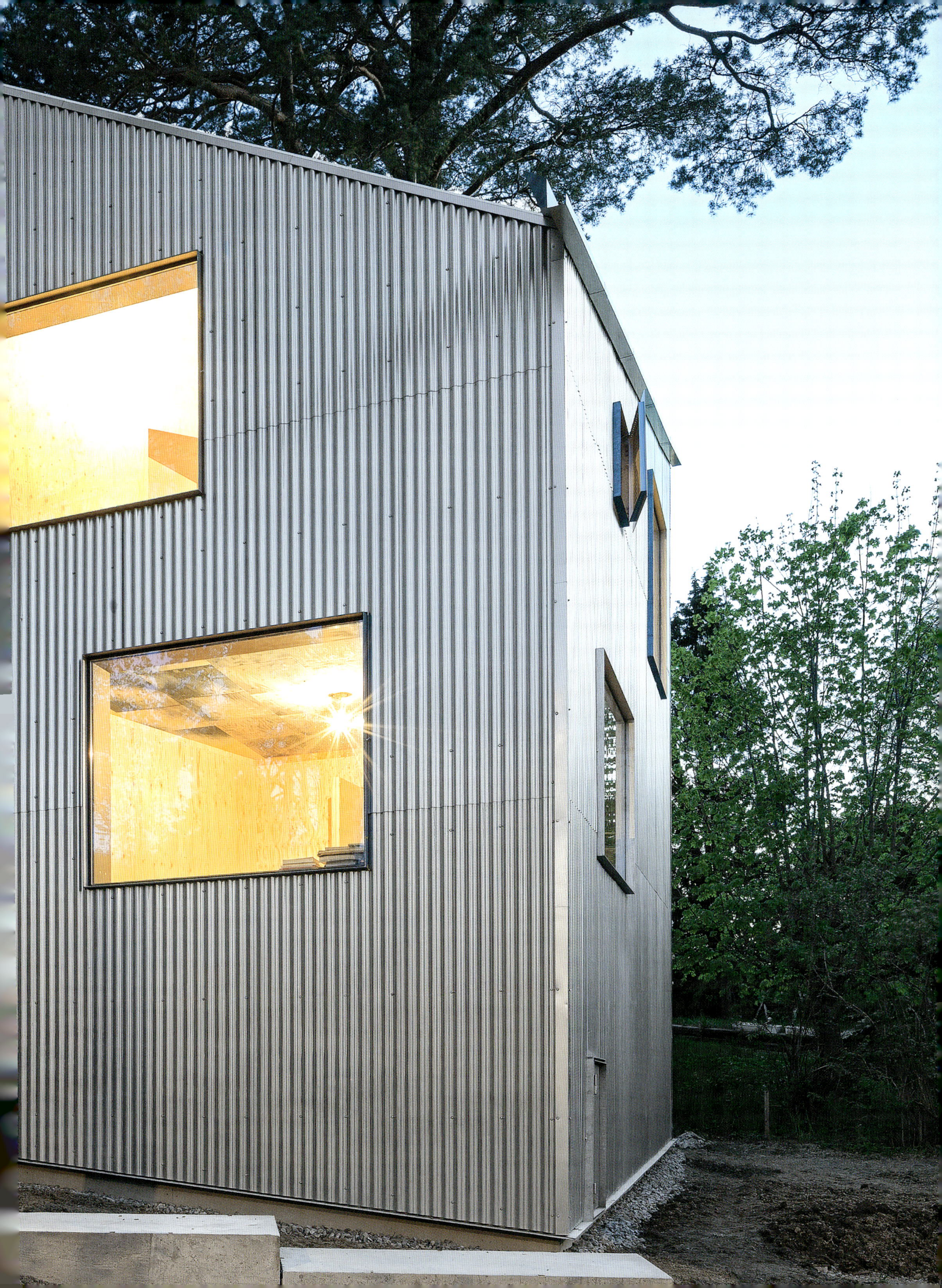

**Vorherige Doppelseite** Die silbrig schimmernde Außenhaut und die großformatigen, unregelmäßig über die Fassade verteilten Öffnungen verleihen dem Haus sein charakteristisches Aussehen.

**Rechts unten** Großzügig dimensioniert ist die Essküche, die sich an die Diele anschließt. Auf ihrer Rückseite liegt das Bad, sodass die Installationsleitungen kompakt zusammengefasst sind.

**Rechts oben links** Dachflächen und Ansichtsseiten sind mit gewelltem Stahlblech verkleidet. Auf Regenfallrohre wurde verzichtet, die Rinnen entwässern in eine Dränage.

**Rechts oben rechts** Pragmatisch wurde auch die Eingangssituation gelöst. Eine Aussparung in der Gebäudehülle dient als überdachter, witterungsgeschützter Zugangsbereich.

Wie lässt sich kostengünstiges Bauen mit gestalterisch anspruchsvoller Architektur verbinden? Diese Frage beschäftigte den schwedischen Planer Tommy Carlsson, zumal auch der skandinavische Fertighausmarkt in dieser Hinsicht wenig Auswahl bietet: Billig ist oft gleichbedeutend mit hässlich, schönes Design hingegen meist sehr teuer, so sein Fazit. Wie der Spagat zwischen Gut und Günstig dennoch gelingen kann, zeigt Carlsson mit diesem kleinen Einfamilienhaus, das er am Rand von Stockholm errichtete – als Prototyp für erschwingliches, flächensparendes Bauen. Mit seinem Happy Cheap House möchte der Planer nicht nur die monotone Vorstadtarchitektur seines Heimatlands verändern, sondern auch mehr Bewegung in den Markt der Typenhäuser bringen.

Der Neubau auf einem Hangareal im Stadtteil Skärholmen bietet mit gut 110 Quadratmetern Wohnfläche auf zwei Geschossen ausreichend Platz für eine vierköpfige Familie. Er hat weder Keller noch Dachboden und verzichtet auch sonst auf allerlei Attribute konventioneller Eigenheime. Die gesamte Konstruktion besteht aus vorgefertigten Schichtsperrholzelementen, die direkt vor Ort montiert wurden. Die großen Fenster sind alle festverglast, einfache Lüftungsklappen in der Fassade regeln bei Bedarf die Frischluftzufuhr. Auch die Außenhaut aus verzinktem Wellblech ist dem begrenzten Budget geschuldet – und zugleich ein besonderer Blickfang. Das Material überzieht nicht nur alle Ansichtsseiten, sondern auch das asymmetrisch verlaufende Satteldach und verleiht dem kleinen, quadratischen Haus ein ungewohntes und monolithisches Aussehen. Wie ein grauer Findling scheint es über dem Hang zu thronen.

Breite Betonstufen führen von der Straße hinauf zum Eingangsbereich, wo ein Einschnitt in die Gebäudehülle eine überdachte Vorzone entstehen lässt. Im Innern dreht sich alles um ein zentrales Treppenhaus, das Diele und Verteilerzone zugleich ist. Es öffnet sich in der Vertikalen in einen gut 7,50 Meter hohen Luftraum, der auch optisch für Großzügigkeit sorgt. Küche und Essplatz gehen im Erdgeschoss fließend ineinander über, ein separates Zimmer dient als Büro oder Gästeunterkunft. Auch das Bad liegt in der Eingangsebene, Wand an Wand mit der Küche. Das hielt den Installationsaufwand gering und sparte zudem einen Wasseranschluss im Obergeschoss. Der Familienwohnbereich befindet sich eine Etage höher. Als galerieartiger, offener Raum schließt er direkt an das Treppenhaus an und dient zugleich als Erschließungszone für die beiden angrenzenden Schlafzimmer.

Die unbehandelten Oberflächen der Sperrholzplatten prägen den Raumeindruck im ganzen Haus. Wandverkleidungen, Türen, Treppenstufen und Brüstungselemente sind alle aus demselben Material und tragen zusammen mit den hellen Kiefernholzdielen zur freundlichen Wohnatmosphäre bei. Doch bei allem Hang zur Reduktion ist es gerade die Kombination von Standardelementen mit individuellen Details, die diesem Familiendomizil seine besondere Note verleiht. So wurde beispielsweise die schlichte Einbauküche mit eigens entworfenen Griffen aus Lederschlaufen optisch aufgewertet. Diese ebenso einfache wie originelle Lösung kam auch anstelle von Türbeschlägen zum Einsatz. Dank seiner unkompliziert-pragmatischen Haltung ist es dem Architekten hier gelungen, ein unverwechselbares Haus mit hoher Wohnqualität entstehen zu lassen – und das zu extrem niedrigen Baukosten. »Das Material ist preiswert«, sagt Tommy Carlsson, »und preiswert kann auch schön sein.«

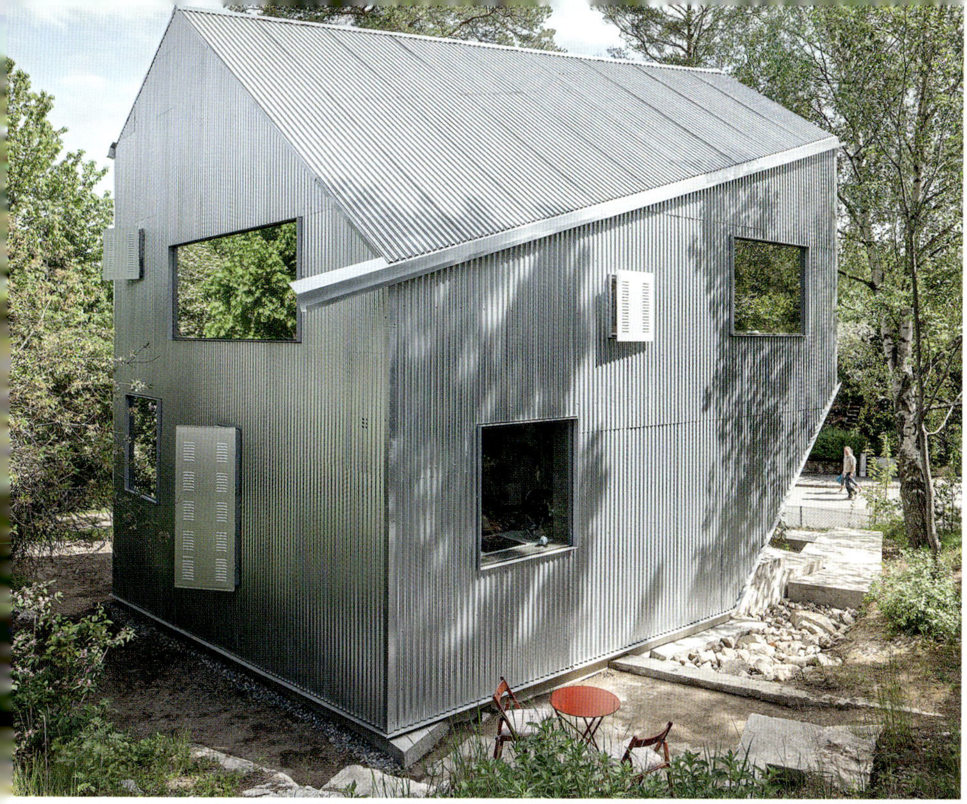
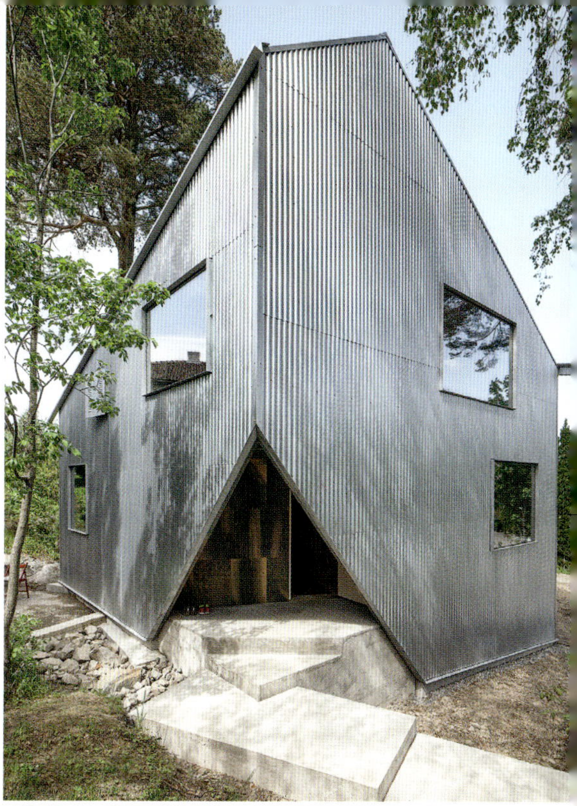
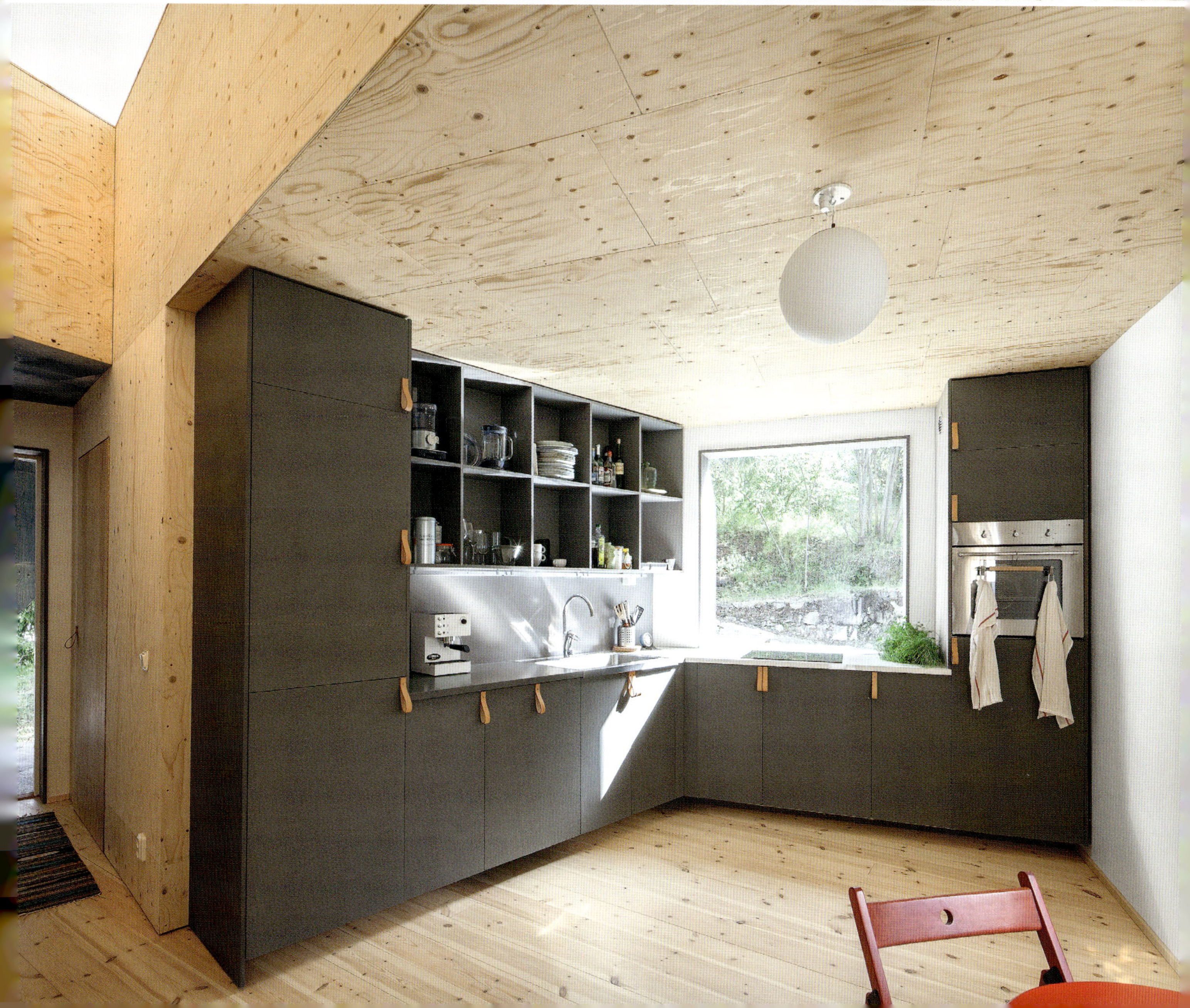

**Oben** Der offene Wohnbereich und die Schlafräume liegen im Obergeschoss. Niedrig angesetzte Panoramafenster in breiten Stahlrahmen holen das Licht und das Grün der Bäume herein.

**Rechts oben** Das asymmetrisch ansteigende Dach sowie die schiefwinklig eingestellten Wand- und Brüstungselemente sorgen in der oberen Ebene für ungewöhnliche Raumzuschnitte.

**Rechts unten links** Die Diele öffnet sich in einen zweigeschossigen Luftraum. Das wirkt nicht nur optisch großzügiger, sondern ermöglicht auch Blickkontakte zwischen beiden Ebenen.

**Rechts unten Mitte** Sperrholzoberflächen und Kieferndielen prägen den Raumeindruck im ganzen Haus. Die Deckenuntersichten im Eingangsbereich wurden mit blauer Sprühfarbe akzentuiert.

**Rechts unten rechts** Wechselnde Raumhöhen und große Glasfronten lassen auch auf geringer Fläche nirgendwo ein beengtes Gefühl aufkommen. Die Lüftungsflügel sind Fenster in einem Standardformat.

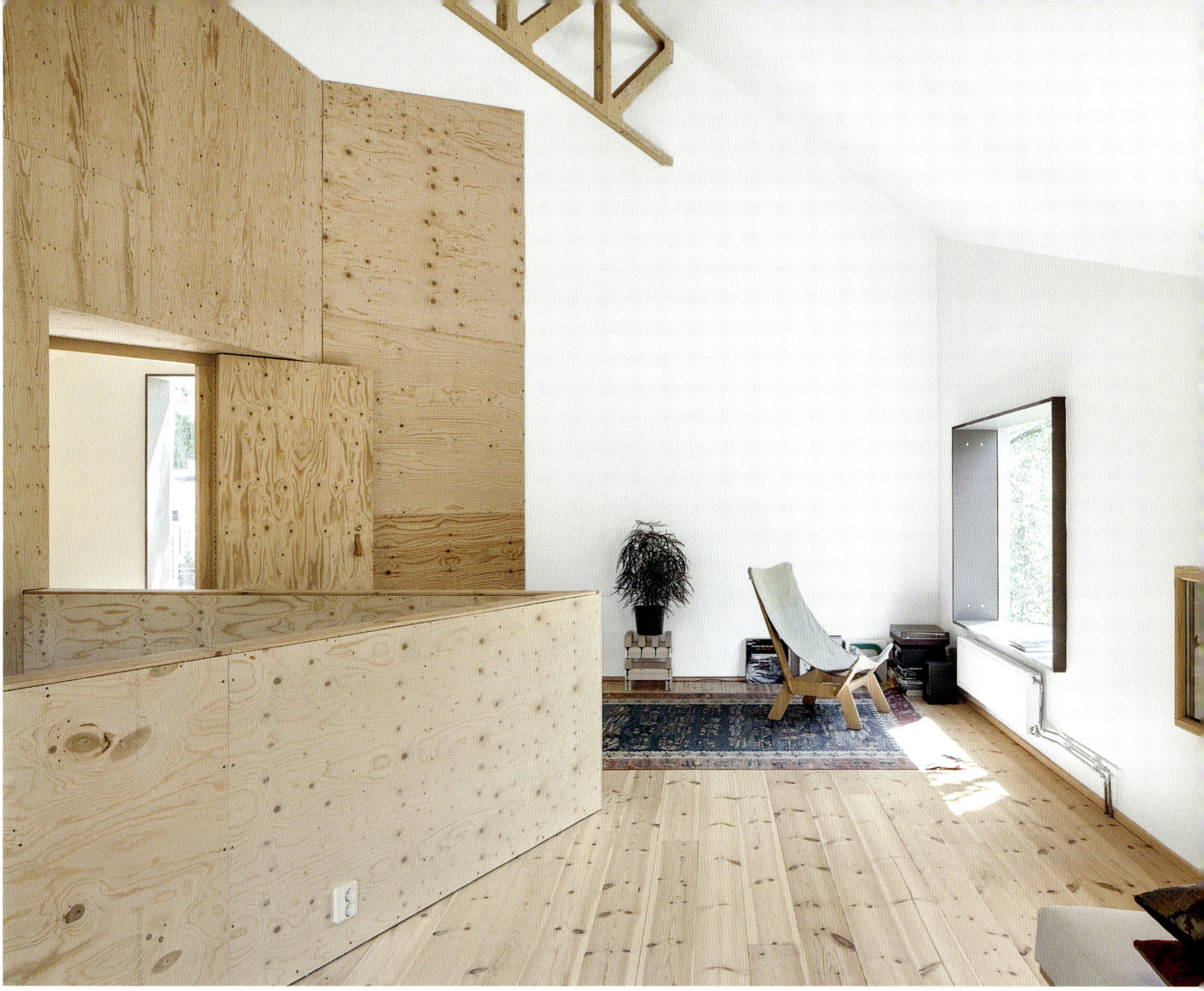

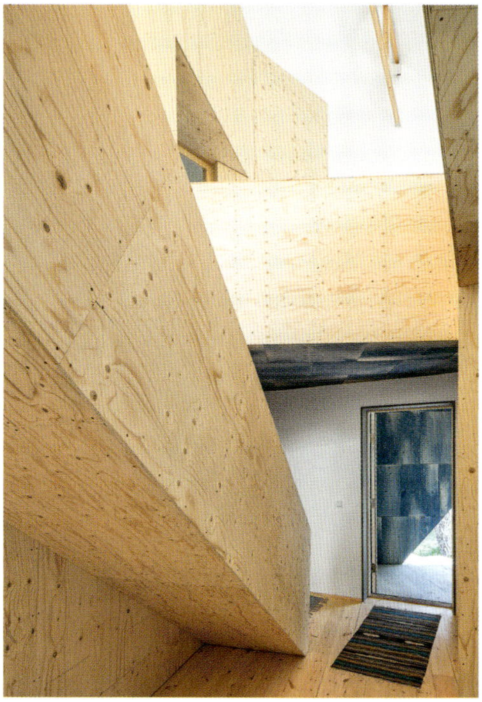

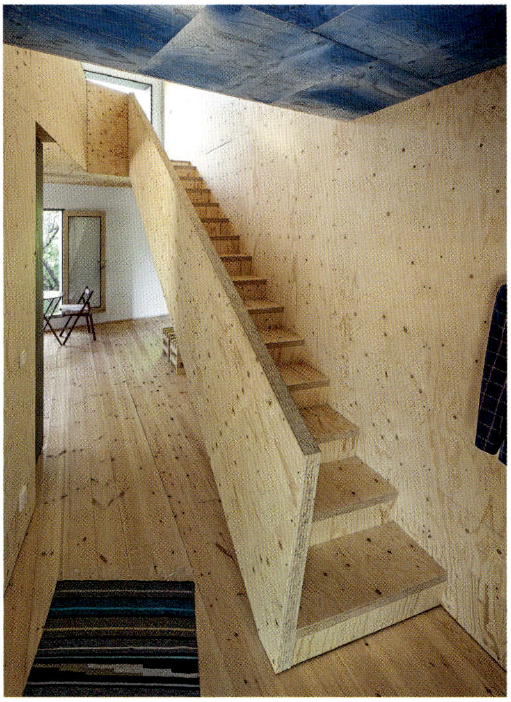

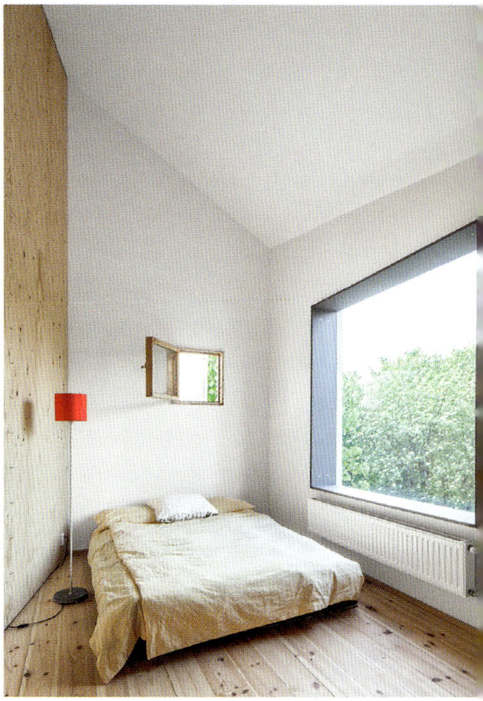

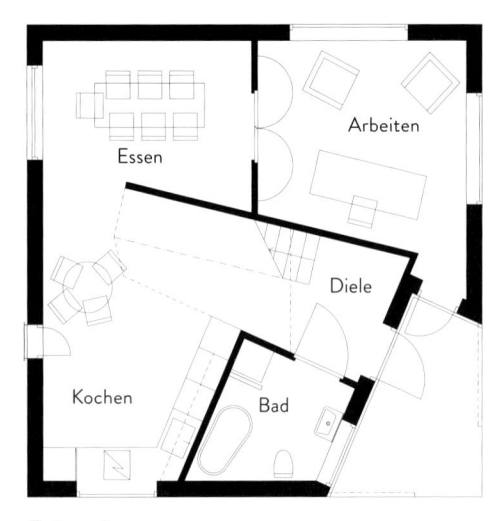

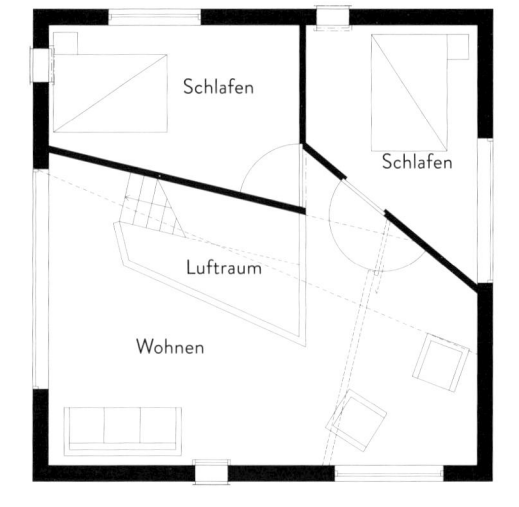

Erdgeschoss

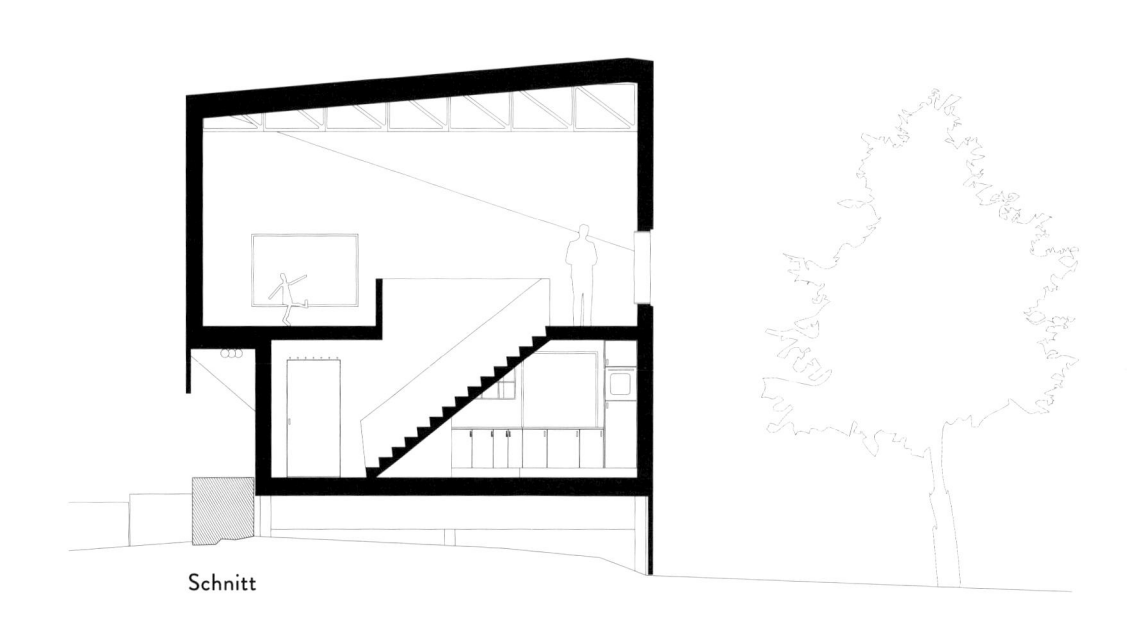

0  1           5m

Obergeschoss

Essen
Arbeiten
Diele
Kochen
Bad

Schlafen
Schlafen
Luftraum
Wohnen

Schnitt

## Kurzporträt

» Fertighaus-Prototyp in Modulbauweise

» Kompakter Baukörper mit geringem Volumen

» Kurze Bauzeit durch vorgefertigte Holz-elementkonstruktion

» Wenige, kostengünstige Baustoffe und Materialien

» Einheitliche Dach- und Fassadenverkleidung aus Wellblech

» Geringer Installationsaufwand, Wasseranschluss nur im Erdgeschoss

» Offenes Raumkonzept mit minimalen Verkehrsflächen

» Optische Großzügigkeit durch zentralen Luftraum und große Fenster

» Einfacher Innenausbau mit unbehandelten Sperrholzoberflächen

» Verzicht auf einen Keller

Lageplan

## Gebäudedaten

**Grundstücksgröße:** 698 m$^2$
**Wohn- und Nutzfläche:** 110 m$^2$
**Anzahl der Bewohner:** 4
**Bauweise:** Holzelementbau, Tragwerk und Wände aus Schichtsperrholzelementen
**Fassade:** verzinkte Wellblechplatten
**Herstellungskosten gesamt:** ca. 171.000 Euro (Preis für das schlüsselfertige Haus in der Standardvariante inklusive Honorar, Steuern)
**Energiekonzept:** Luft-Wasser-Wärmepumpe
**Heizwärmebedarf:** 17 kWh/m$^2$a
**Bauzeit:** 2013–2014

**Tommy Carlsson, Architekt**

》 *Bei diesem Projekt ging es darum, mit wenigen Mitteln und Materialien auszukommen und alles so einfach wie möglich zu halten: von der Gebäudeform über die Konstruktionsart bis zu den Details.* 《

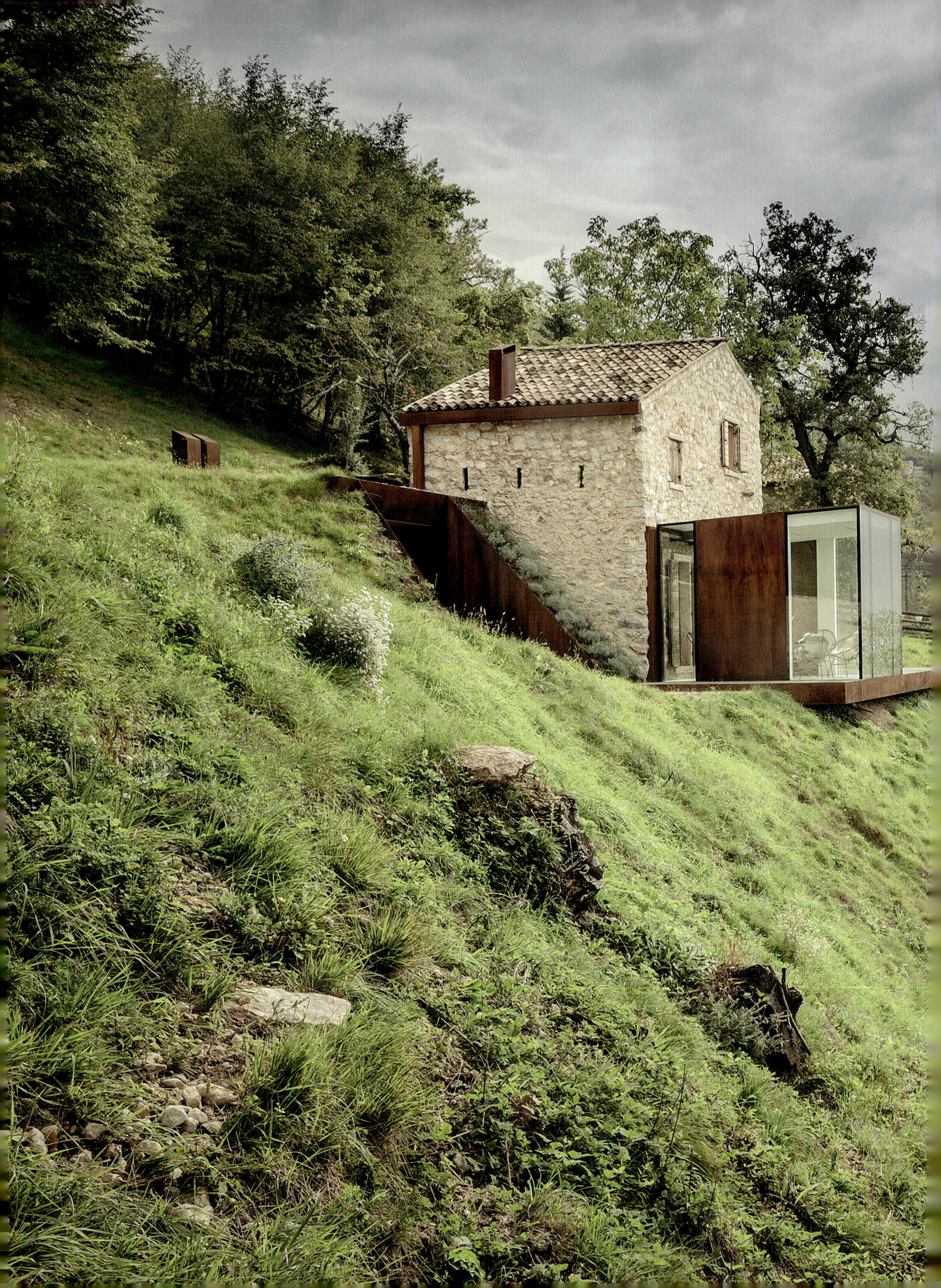

Auszeichnung

# AUSSICHTSPOSTEN AM HANG

Ferienhaus am Gardasee (Italien)

Luigi Scolari

**Vorherige Doppelseite** Ein markanter Anbau erweitert den alten Rustico auf der Seeseite. Der ebenfalls neue Schlaftrakt hingegen nutzt die Hanglage geschickt aus – und verschwindet dezent im Gelände.

**Links** Der Bestand wurde mit wenigen gezielten Eingriffen saniert, ohne seinen historischen Charme zu zerstören. Eine großzügige Holzterrasse erweitert die Wohnfläche ins Freie.

**Rechts oben** Vom Grundstück aus kann man den Gardasee von Nord nach Süd auf seiner gesamten Länge überblicken. Ein Glasstreifen im Boden holt natürliches Licht ins Untergeschoss.

**Rechts unten** Das Eingangsportal schiebt sich in den Hang hinein. Es ist wie der Wintergarten mit Cortenstahl ummantelt, was seine scharfkantigen Konturen zusätzlich betont.

Von Weitem erinnert der scharfkantige, rostbraune Kubus, der sich hier wie auf einem Tablett über den Steilhang schiebt, an eine abstrakte Skulptur. Tatsächlich jedoch handelt es sich um einen mit Cortenstahl ummantelten Wintergarten, der einen historischen Rustico um ein lichtes, exponiertes Aussichtszimmer erweitert.

Das alte Landhaus, dessen Ursprünge bis in das 15. Jahrhundert zurückgehen, steht hoch über dem Gardasee an der Westseite des Monte Baldo, inmitten von Kastanien- und Eichenwäldern. In früheren Zeiten diente das abgelegene Anwesen als spartanische Behausung für Mensch und Tier sowie der Produktion und Verarbeitung von Käse. Der aus Naturstein gemauerte Bau war dementsprechend aufgeteilt: Der südliche Teil mit einem Schüttgewölbe in der Hangebene diente als Stall, darüber befand sich der Wohnraum des Bauern. Im Norden wurde ein Zimmer mit Lüftungsschlitzen zur Herstellung von Käse genutzt.

Bereits in den 1990er-Jahren hatte der heutige Besitzer das ruinöse Gebäude erworben, es zunächst jedoch nur sparsam saniert und bewohnbar gemacht. Nun wollten die Bauherren – mittlerweile eine vierköpfige Familie – das Feriendomizil gemeinsam mit Freunden auch ganzjährig nutzen und es zu diesem Zweck erweitern. Obwohl das Haus in einem Landschaftsschutzgebiet liegt, stand diesem Vorhaben vonseiten der Behörden nichts entgegen – allerdings unter der Voraussetzung, dass die traditionelle Bautypologie in Materialwahl und Formenvokabular übernommen wird. »Laut Gesetz hätte man das Volumen verdoppeln können, solange die in Norditalien verbreitete imitierende Architektursprache gewahrt bliebe«, erläutert der Architekt Luigi Scolari. Da ein historisierender, folkloristisch getarnter Neubau für seine Auftraggeber nicht infrage kam, beschlossen sie, dem Rat ihres Architekten folgend, ins Erdreich auszuweichen und das Haus unterirdisch zu erweitern. Auf diese Weise blieb nicht nur das Erscheinungsbild des historischen Gebäudes erhalten, sondern auch die sensible Landschaft vor größeren Eingriffen bewahrt. Lediglich auf der Seeseite im Westen wurde das alte Gemäuer um einen kontrastierenden, kubischen Anbau ergänzt. Dieser ist als leichte Stahl-Glas-Konstruktion klar vom massiven Bestand abgesetzt und thront auf einer breiten, über dem Hang auskragenden Terrassenplattform.

Als neuer Hauptzugang dient ein schlichtes Portal auf der unteren Ebene, das in den Hang eingeschnitten und ebenfalls mit Cortenstahl verkleidet ist. Hinter der Haustür empfängt eine hölzerne Nische die Gäste. Ein langer Gang erschließt die drei Schlafräume im Hanggeschoss, die sich mit ihren Fenstern zum See hin orientieren. Eine verglaste Deckenöffnung lässt natürliches Licht in den Flur fallen und gibt den Blick in den Himmel und die Baumkronen frei.

Eine Stahltreppe führt zum Obergeschoss, wo sich Wohnzimmer und Küche einen Raum auf versetzten Ebenen teilen. Maßgefertigte weiße Einbauten sparen zusätzliche Möbel, treten jedoch optisch in den Hintergrund. Der offene Kamin nutzt den seit Jahrhunderten bestehenden Zug, auch die Wandnischen sind Relikte aus der Vergangenheit. Vom Wohnzimmer gelangt man zur oberen Terrasse, die bei schönem Wetter als Essplatz dient. Wesentlich geschützter jedoch sitzt man im beheizbaren Wintergarten auf der unteren Ebene: Hier ist man auch in der kalten Saison der Natur ganz nah – und kann die fantastische Aussicht über den See und auf die gegenüberliegenden Berge genießen.

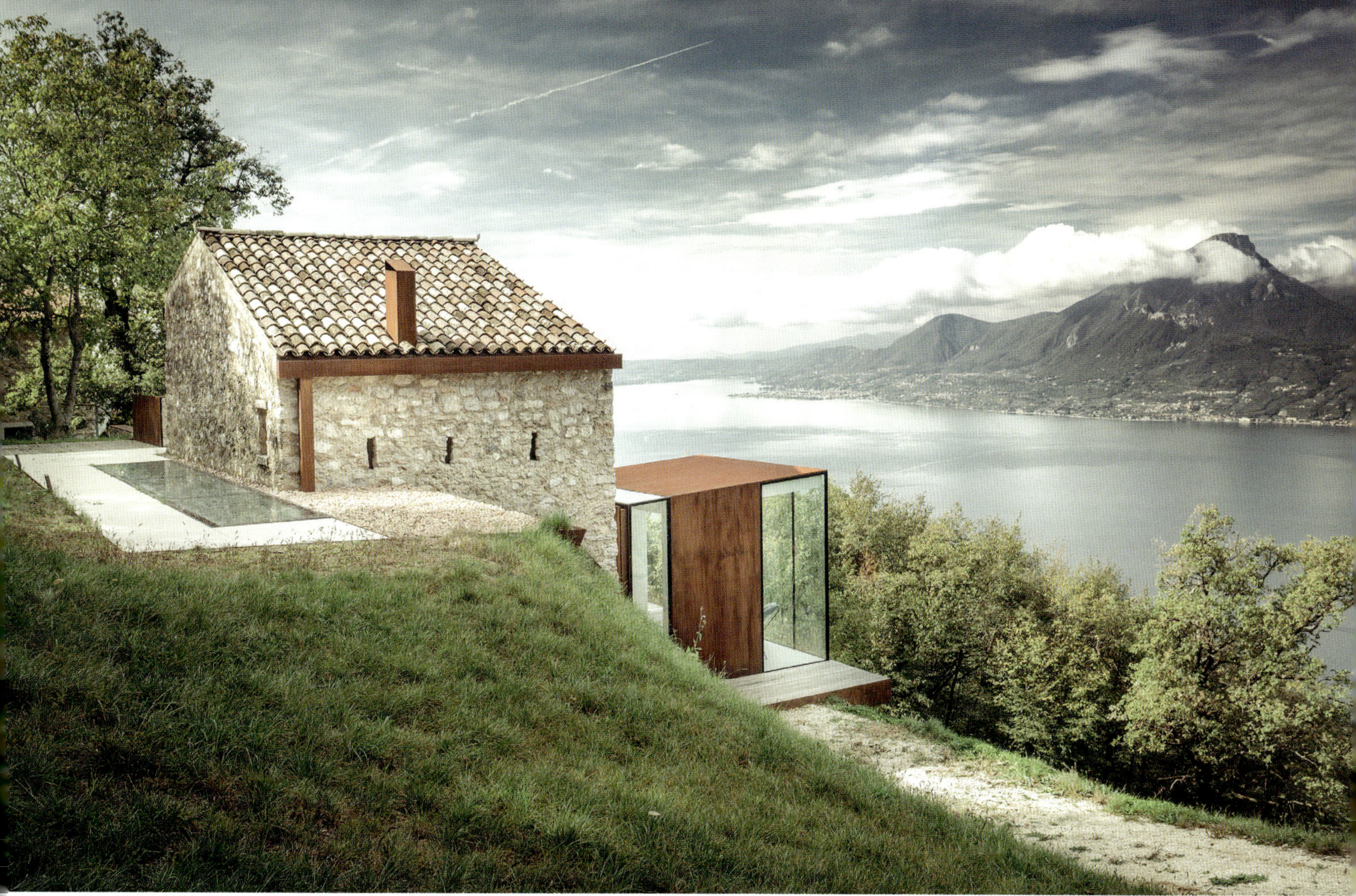

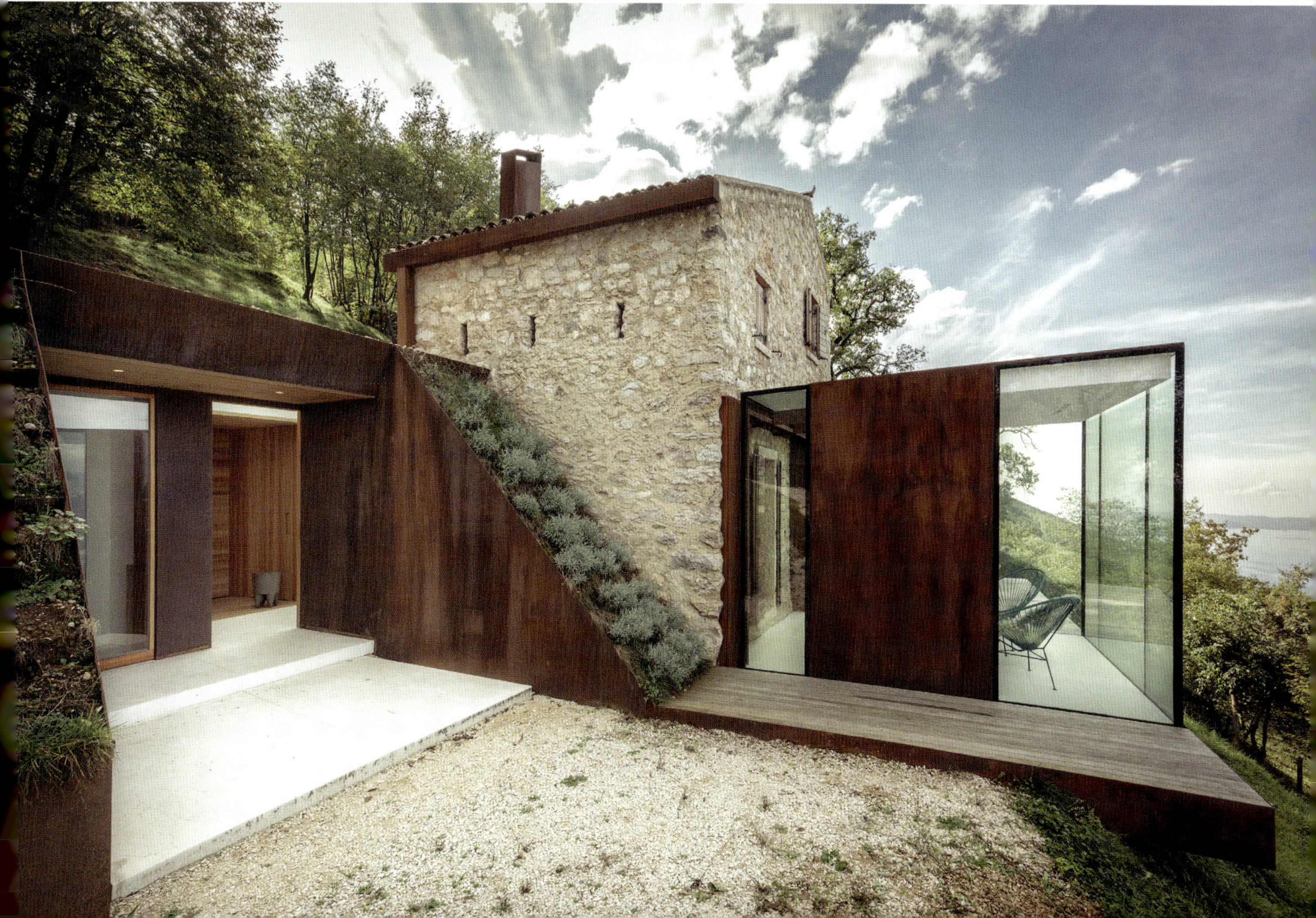

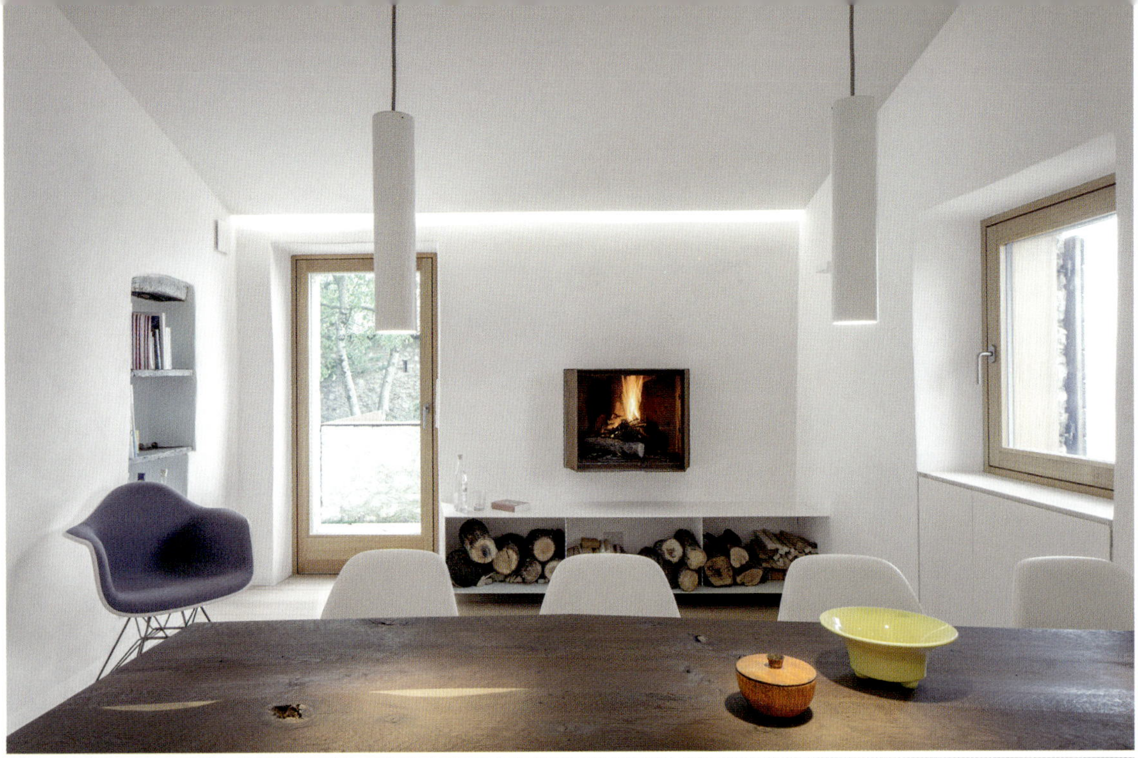

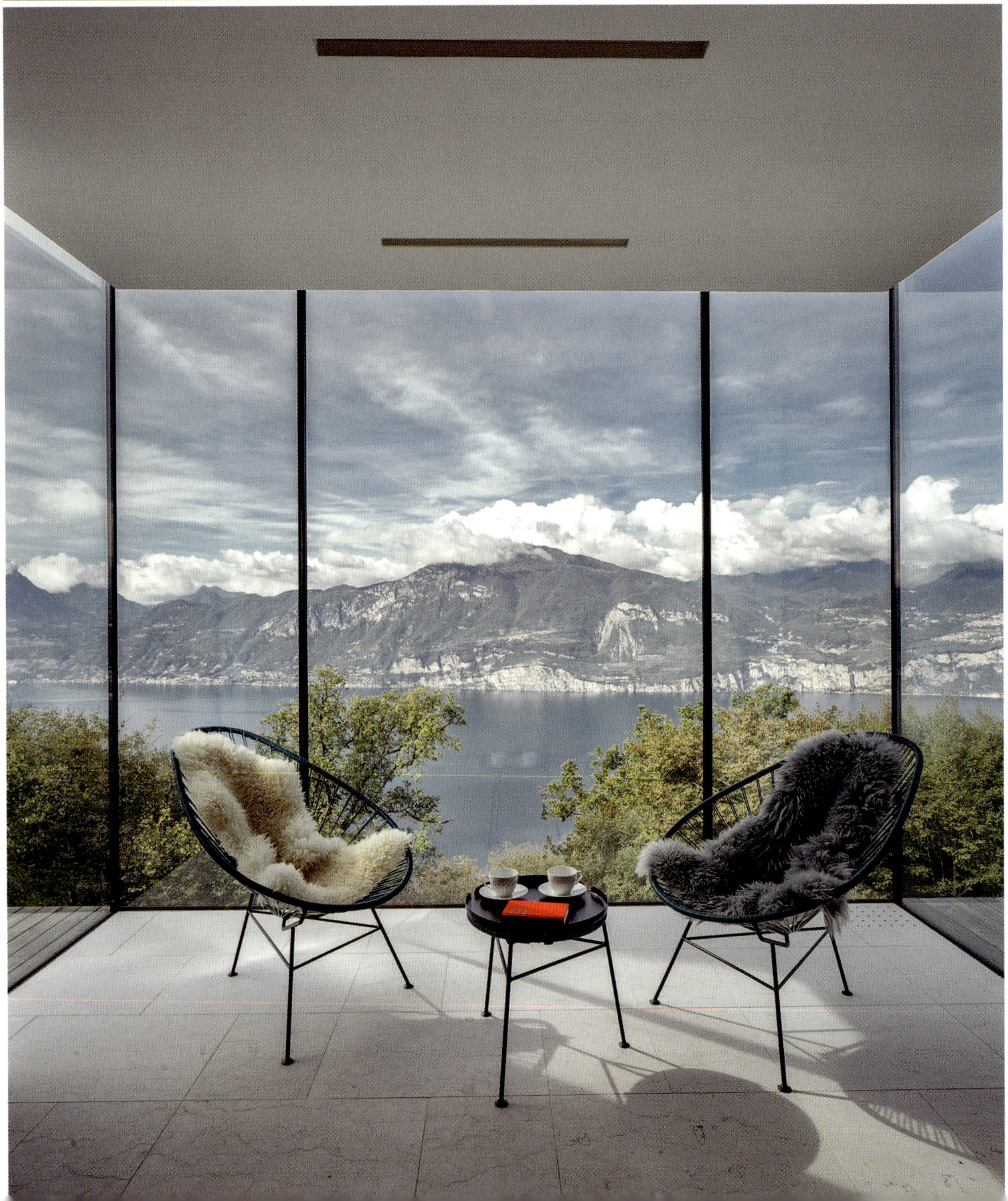

**Links oben**  Hell und freundlich wirkt die Wohnküche im Obergeschoss des Altbaus. Der Esstisch ist ein Unikat, sein Holz stammt aus einer vom Sturm gefällten Steineiche.

**Links unten**  Der Wintergarten bietet das, was dem massiven Altbau mit seinen kleinteiligen Öffnungen bisher fehlte: einen fantastischen Rundblick auf die imposante Landschaftskulisse.

**Rechts oben**  In den Räumen im unterirdischen Erweiterungstrakt sorgen heller Natursteinboden, weiße Decken und Wände sowie maßgefertigte Einbauten für ein zeitlosmodernes Interieur.

**Rechts Mitte**  Das Oberlicht erhellt den innenliegenden Flur. Eine mit Lärchenholz verkleidete Nische nimmt die Garderobe auf und lässt auch die Badtür fast unsichtbar in ihrer Täfelung verschwinden.

**Rechts unten**  Im Schüttgewölbe befand sich einst der Stall. Die unregelmäßigen Bruchsteinmauern tragen zur individuellen Wohnatmosphäre bei und machen die Geschichte des Hauses stets präsent.

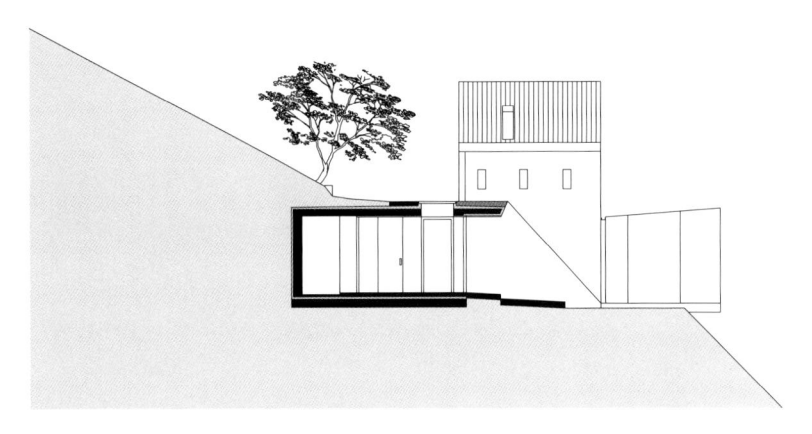

Schnitt

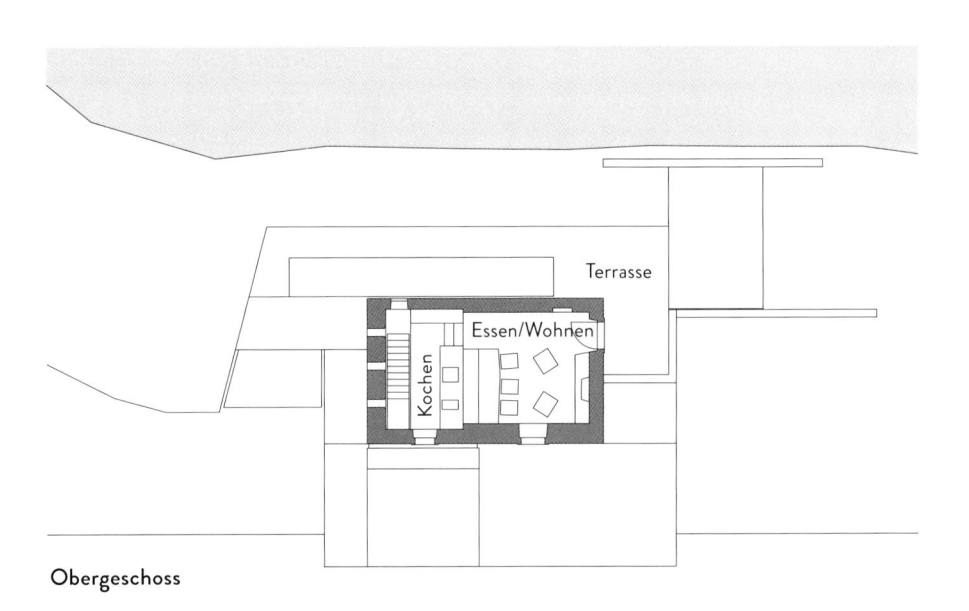

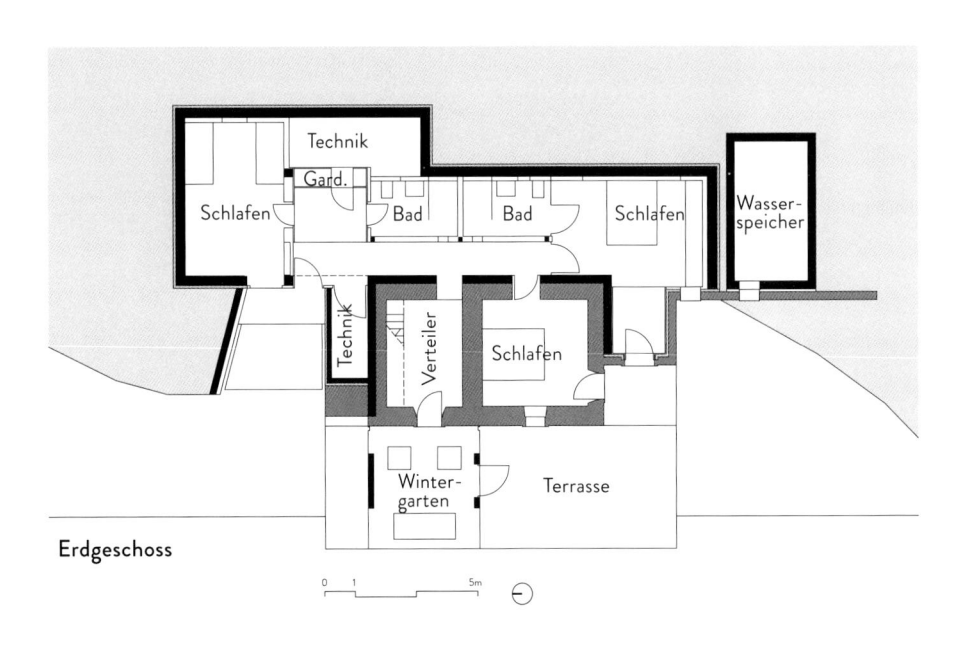

Obergeschoss

Erdgeschoss

## Kurzporträt

» Sanierung, Umbau und Erweiterung eines Rustico im Landschaftsschutzgebiet

» Verdopplung des Bauvolumens durch unterirdischen Anbau ohne Eingriffe ins Landschaftsbild

» Wahrung von Aussehen und Charakter des Altbaus

» Wintergartenanbau zur schönen Aussicht, als beheizter Raum auch in der kalten Saison nutzbar

» Oberlicht im Hanggeschoss für natürliches Licht in der Tiefe des Gebäudes

» Maßgefertigte Einbauten

» Neue Terrassenplattform als Sonnendeck

## Gebäudedaten

**Grundstücksgröße:** 23.500 m²
**Wohnfläche:** 122 m²
**Terrassen:** 40 m²
**Anzahl der Bewohner:** 4 + 4 Gäste
**Bauweise:** Mauerwerk/Bruchstein (Bestand), Stahlbeton (unterirdische Erweiterung), Stahlkonstruktion (Anbau)
**Fassade:** Bruchstein, Cortenstahl
**Baukosten gesamt:** ca. 366.000 Euro
**Energiekonzept:** Gastherme, Fußbodenheizung, kontrollierte Wohnraumlüftung mit Wärmerückgewinnung
**Baujahr Bestand:** erste Ursprünge vermutlich 15. Jahrhundert
**Bauzeit Umbau:** 2013–2014

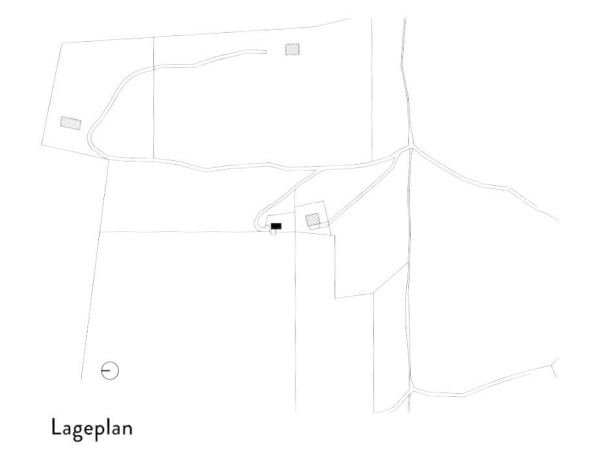

Lageplan

**Luigi Scolari, Architekt**

》 *Das historische Gebäude blieb in seiner ursprünglichen Kubatur und Gestaltung erhalten: Es wurde größtenteils unterirdisch erweitert, zusätzlich aber durch einen kontrastierenden modernen Anbau ergänzt.* 《

Auszeichnung

# RAUMWUNDER AM REBBERG

Einfamilienhaus in Dielsdorf (Schweiz)

L3P Architekten

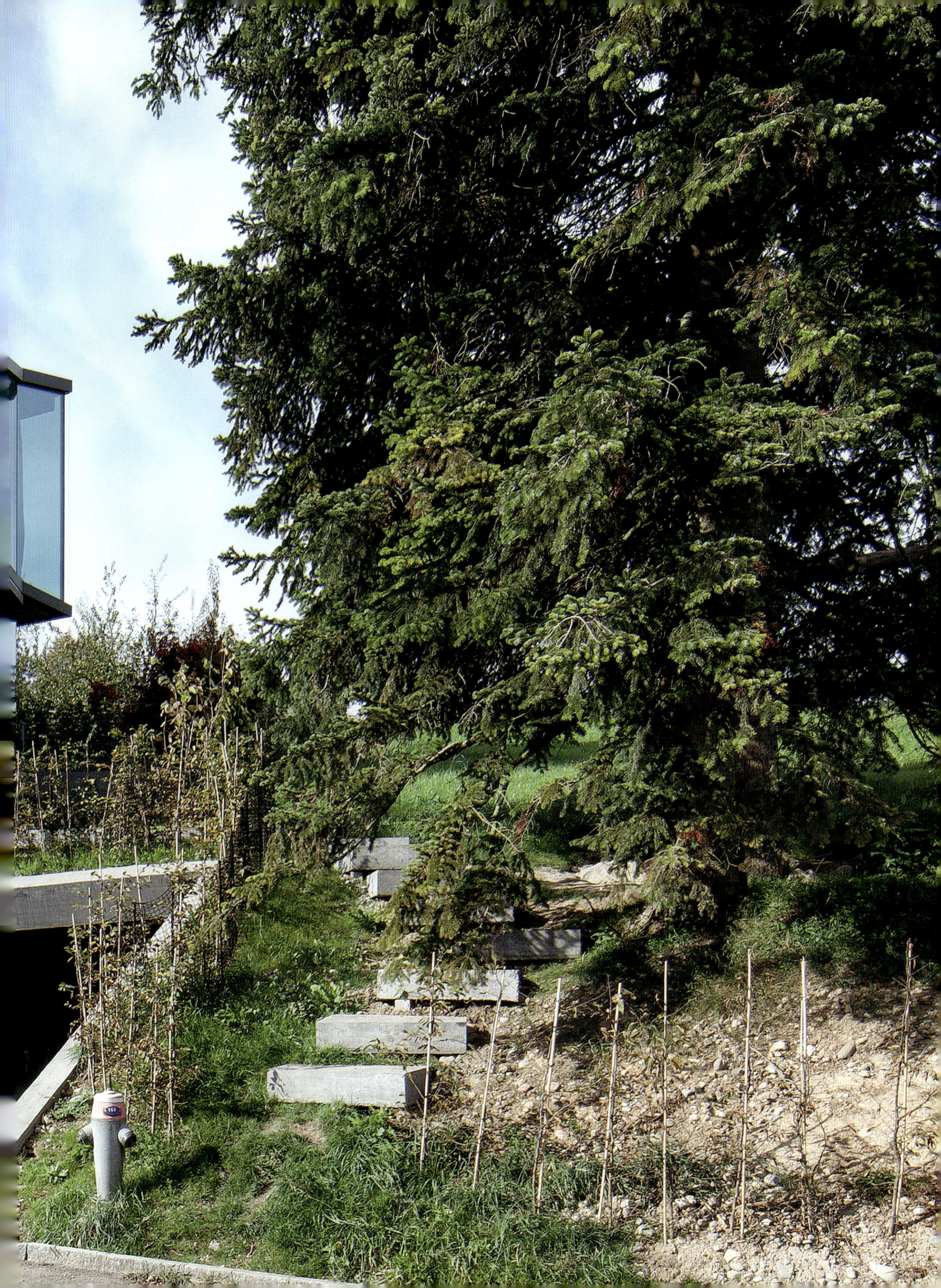

**Vorherige Doppelseite** Als kristallin anmutender Baukörper wächst das Haus aus dem steilen Hang hervor. Seine Glasfassade aus 58 verschieden großen Fensterelementen ist an einem Betonkern aufgehängt.

**Rechts** Auf der kleinen Parzelle wurde kein Zentimeter verschenkt. Erkerartige Vorsprünge nutzen das Abstandsflächenrecht maximal aus. Ein Glasstreifen im Boden erhellt die Zimmer im Hanggeschoss.

Oft führen gerade schwierige Rahmenbedingungen zu außergewöhnlichen Lösungen. Das war auch hier der Fall: Die kleine, steile Parzelle an einem ehemaligen Rebberg im schweizerischen Dielsdorf galt als unbebaubar. Unter Abzug der Abstandsflächen ergab sich eine Grundfläche von 5 auf 9 Metern – bei einer maximal zulässigen oberirdischen Wohnfläche von 83 Quadratmetern. Dass hier kein klassisches Einfamilienhaus mit konventionellem Grundriss, dicken Außenwänden und üppigen Erschließungsflächen entstehen konnte, stand außer Frage. Und gerade darin lag für die Planer der Reiz dieser Bauaufgabe.

Heute ragt hier eine schlanke, kristallin anmutende Wohnskulptur aus dem steilen Gelände hervor, die allseitig von geschosshohen Fensterelementen umhüllt ist. Dem ungewöhnlichen Familiendomizil, das in enger Zusammenarbeit von Architekt und Bauingenieur entstand, liegt ein ausgeklügeltes statisches System zugrunde, das an den Genius Loci des alten Rebhangs anknüpft: »Das Bauwerk übernimmt die Logik der Weinrebe: tragende Mittelwand, Podeste und vorgehängte Fenster folgen der Struktur von Stiel, Geäst und daran hängenden Trauben«, erläutert Boris Egli vom Architekturbüro L3P, der für den Entwurf verantwortlich zeichnet.

Das massive Tragwerk aus schwarz eingefärbtem Sichtbeton ist überall präsent. Nicht nur Wände, Decken und Böden übernehmen statische Funktionen, sogar das Bücherregal spielt eine tragende Rolle: Es dient der Queraussteifung und verbindet geschickt das Notwendige mit dem Nützlichen. Aus einer vertikalen Wandscheibe im Zentrum des Hauses wachsen die Podeste mit den Deckenabsätzen wie Äste aus einem Stamm. Als Haupttragelement steift diese Wand das Gebäude aus und verjüngt sich nach oben hin. Die versetzt angeordneten Geschossdecken bilden die Rippen, in den vorgehängten Glasfronten hingegen verstecken sich keinerlei statische Abstützungen. Das Untergeschoss ist das Fundament, das den Rebstock-Bau fest im Erdreich verwurzelt.

Durch dieses Untergeschoss gelangt man auch ins Gebäude: Zugang und Zufahrt erfolgen über einen höhlenartigen Carport von der Straße aus. An ein knapp 5,50 Meter hohes Entree schließen sich Lager- und Technikräume sowie ein großes, unterteilbares Kinderzimmer mit Bad an, das durch ein Oberlicht erhellt wird. Über Stufen, Podeste und halbgeschossig versetzte Ebenen entwickelt sich anschließend im Uhrzeigersinn eine Abfolge verschiedener Raumzonen und Wohnlandschaften. Spiralförmig schraubt sich der Weg nach oben, wobei man sämtliche Bereiche des Hauses durchschreitet. Vom Büro mit Betonregal geht es am Essplatz vorbei, durch die Küche und weiter hinauf zu einem Aussichtserker, der als Leseecke und Gästebett dient. Es folgen der Wohnraum und schließlich der Elternbereich in der obersten Ebene.

Das Interieur ist reduziert auf den archaischen Rohbau, in dem nichts verdeckt oder kaschiert wird. Konsequent verzichteten die Planer auf Estriche, Trittschalldämmungen, Bodenbeläge, Putz- oder Malerarbeiten und sparten auf diese Weise auch zusätzliches Gewicht. Vor dem monochromen Hintergrund fallen die farbenfrohen Schreinereinbauten umso mehr ins Auge: Ein besonderer Blickfang ist die Küchenzeile in kräftigem Magenta, während im Elternbereich Violett und im Kinderbad Zitronengelb dominieren. Für die stimmungsvolle Beleuchtung sorgen LED-Lichtbänder, die in die Gebäudehülle integriert wurden.

Durch die gläsern-transparenten Fronten blickt man nach draußen in die Landschaft und auf die Äste der alten Kirschbäume, die nah ans Haus heranreichen. Die Kinder fühlen sich hier wie im Baumhaus – und auch die Erwachsenen sehen das Wohnen in der Vertikalen durchweg positiv: »Gratis Fitness«, kommentiert die Hausherrin den täglichen Treppen-Parcours.

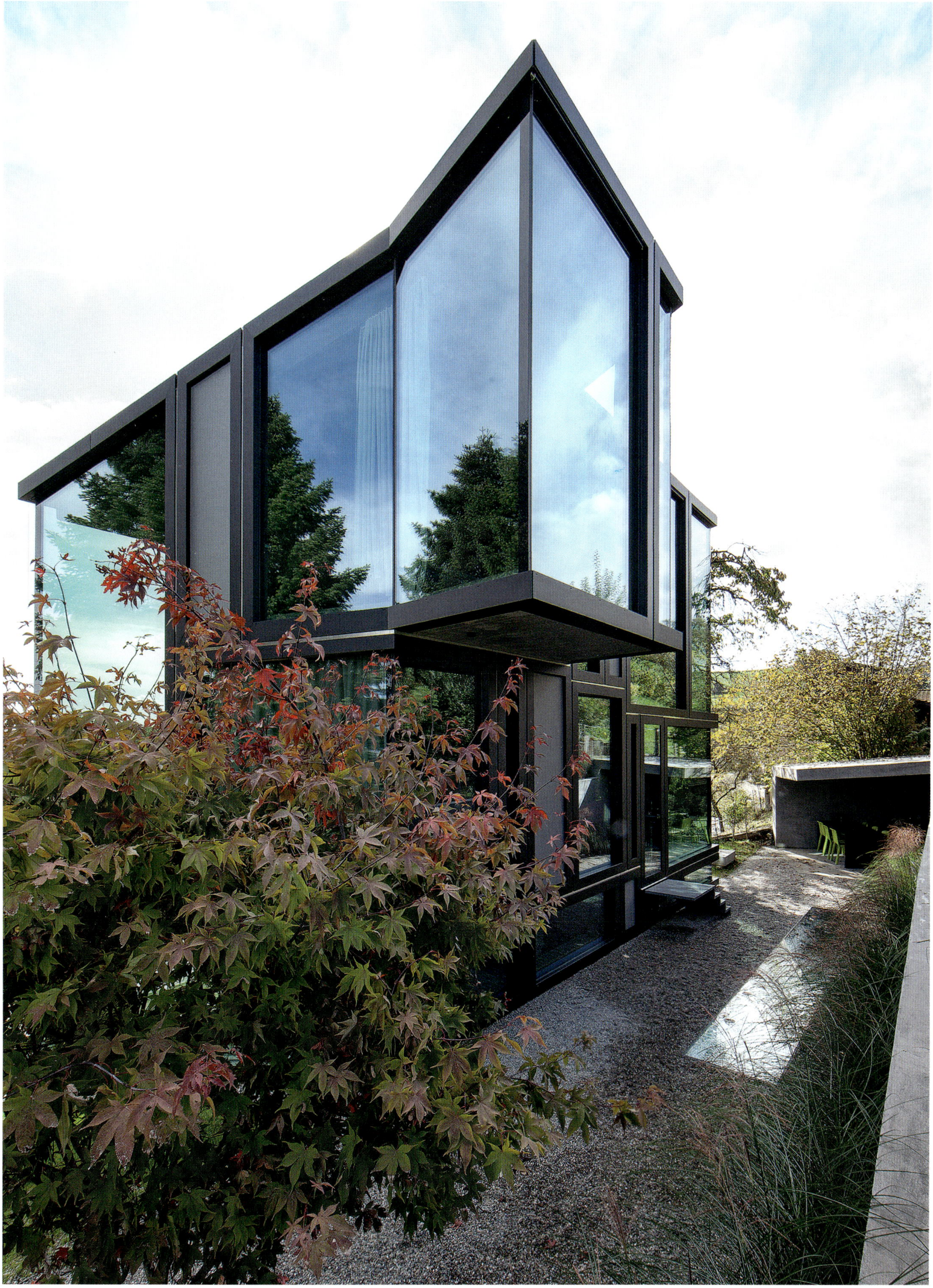

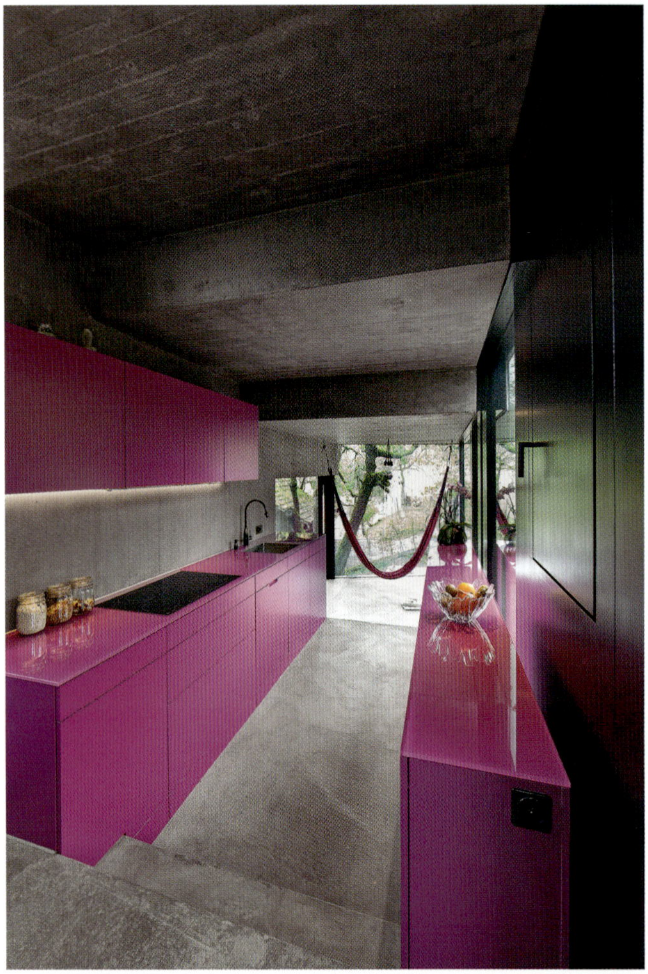

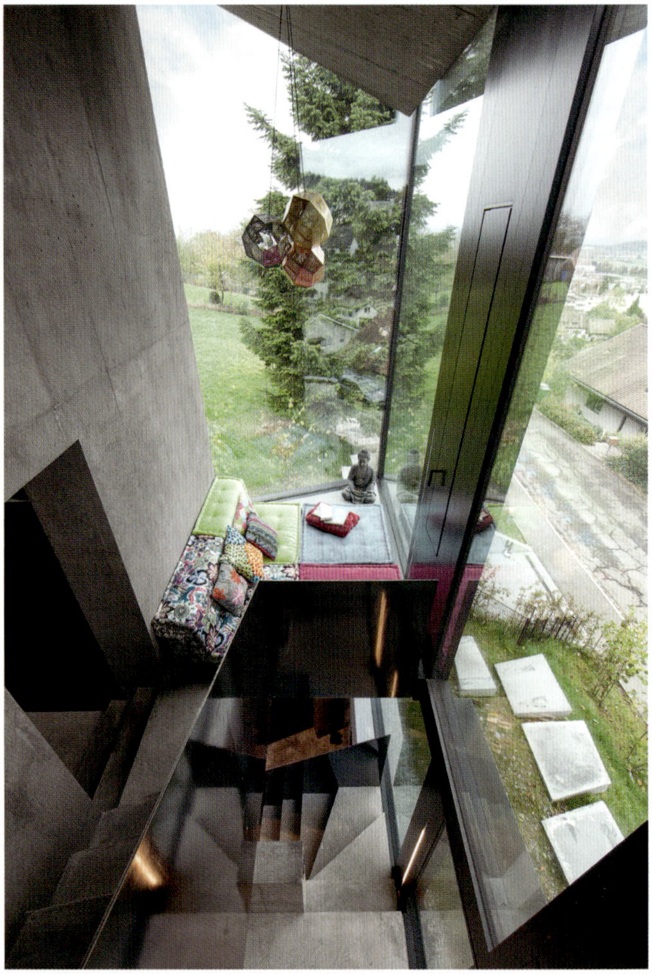

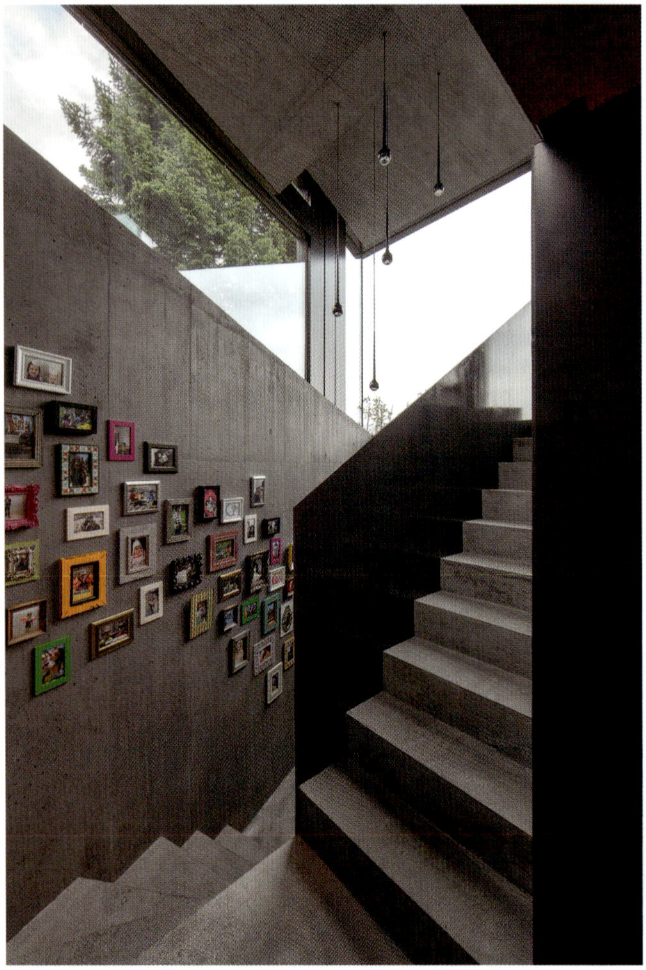

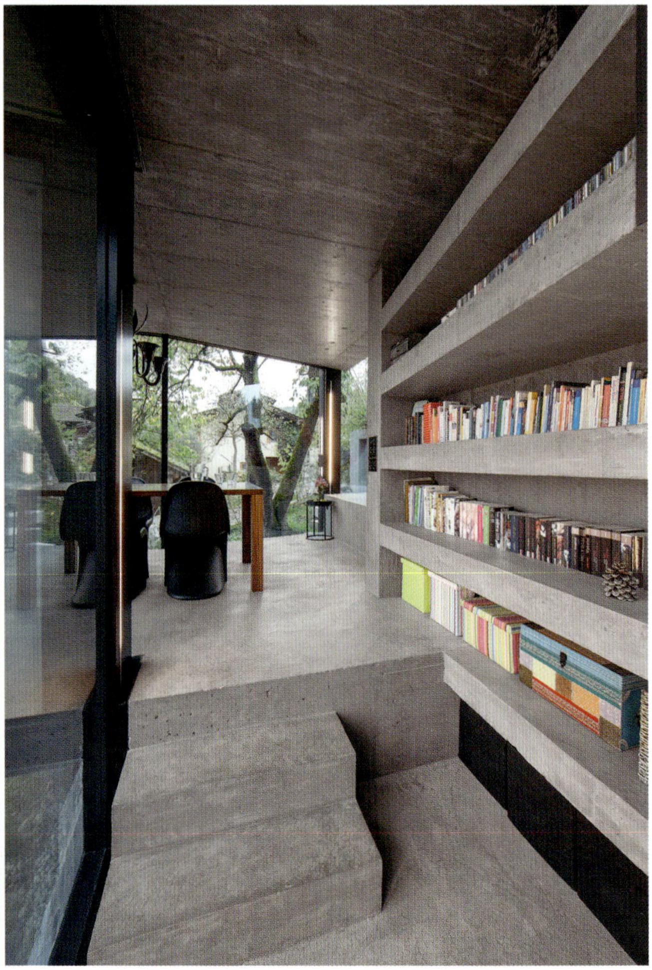

**Links oben links** Schwarz eingefärbter Beton an Boden, Wand und Decke prägt das puristische Ambiente. Ein Blickfang ist die magentafarbene Küchenzeile mit Arbeitsplatten aus Glas.

**Links unten links** Die Treppe führt vom Entree im Untergeschoss über versetzte Ebenen nach oben. Geländer und Brüstungselemente sind aus geöltem Rohstahl mit Walzschwärze.

**Links oben rechts** Der Aussichtserker mit bequemen Sitz- und Liegepolstern dient als Leseecke oder Gästebett. Ein Luftraum sorgt auch in der Vertikalen für Offenheit.

**Links unten rechts** Die massive Regalwand rechts bietet nicht nur Stauraum und Platz für viele Bücher, sondern übernimmt auch wichtige statische Funktionen.

**Oben** Trennwände oder Türen gibt es in diesem Haus nicht – dafür jedoch vielfältige Blickbeziehungen zwischen den leicht versetzten Geschossebenen sowie zum Außenraum.

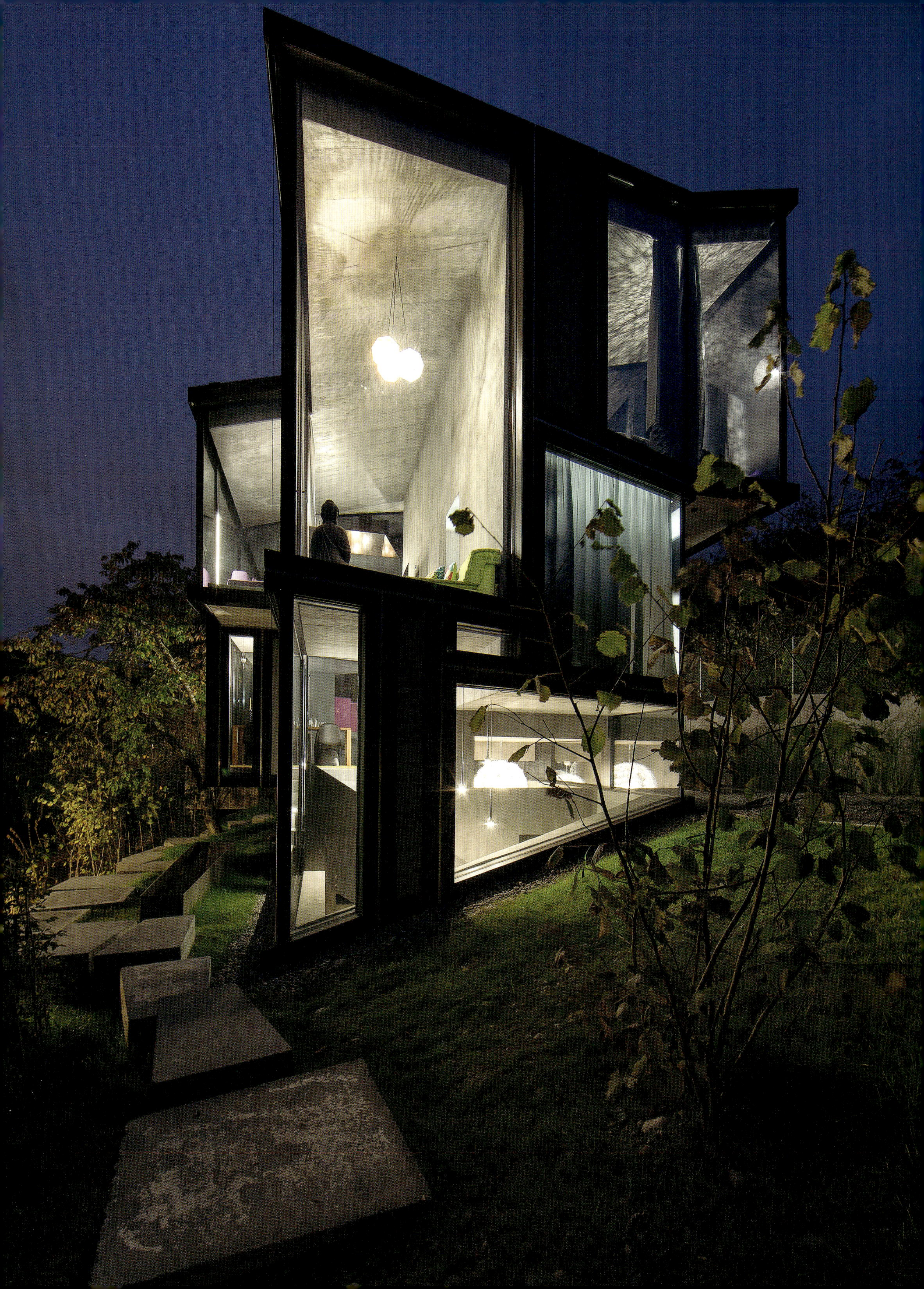

**Links** Vertikale, in die Gebäudehülle eingearbeitete LED-Lichtlinien sorgen bei Nacht für eine stimmungsvolle Illumination. Trittsteine aus Restbeton formieren sich zu einem Gartenweg.

**Rechts oben** Das Elternschlafzimmer mit Glaserker und frei stehender Badewanne befindet sich am höchsten Punkt des Hauses und profitiert von der schönen Fernsicht.

**Rechts Mitte** Waschtisch, WC, Dusche und Ankleide sind kompakt in einem violetten Einbaumöbel zusammengefasst, das den Aufgang zum Schlafraum flankiert.

**Rechts unten** Der Wohnbereich orientiert sich zur Talseite im Süden. Textile Oberflächen – wie etwa Sonnen- oder Sichtschutzvorhänge – tragen auch zur Schalldämmung bei.

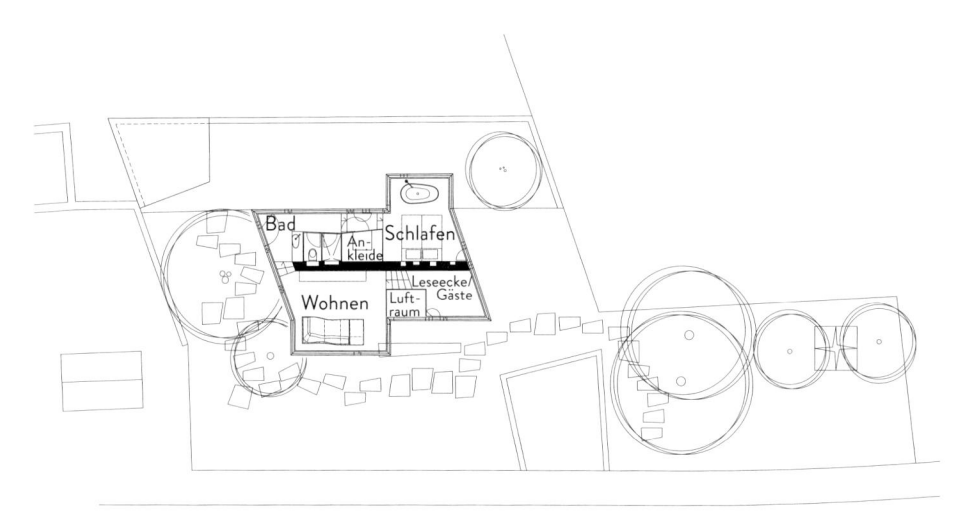

Obergeschoss

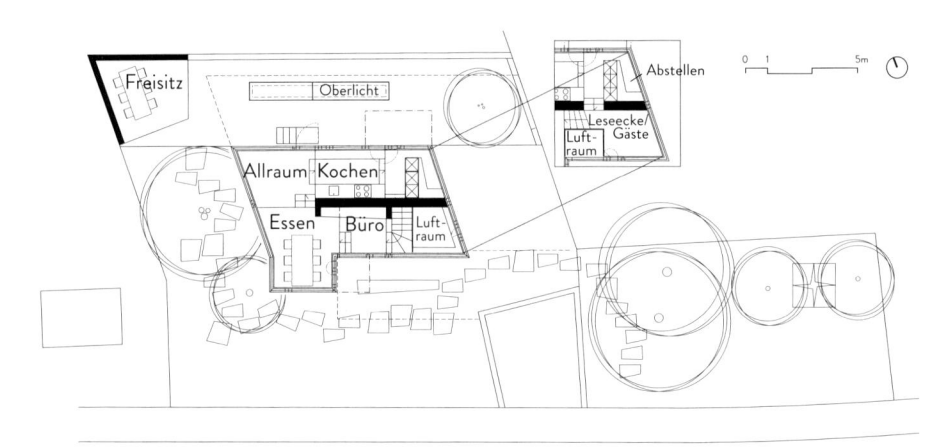

Erdgeschoss mit Zwischenebenen

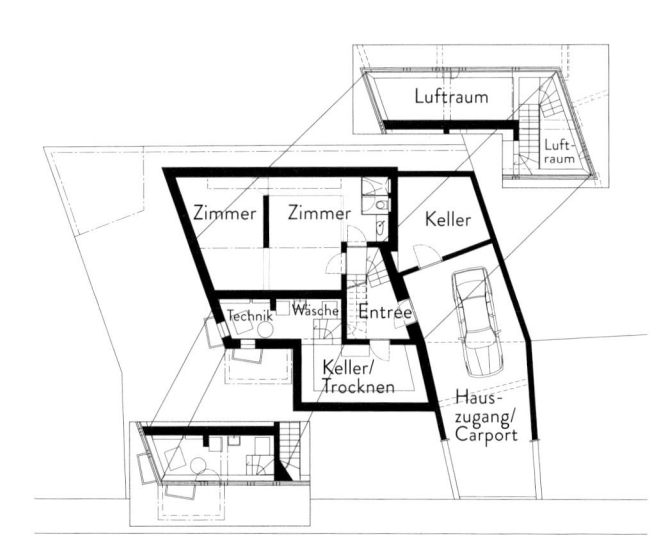

Untergeschoss mit Zwischenebenen

Schnitt

## Kurzporträt

» Raum und Struktur als Einheit: Architektur, Statik und Haustechnik untrennbar miteinander verflochten

» Optimale Flächenausnutzung durch effiziente Konstruktionsmethode

» Geschickte Einbettung des Gebäudes in die Topografie

» Raumprogramm auf geringer Grundfläche in die Vertikale organisiert

» Verkehrsflächen in die offenen Räume integriert

» Deckenhohe Glasfronten

» Innenräume als Rohbau belassen

» Maßgefertigte farbige Einbauten

» Schwarze Betonflächen zur Erhöhung der thermischen Speicherkapazität

## Gebäudedaten

**Grundstücksgröße:** 291 m²
**Wohnfläche:** 129 m²
**Zusätzliche Nutzfläche:** 36 m²
**Anzahl der Bewohner:** 4
**Bauweise:** Massivbau aus Stahlbeton
**Fassade:** Holz-Metall-Fenster
**Energiekonzept:** Luft-Wasser-Wärmepumpe, Fußbodenheizung in Decken einbetoniert
**Bauzeit:** 2012–2014

**Lageplan**

**Boris Egli, L3P Architekten**

》》 *Das Wohnhaus ist elementar reduziert auf den nackten Betonrohbau, ergänzt durch diverse Schreinermöbel und umhüllt von einem Glasmantel.* 《《

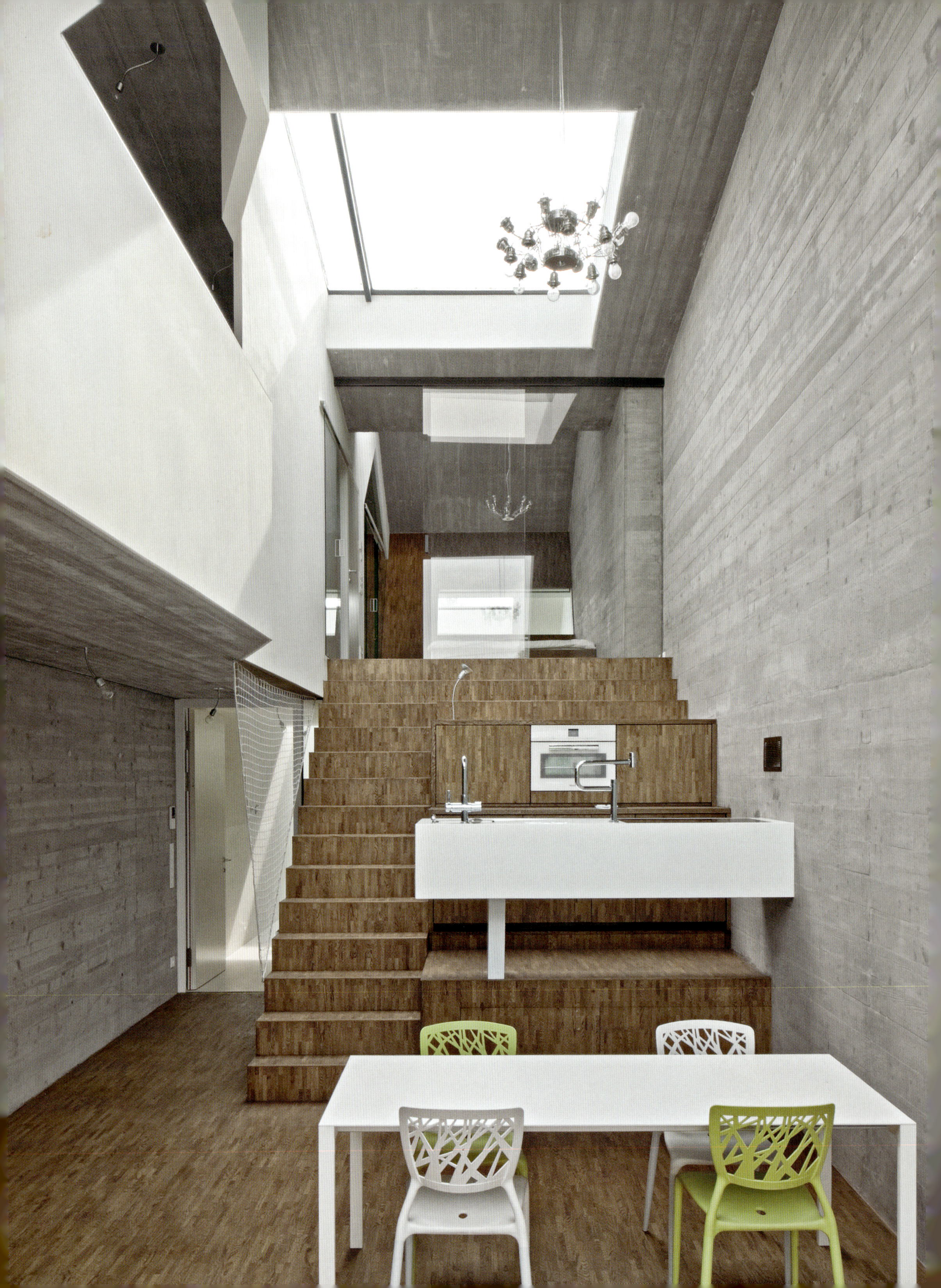

Auszeichnung

# BEWEGTE WOHNLANDSCHAFT

Wohnhaus mit Büro in Wien (Österreich)

Caramel architekten

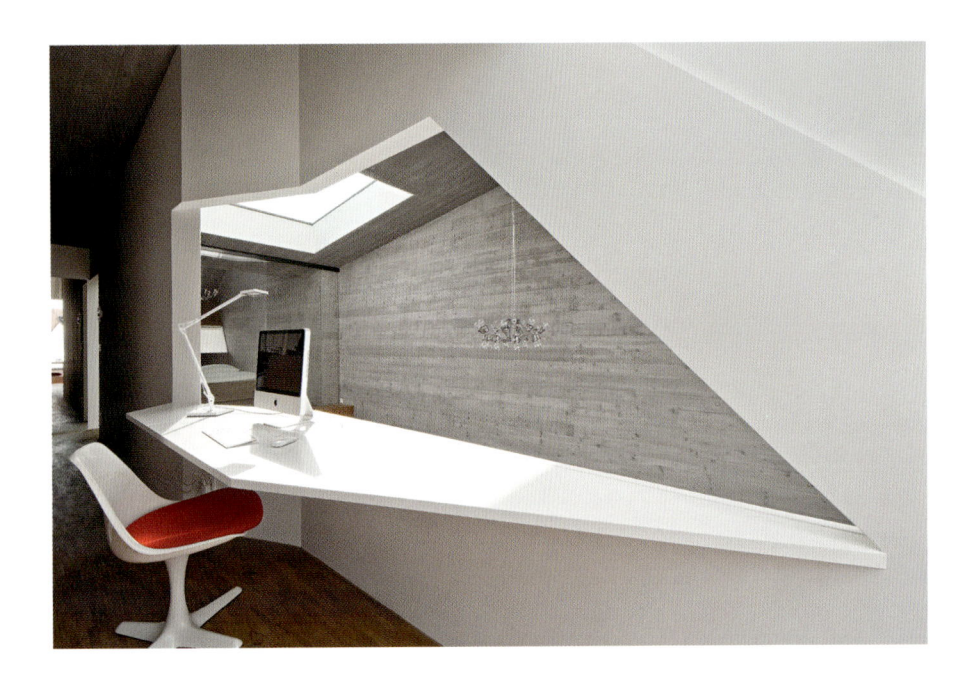

Experimentierfreude und Erfindungsreichtum gehören zu den Markenzeichen der Wiener Architektengruppe Caramel. Mit innovativen Entwürfen – darunter zahlreiche Wohngebäude – hat sich das kreative Trio weit über die Landesgrenzen hinaus einen Namen gemacht. Auch dieses Haus in einer Wiener Vorortsiedlung entspricht nicht dem Klischee eines konventionellen Eigenheims. Vielmehr stand hier das Thema einer nachhaltigen Verdichtung städtischer Randbereiche im Vordergrund: Wie lässt sich flächensparend bauen, ohne auf die Qualitäten eines Einfamilienhauses – einschließlich Garten und Terrasse – verzichten zu müssen? Eine Antwort darauf geben die Planer mit ihrem Pilotprojekt in extrem verdichteter Bauweise. Sie legten dem Entwurf eine Geschossflächenzahl von 1,0 zugrunde, die in der Regel nur mit mehrstöckigen Wohnblocks erreicht wird.

Schauplatz des Vorhabens, für das sich ein ebenso experimentierfreudiger wie begeisterter Bauherr fand, ist ein handtuchschmales Areal am Stadtrand von Wien – 5 Meter breit und 35 Meter lang. Obwohl die Parzelle fast zwei Drittel kleiner ist als die der Nachbarn, brachten die Architekten genauso viel Wohnfläche darauf unter. Sie überbauten das komplette Areal mit einem Atriumhaus, dessen Höhe zwischen ein und zwei Geschossen variiert und das an drei Seiten von Brandwänden umschlossen ist. Dass sich dieses introvertierte Konzept nicht mit einem Standardgrundriss realisieren ließ, versteht sich von selbst – und auch sonst ist an diesem Haus vieles ungewöhnlich.

Das zeigt sich bereits an der mit weißen Aluminiumtafeln verkleideten Straßenfront, die sich wie eine Raumskulptur zwischen das Nachbargebäude und die angrenzende Brachfläche schiebt. Garagentor und Eingangstür haben die Planer dezent in das Fugenraster ihres »White Cube« integriert. Ganz in Weiß gehalten ist auch das geräumige Entree, das zugleich als Autostellplatz und Atelier fungiert. Von hier aus gelangt man in den vorderen Wohntrakt, an den sich – verbunden über einen Innenhof – ein kleines separates Büro im rückwärtigen Gebäudeteil anschließt.

Der bis zu 6 Meter hohe Wohnbereich entpuppt sich beim Betreten als ausgeklügeltes System offener, miteinander verwobener Raumzonen, die von einem mehrfach geknickten Satteldach überspannt werden. Verbindendes Element zwischen Erd- und Obergeschoss ist ein Treppenmöbel, das auf halber Höhe die Küche samt allen notwendigen Schränken aufnimmt. Über diese multifunktionale Stufen- und Podestlandschaft gelangt man vom Essplatz hinauf zum Schlafbereich, der über eine Glaswand Sichtkontakt in die untere Ebene hält. Interessante Perspektiven bieten sich auch vom angrenzenden Arbeitsplatz, der sich wie eine Loge in den Luftraum über dem Wohnbereich schiebt. Verglaste Dachöffnungen geben den Blick in den Himmel frei und lassen den langen schmalen Innenraum trotz seiner fensterlosen Seitenwände erstaunlich hell wirken. Zusätzliches Licht fällt auch über die deckenhohen Glasfronten herein, die sich auf den kleinen Patio in Gebäudemitte orientieren: Sie lenken den Blick nach draußen und lassen eine durchgängige Sichtachse zwischen Vorder- und Hinterhaus – und damit auch optisch ein Gefühl von Großzügigkeit – entstehen. Das fließende Raumkontinuum wird durch die Sichtbetonoberflächen von Decken und Wänden sowie die in Längsrichtung verlegten Holzböden noch verstärkt.

Platzsparende Einbauten, originelle Details sowie das Konzept der Multifunktionalität lassen das schmale Stadthaus zudem erstaunlich geräumig erscheinen. So ist die Badewanne in den Boden des Schlafraums eingelassen und verschwindet unter einer Abdeckplatte. Das Atrium dient nicht nur als Gartenersatz und Freiluftzimmer, sondern auch als Wellnessbereich: In das Holzdeck wurde neben Pflanzbeet und Sitznische auch ein Whirlpool integriert.

**Seite 116** Luftige Offenheit prägt das Interieur des schmalen Stadthauses. Ein Oberlicht erhellt den Wohnbereich, das multifunktionale Treppenmöbel führt zum Schlafzimmer.

**Seite 117** Der Patio mit Sonnendeck und Whirlpool dient als Gartenersatz und Freiluftzimmer. Ein überdachter Gang verbindet das Wohnhaus mit dem Bürotrakt auf der Rückseite.

**Links** Raffinierte Einbauten tragen zur unverwechselbaren Wohnatmosphäre bei. Der Arbeitsplatz ragt wie eine Loge in den zweigeschossigen Luftraum hinein.

**Rechts oben** Viel Stauraum bietet das Treppenmöbel. Nicht nur der Küchenblock aus weißem Corian, sondern auch Schränke, Schubladen und Elektrogeräte finden hier ihren Platz.

**Rechts unten** Die Badewanne ist in den Boden des Schlafraums versenkt. Durchgängig verlegte Eichenparkettriemen und Oberflächen aus Sichtbeton binden die Raumzonen auch optisch zusammen.

**Unten** Vom Arbeitszimmer im Obergeschoss gelangt man auf die Dachterrasse zwischen Haupthaus und Bürotrakt. Der Bodenbelag ist aus weißem, hochflorigem Grasteppich.

**Ganz unten** Der langgestreckte Baukörper staffelt sich über die gesamte Tiefe des Grundstücks. Eine Brandwand bildet den Abschluss zur Brachfläche auf der Ostseite.

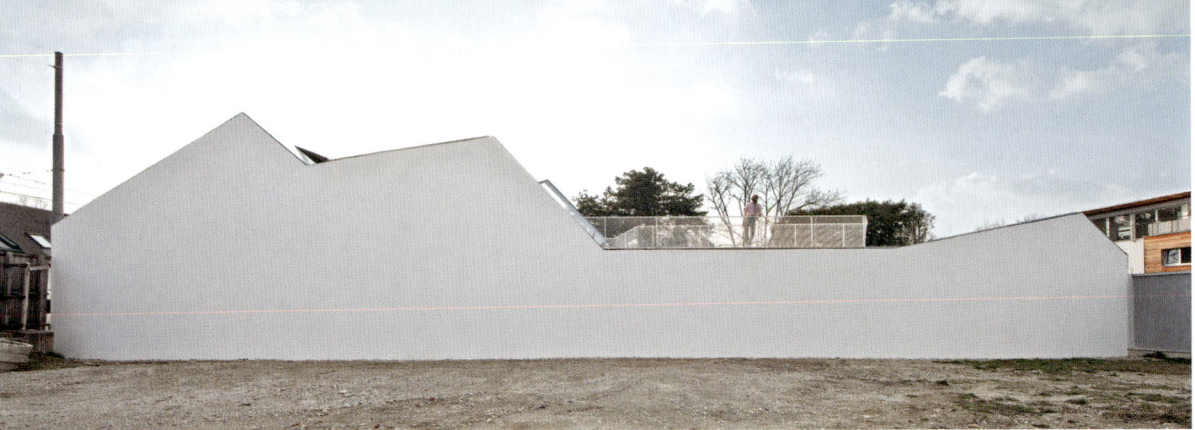

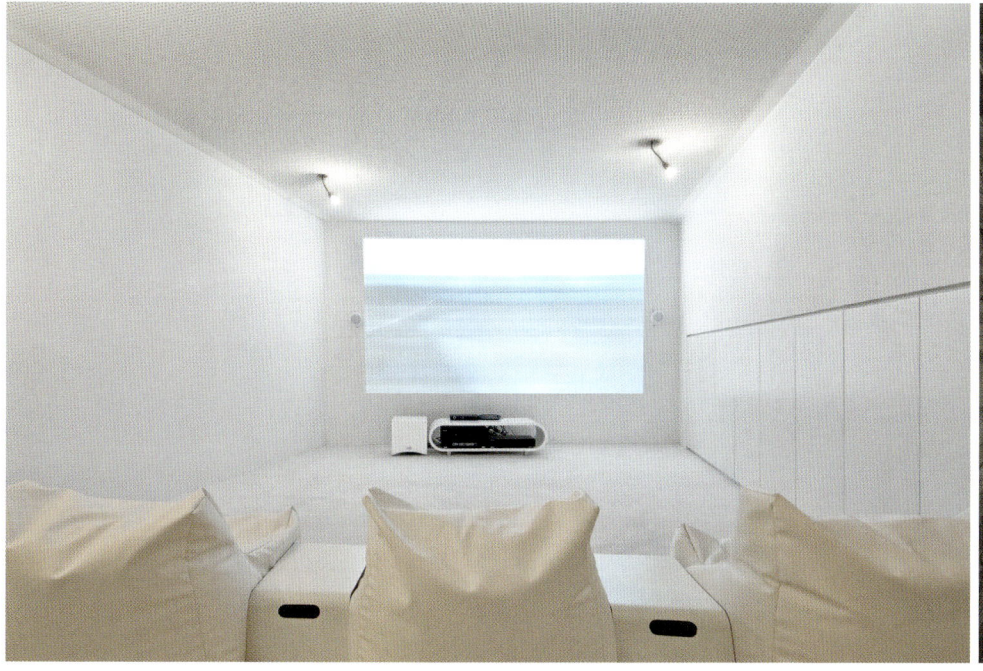

**Oben links** Ganz in Weiß gestaltet ist das kleine Heimkino, das sich der Bauherr im teilunterkellerten Bereich des Hauses eingerichtet hat.

**Oben rechts** Rosarote Mosaikfliesen setzen im Bad einen fröhlichen Farbakzent. In den Nassbereichen wurden die rohen Sichtbetonwände glanzlos versiegelt.

**Unten links und Mitte** Die Straßenfront ist mit weißen Aluminiumtafeln verkleidet, was ihre klaren Konturen noch betont. Haustür und Garagentor liegen direkt nebeneinander.

**Unten rechts** Der lichtdurchflutete Zugangsbereich dient als Entree – und wahlweise auch als Autostellplatz oder Atelier. Der Estrichboden ist mit weißem Polyurethan beschichtet.

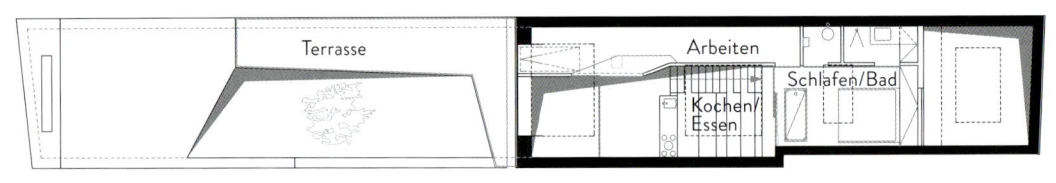

Obergeschoss

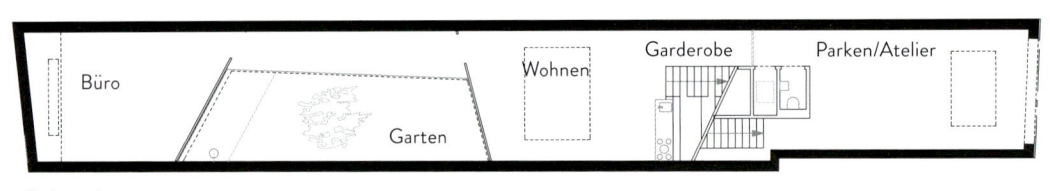

Erdgeschoss

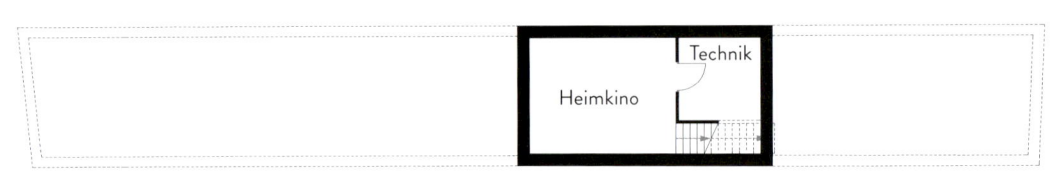

Untergeschoss

Axonometrie

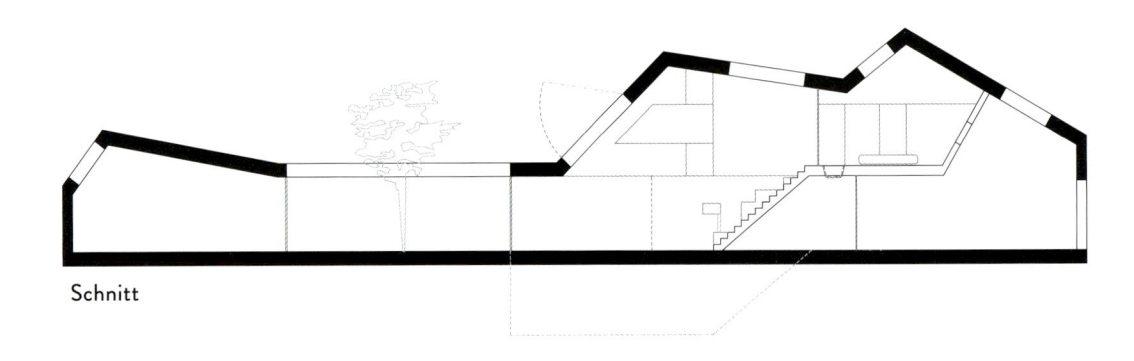

Schnitt

## Kurzporträt

» Experimentelles Konzept für flächensparendes Wohnen auf extrem kleiner Parzelle

» Stadttypische verdichtete Bauweise mit einer Geschossflächenzahl von 1,0 (die Summe von Wohn- und Nutzfläche entspricht exakt der Grundstücksgröße)

» Kompakter, offener Grundriss mit multifunktionalen Flächen

» Platzsparende maßgefertigte Einbauten

» Optische Großzügigkeit durch wechselnde Geschosshöhen und Sichtachsen

» Geschickte Lichtführung mit großen Glasfronten und Dachflächenfenstern

» Zentraler Atriumgarten und Dachterrasse

## Gebäudedaten

**Grundstücksgröße:** 175 m$^2$
**Wohnfläche:** 104 m$^2$
**Zusätzliche Nutzfläche:** 71 m$^2$ (Atelier, Büro, Heimkino)
**Anzahl der Bewohner:** 1–4
**Bauweise:** Stahlbeton mit Vollwärmeschutz
**Fassade:** straßenseitige Verkleidung mit pulverbeschichteten Aluminiumtafeln
**Energiekonzept:** Luft-Wasser-Wärmepumpe, Fotovoltaik
**Heizwärmebedarf:** 41 kWh/m$^2$a
**Baujahr:** 2013

Lageplan

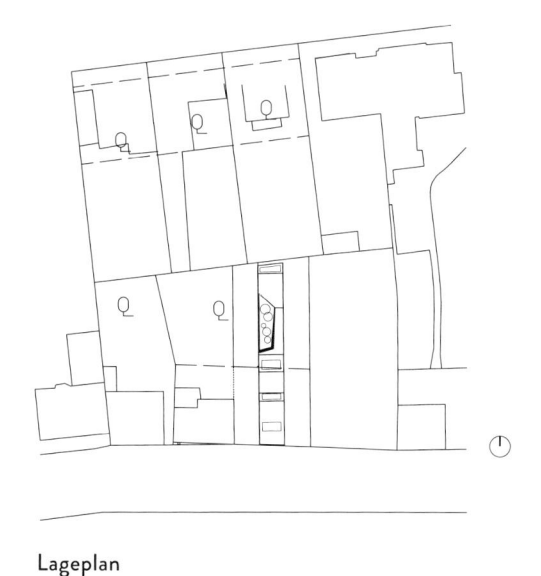

**Martin Haller, Ulrich Aspetsberger, Günter Katherl, Caramel architekten**

》》 *Der Entwurf wurde sehr vom Zuschnitt des Grundstücks beeinflusst: Innerhalb der engen Grenzen galt es, offene Räume und Freibereiche zu schaffen, die fließend ineinander übergehen.* 《《

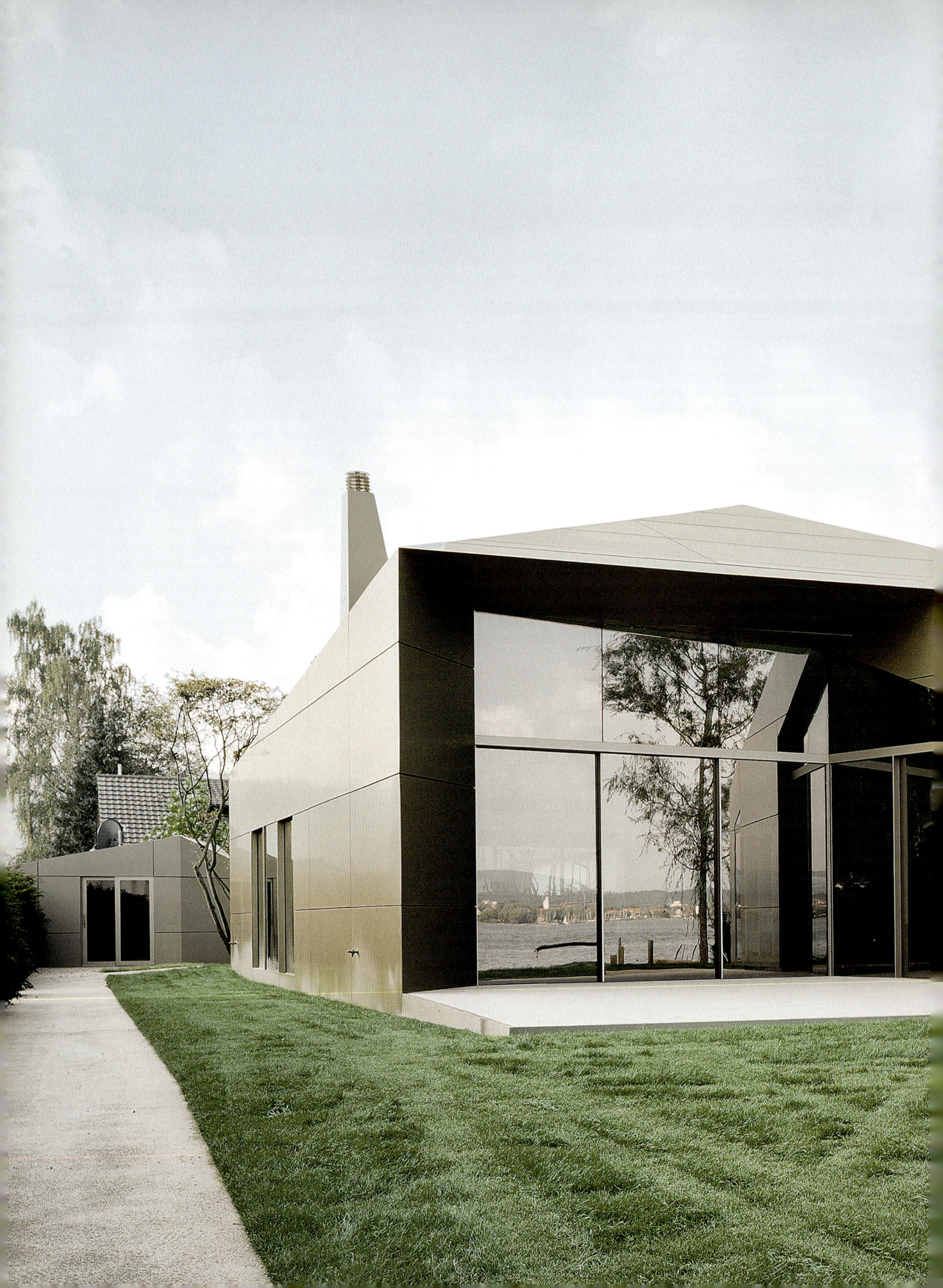

Auszeichnung

# KRISTALLINE KLARHEIT
Wohnhaus am Bodensee

Biehler Weith Associated

**Vorherige Doppelseite** Die Aluminium-Fassadentafeln zeichnen mit ihrem strengen Fugenraster die Gebäudegeometrie nach. In den Glasfronten spiegelt sich das gegenüberliegende Seeufer.

**Rechts oben** Die metallischen Oberflächen des Gebäudeensembles changieren je nach Tageszeit und Witterung. Ein asphaltierter Weg führt an der Garage vorbei zum Hauseingang.

**Rechts unten** Ein tiefer Einschnitt in die Gebäudehülle lässt auf der Südseite eine überdachte Terrasse entstehen. Der Baumgarten davor wurde mit 60 Jahre alten Felsenbirnen bepflanzt.

Die Lage ist der wahre Luxus: Ein Ufergrundstück direkt am Bodensee mit eigener kleiner Hafenanlage – schöner lässt es sich am sogenannten Schwäbischen Meer wohl kaum wohnen. In dieser malerischen Umgebung entstand nach den Plänen des Büros Biehler Weith ein Gebäudeensemble aus drei polygonalen Baukörpern. Obwohl die Planer sich in Volumen und Formensprache an der Kleinteiligkeit der umgebenden Bebauung orientierten, wirkt das Häuser-Trio irritierend anders: Dach und Fassaden sind komplett von einer glatten, metallisch schimmernden Membran überzogen. Die homogene Außenhaut aus großformatigen Aluminiumplatten verleiht den Neubauten ein ungewohnt skulpturales Aussehen. Gezielte Einschnitte in die Gebäudehülle verstärken diesen Effekt und lassen überdachte Freibereiche sowie geschützte Terrassen entstehen.

Mit welcher Präzision sich die Architekten hier jedem Detail widmeten, zeigt sich bereits in der Gestaltung des Außenraums: Der Weg zum Haus folgt einer wohl durchdachten Choreografie. Man betritt das Grundstück von Süden über einen großzügigen Hof mit Baumgarten, dessen puristische Gestaltung fernöstliches Flair vermittelt. In den beiden niedrigen Gebäudetrakten, die den Hof rechts und links locker umschließen, sind die Garage sowie eine Werkstatt untergebracht, der mittlere und größte Baukörper ist das Wohnhaus. Ein asphaltierter Weg lenkt den Besucher weiter zum Haupteingang, während sich der Blick über die nördliche Wiese hinweg immer weiter auf das nahe Seeufer öffnet und das faszinierende Panorama freigibt.

Ein Rücksprung an der Längsseite des Hauptgebäudes lässt einen überdachten Zugangsbereich entstehen. Von dort aus gelangt man in ein geräumiges Entree, an das sich der große, zweigeschossige Wohnbereich anschließt. Er bildet das kommunikative Zentrum des Hauses, dessen Atmosphäre ganz vom malerischen Ausblick aufs Wasser geprägt ist. Eine deckenhohe, übereck gezogene Glasfront lenkt den Blick zum See im Norden, während sich die offene Küche mit Essplatz nach Süden, zum Eingangshof hin orientiert. Wesentlich introvertierter ist der private Rückzugsbereich der Bewohner gestaltet, der eine Raumkette entlang der Westwand bildet. Eine polygonale Sichtbetontreppe führt in die obere Ebene mit Galerie, Gästebereich und Büro.

Wenige Farben und Materialien verleihen dem Interieur seine unaufdringliche Eleganz: Durchgehend helle Oberflächen lassen die Unterschiede zwischen Boden, Wand und Decke verschwimmen, auch die Einrichtung fügt sich mit ihren feinen Texturen und dezenten Farben harmonisch in dieses Gesamtkonzept ein. Die großen Glaselemente sind in filigrane Aluminiumrahmen gefasst und sorgen in Kombination mit den präzise platzierten Oberlichtern für einen stimmungsvollen Lichteinfall.

Faszinierende Licht- und Schattenspiele bieten sich aber auch an den Außenseiten des Hausensembles, das je nach Tages- und Jahreszeit in unterschiedlichen Farbtönen und Helligkeitsstufen changiert – von einem warmen Bronzeton bis hin zu kühlem Silber. Die reflektierende Oberfläche lässt die Gebäude wie entmaterialisiert erscheinen, auch deswegen wirken sie nicht wie Fremdkörper, sondern vielmehr »als sanfte Irritation, die aus der Natur heraus modelliert wurde«, wie die Architekten es beschreiben.

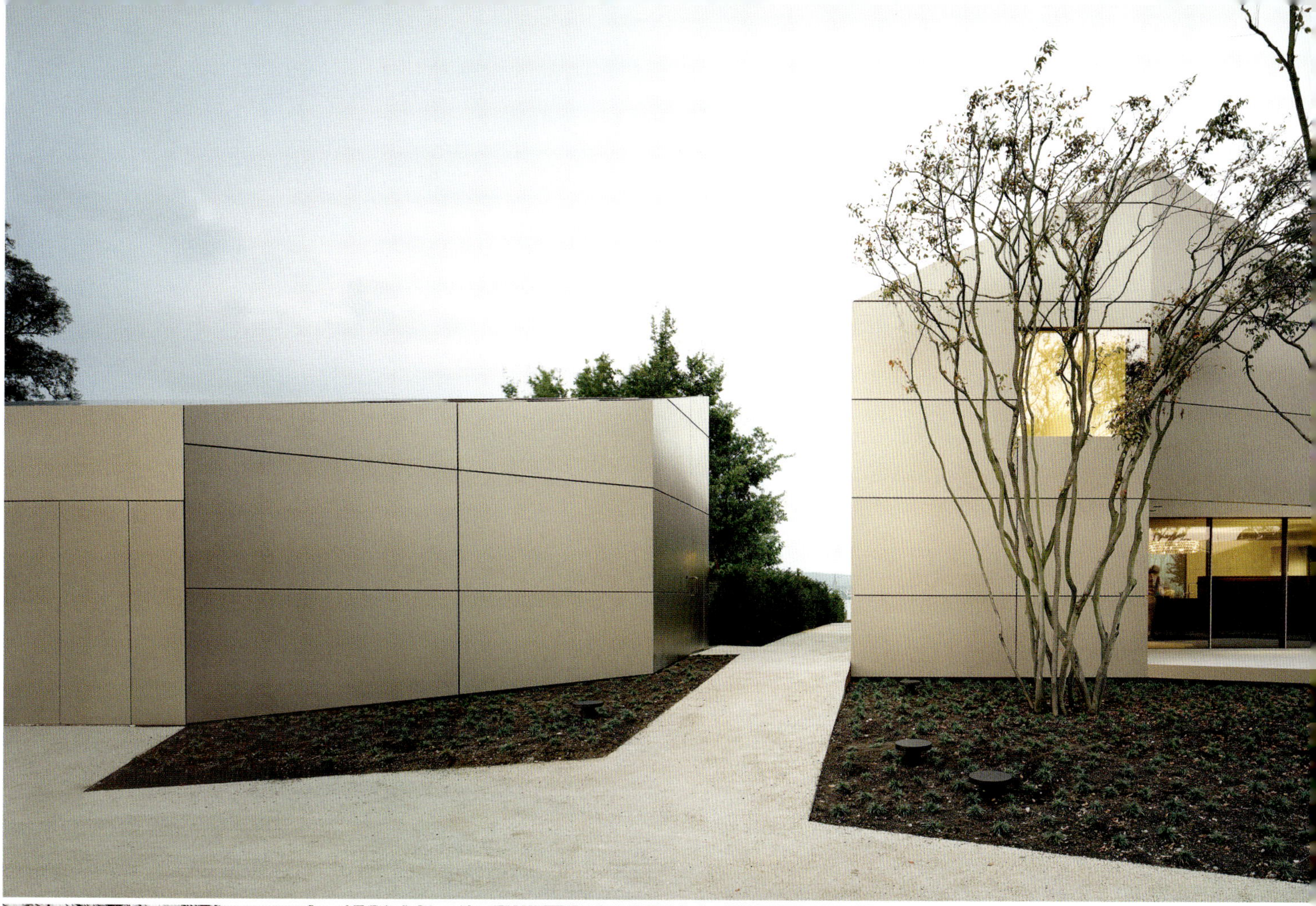
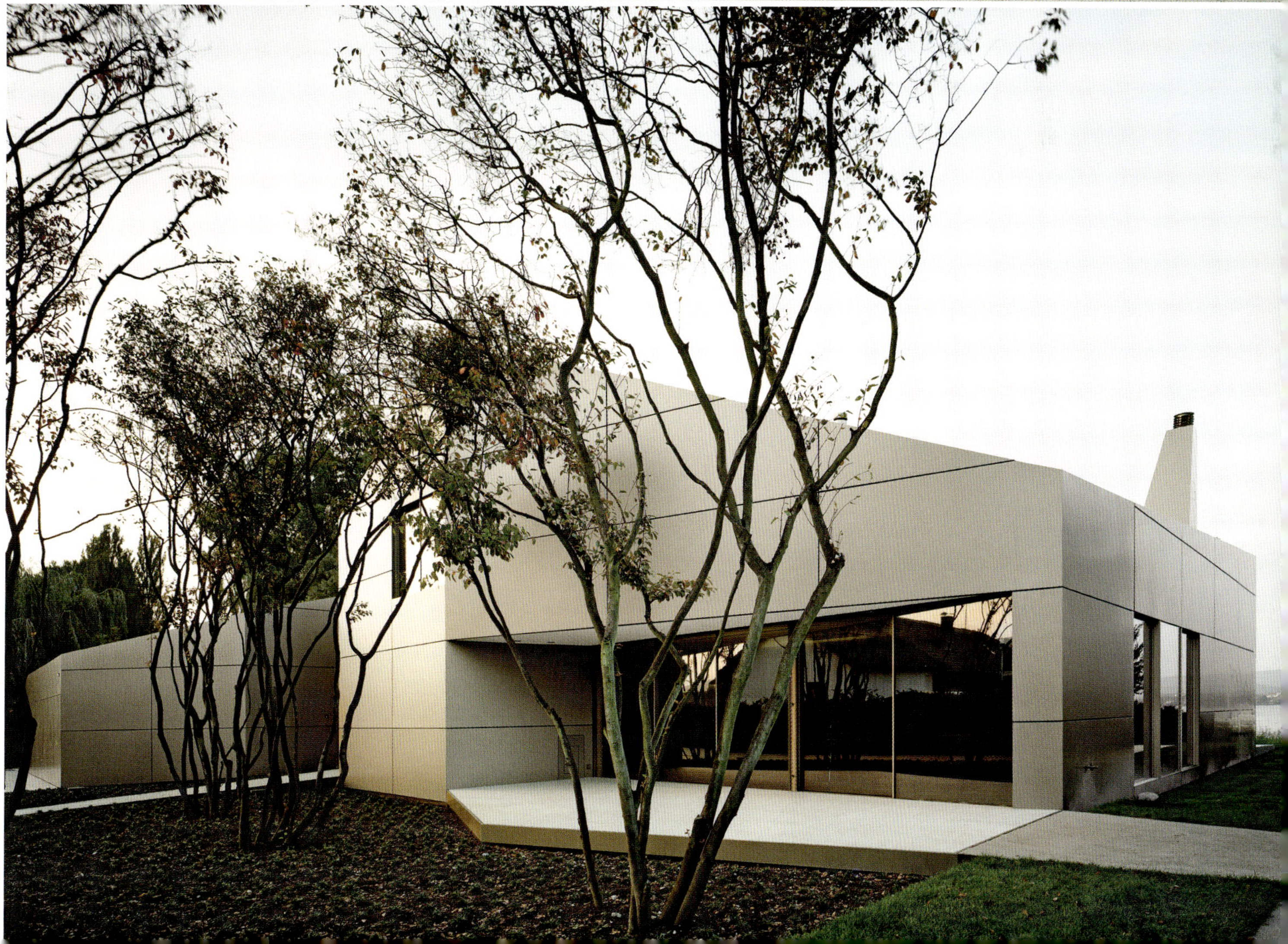

**Oben links** Präzise platzierte Oberlichter erzeugen wechselnde Lichtstimmungen. Weiße Decken und Wände sowie ein heller Fliesenboden tragen zum homogenen Raumeindruck bei.

**Links** Geräumig wirkt das innenliegende Bad im Schlaftrakt auf der Ostseite. Ein Blickfang sind die italienischen Fliesen, deren matte Oberfläche an gefaltetes Papier erinnert.

**Oben rechts** An den offenen Wohnbereich mit Kamin schließen sich im Hintergrund die Küche und der Essplatz an. Eine Galerie stellt den Blickkontakt in die obere Ebene her.

**Rechts** Eine deckenhohe Glasfront mit fein profilierten Rahmen öffnet den Wohnraum zum See. Links führt eine Schiebetür aus Nussbaumholz zu den privaten Rückzugsräumen.

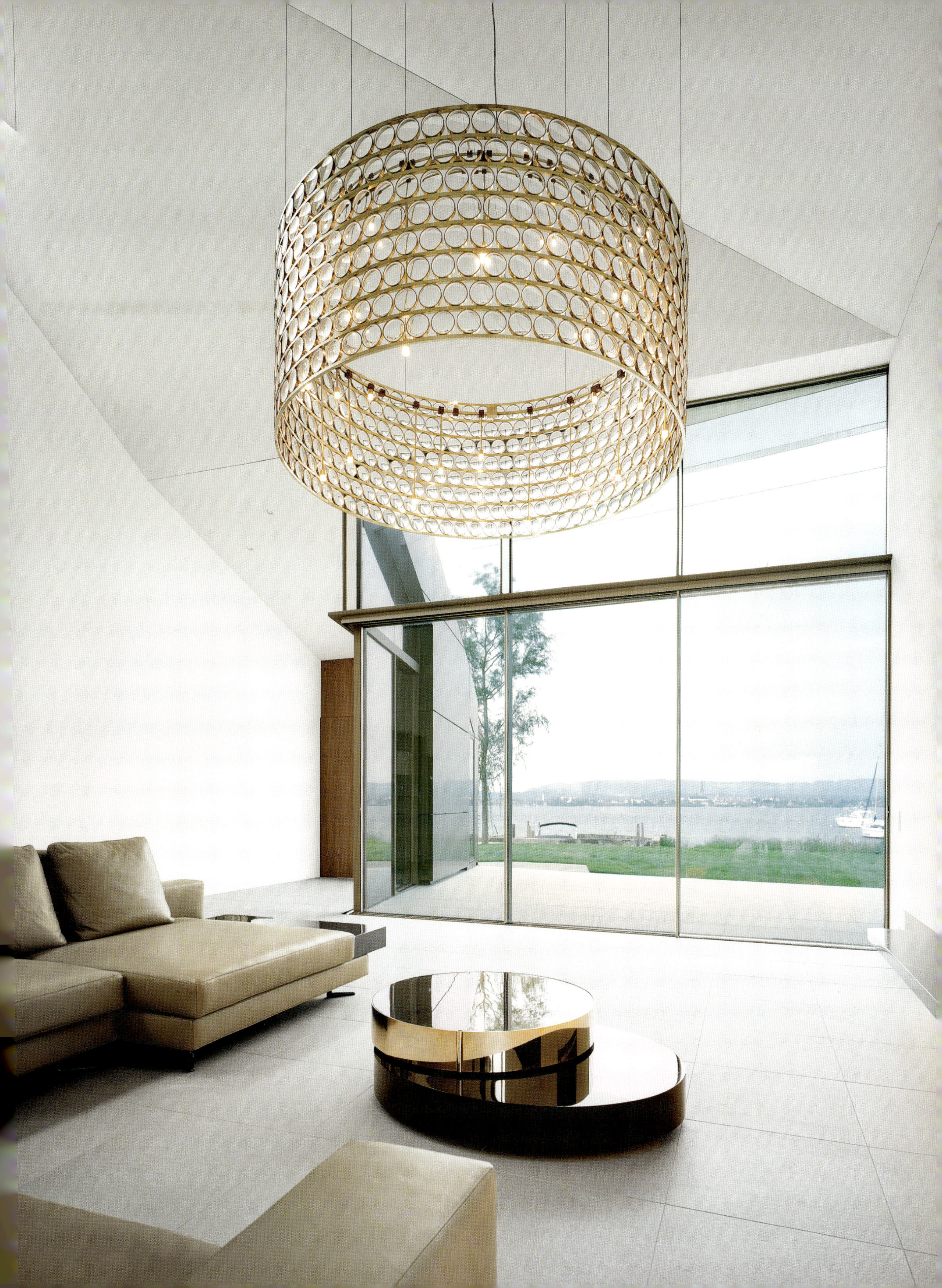

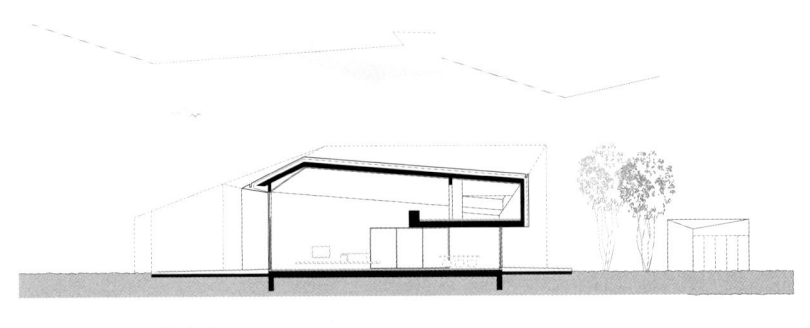

Schnitt

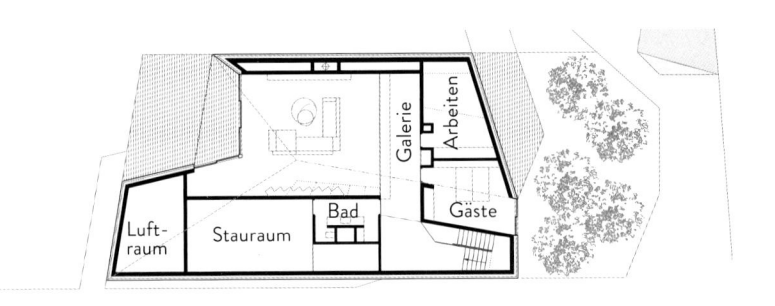

Obergeschoss

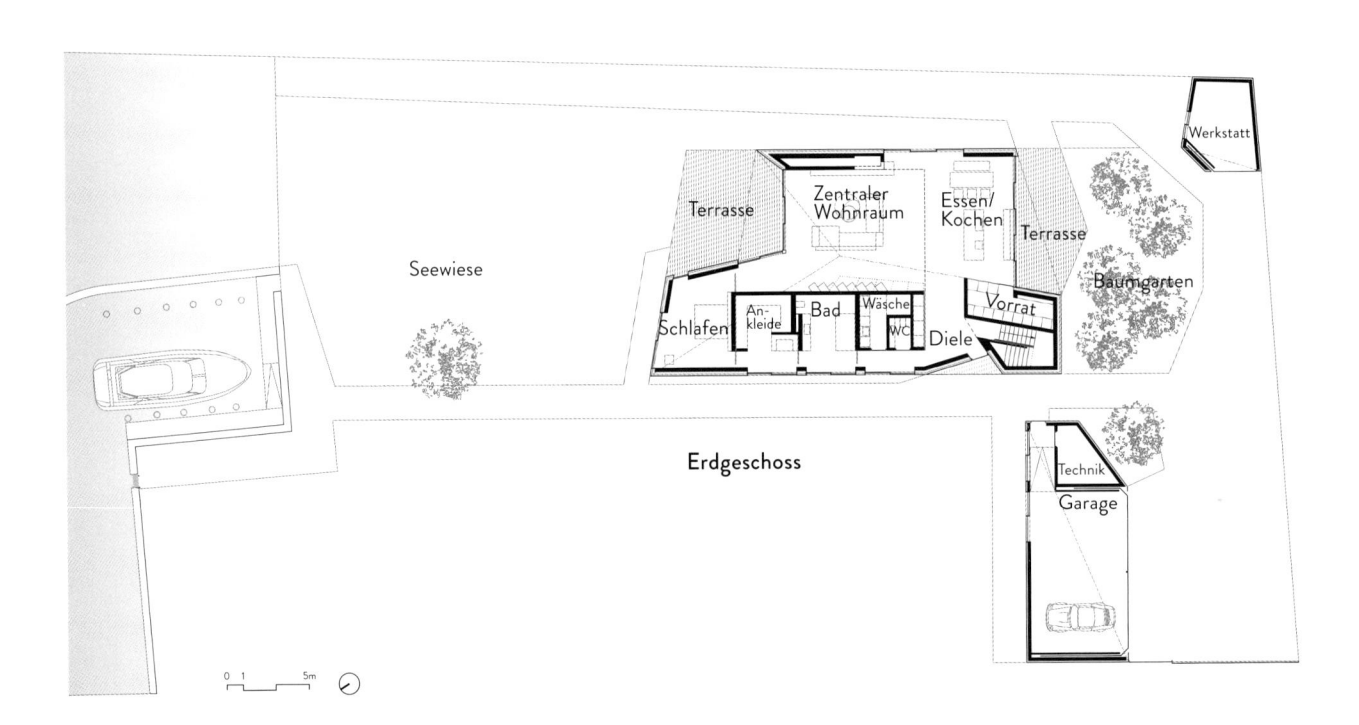

Erdgeschoss

## Kurzporträt

» Aufgreifen der Kleinteiligkeit der Nachbarbebauung in neuer Formensprache durch drei separate Baukörper

» Einheitliche Dach- und Fassadenverkleidungen aus Aluminium zur Betonung des monolithischen Charakters

» Große Öffnungen für Ausblicke in die Landschaft

» Präzise platzierte Oberlichter für wechselnde Lichtstimmungen

» Reduzierte Farb- und Materialpalette

## Gebäudedaten

**Grundstücksgröße:** 1.990 m²
**Wohnfläche:** 240 m²
**Zusätzliche Nutzfläche:** 160 m²
**Anzahl der Bewohner:** 2
**Bauweise:** Stahlbeton
**Fassade:** hinterlüftete Aluminiumverbundplatten
**Energiekonzept:** Erdwärmepumpe, solarthermische Anlage
**Bauzeit:** 2013–2014

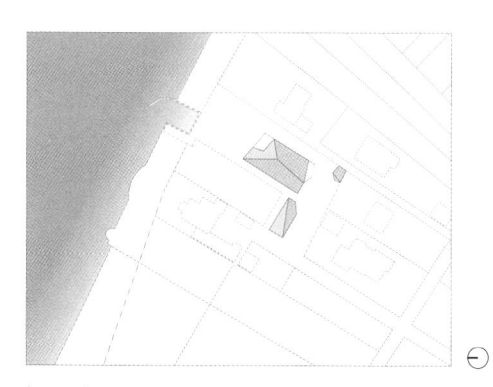

Lageplan

**Christoph Biehler, Ralf Heinz Weith, Biehler Weith Associated**

>> *Die glatten und metallischen Oberflächen verstärken den kristallinen Charakter des Gebäudeensembles und reflektieren das einfallende Licht auf vielfältige Weise.* <<

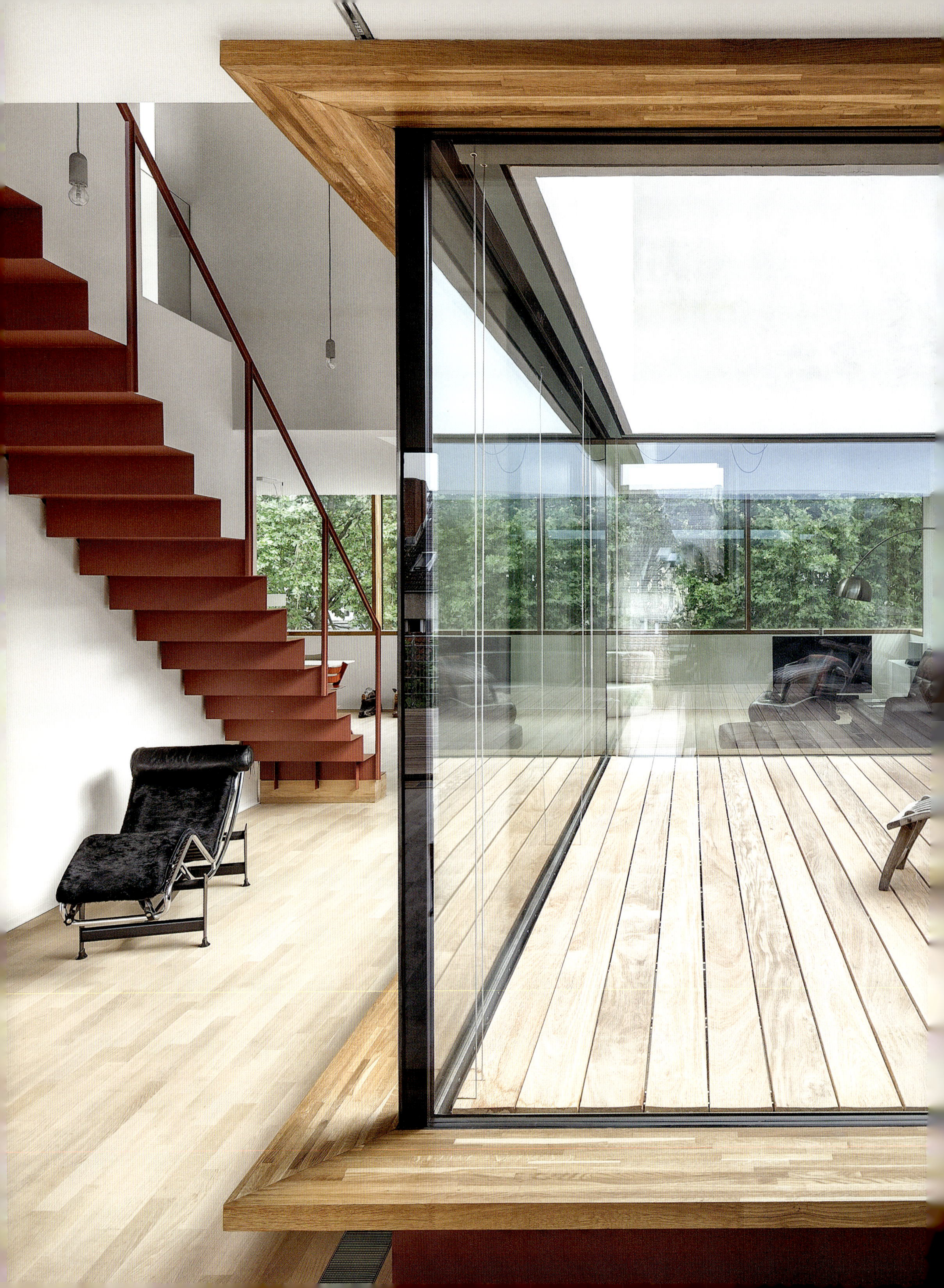

Auszeichnung

# HAUS AUF DEM HAUS

Dachaufstockung in Aachen

Klaus Klever

**Vorherige Doppelseite** Patios verzahnen Innen- und Außenraum miteinander und lassen diagonale Blickbeziehungen entstehen. Der Freisitz im Süden dient als Gartenersatz in luftiger Höhe.

**Rechts oben** Küche, Ess- und Wohnbereich orientieren sich zur Straße hin. Ein durchlaufendes Fensterband rahmt den Ausblick in die Kronen der Alleebäume wie ein Landschaftsbild.

**Rechts unten** Die Lichthöfe in beiden Ebenen gliedern den offenen Grundriss. Farben setzen gezielte Akzente: Ein warmer Gelbton taucht den oberen Patio in sonniges Licht.

Urbanes Wohnen liegt im Trend: Gerade junge Familien schätzen die gute Infrastruktur citynaher Quartiere mit ihrem vielfältigen Angebot – doch freie Grundstücke sind hier Mangelware. Manchmal allerdings bergen die Dächer von Altbauten ungeahnte Raumreserven. So war es auch bei diesem Aachener Wohn- und Geschäftshaus. Sein schlichtes Mansarddach machte einer skulpturalen, kubischen Aufstockung Platz und ließ ein komfortables Familiendomizil in luftiger Höhe entstehen.

Den Grundstock hierfür hatten die Vorfahren der heutigen Bewohner kurz nach Kriegsende geschaffen: Mit den beschränkten Mitteln der damaligen Zeit wagten sie an der schwer zerstörten ehemaligen Prachtstraße Heinrichsallee als Erste einen Neuanfang. Aus Trümmerziegeln errichteten sie einen dreigeschossigen Bau im Zeitgeschmack der frühen 1950er-Jahre, der allmählich von den neu hinzukommenden Nachbarhäusern überragt wurde. Als nach mehr als 60 Jahren eine grundlegende Sanierung anstand, entschloss sich die Eigentümergemeinschaft auch zu einer architektonischen Neuausrichtung – und einer zweigeschossigen Aufstockung.

Der Dachaufbau ist als Haus auf dem Haus konzipiert und verbindet die Annehmlichkeiten urbanen Wohnens mit den Vorzügen eines individuellen Eigenheims. »Stadtvilla statt Villa« lautete daher auch das Motto des Architekten Klaus Klever. Zunächst wurde die alte, schadhafte Dachkonstruktion bis auf die Decke über dem zweiten Obergeschoss abgetragen und anschließend die Aufstockung als Holzkonstruktion – mit Wänden aus Brettsperrholz und Decken in Holztafelbau – errichtet. Der Neubau bietet auf zwei Ebenen ein sehr erhabenes und zugleich großzügiges Wohngefühl: Sein weitgehend offener Grundriss wird durch zwei Lichthöfe sowie geschossübergreifende Lufträume gegliedert. Wechselnde Deckenhöhen, horizontale und vertikale Blickachsen sowie gezielte Farbakzente lassen ein ebenso komplexes wie abwechslungsreiches Raumgefüge entstehen, das den Gang durchs Haus zu einer *promenade architecturale* mit ständig wechselnden Sinneseindrücken werden lässt.

Der Familienwohnbereich in der unteren Ebene entwickelt sich als fließendes Raumkontinuum um einen der beiden Patios und erweitert sich über eine große Terrasse in den ruhigen, begrünten Innenhof auf der Westseite. Im Osten, zur stark befahrenen Heinrichsallee hin, holt eine durchlaufende Glasfront die Morgensonne herein und rahmt die Kronen der Alleebäume wie ein Panoramabild. Dass diese stützenfreie Öffnung möglich war, ist einer darüber liegenden, geschlossenen Wandscheibe zu verdanken, die über die gesamte Hausbreite spannt. Sie trägt die Lasten auf die Außenwände ab und dient zugleich als Schallschutz für die angrenzenden Räume in der oberen Etage. Dort befindet sich der privatere Rückzugsbereich, der sich über großflächige Verglasungen und skulpturale Gebäudeeinschnitte mit dem Außenraum verzahnt: Ein Patio hinter der geschlossenen Ostfassade fängt das Tageslicht ein und lenkt es bis in die untere Wohnebene. Das Elternzimmer öffnet sich zu einer Westterrasse mit Blick auf die Turmspitzen von Dom und Rathaus, ein schmaler Austritt im Süden hält respektvoll Distanz zum Nachbarhaus.

Nach außen hin gibt sich die Aufstockung formal reduziert und nimmt mit dem durchlaufenden Fensterband die horizontalen Linien der Nachbargebäude auf. Die sanierte, hochwärmegedämmte Fassade des Bestands wiederum knüpft mit teilweise geänderten Fensterformaten an die gründerzeitlichen Proportionen an, sodass die Geschichte des Hauses hier mit zeitgemäßen Mitteln fortgeschrieben wird.

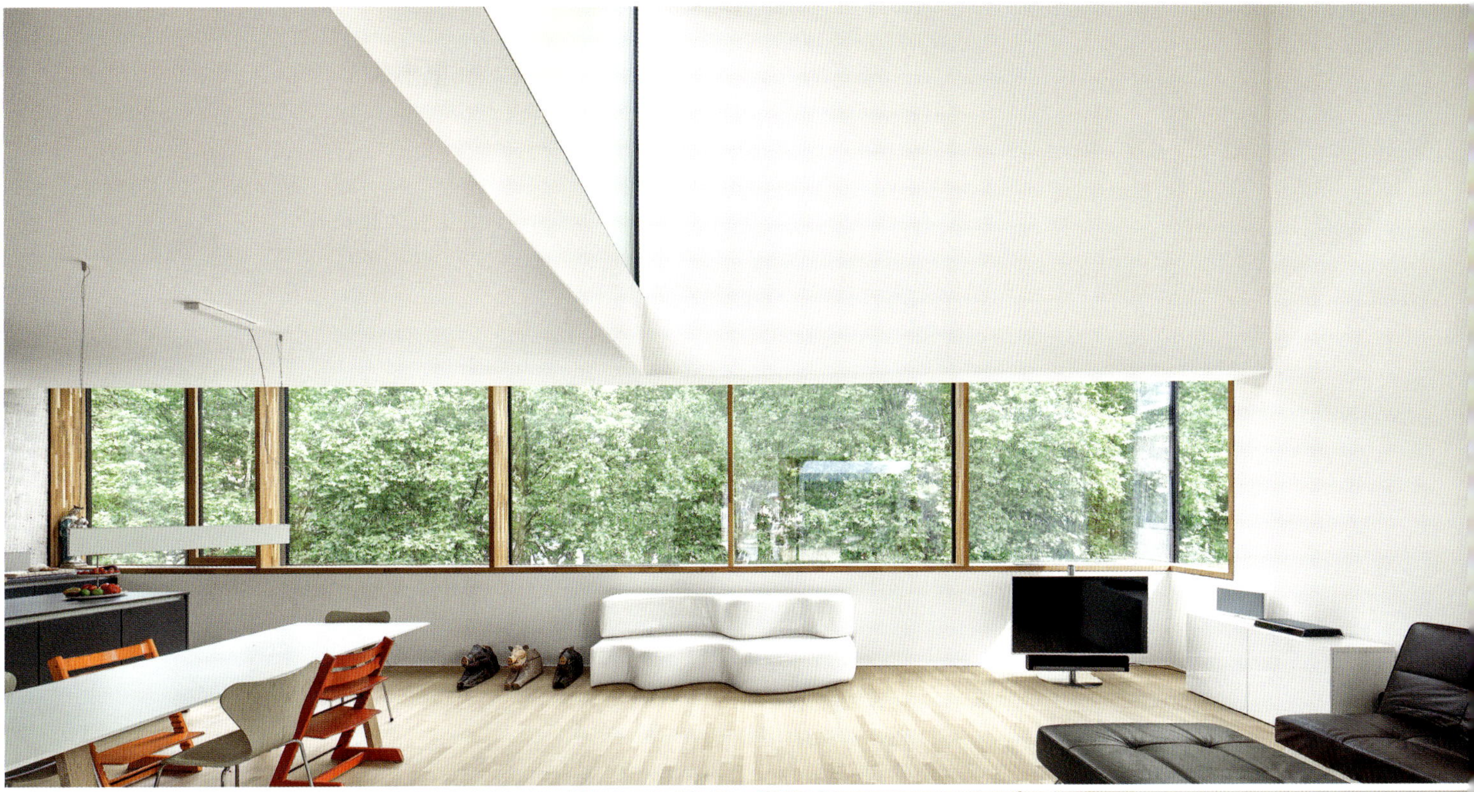

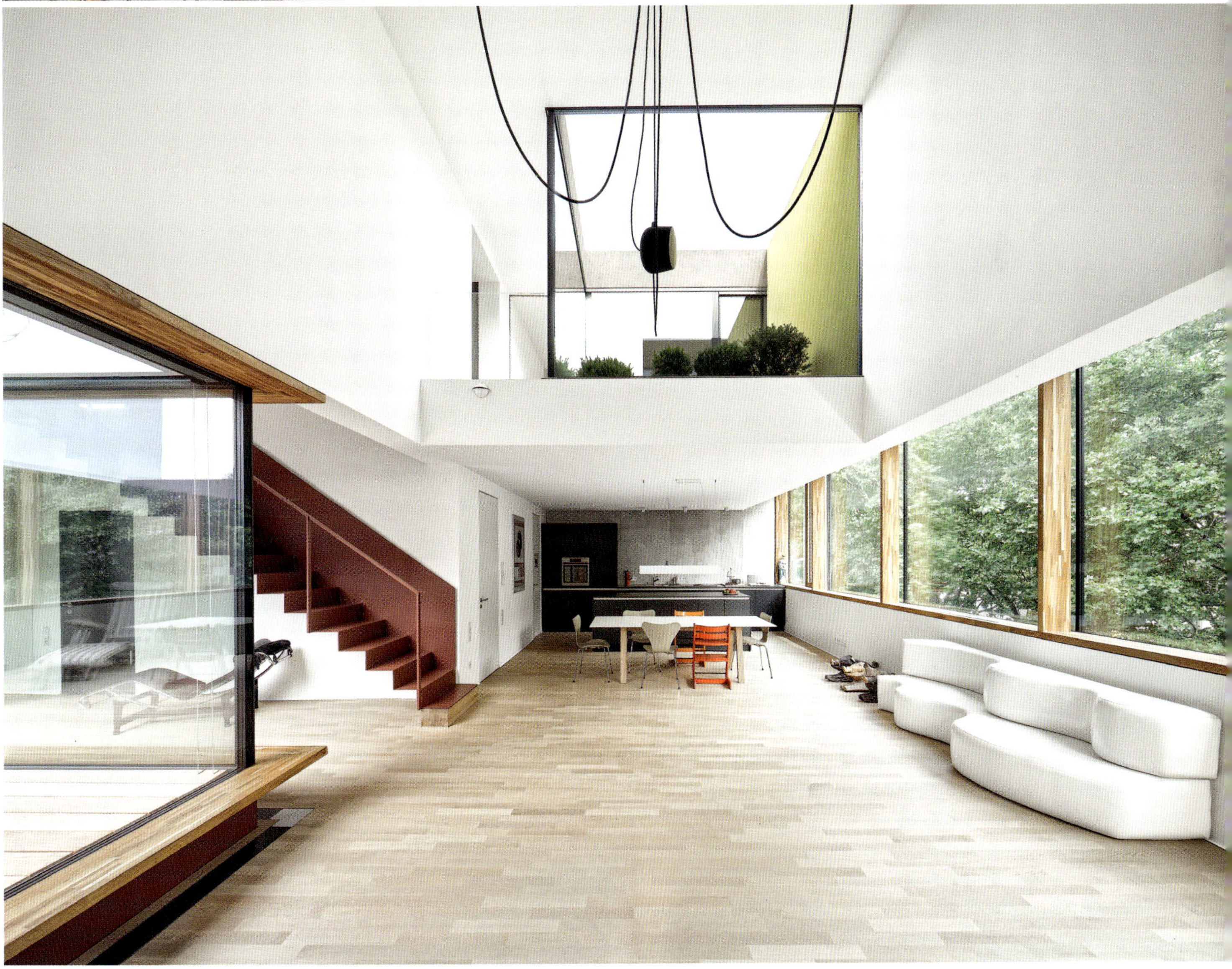

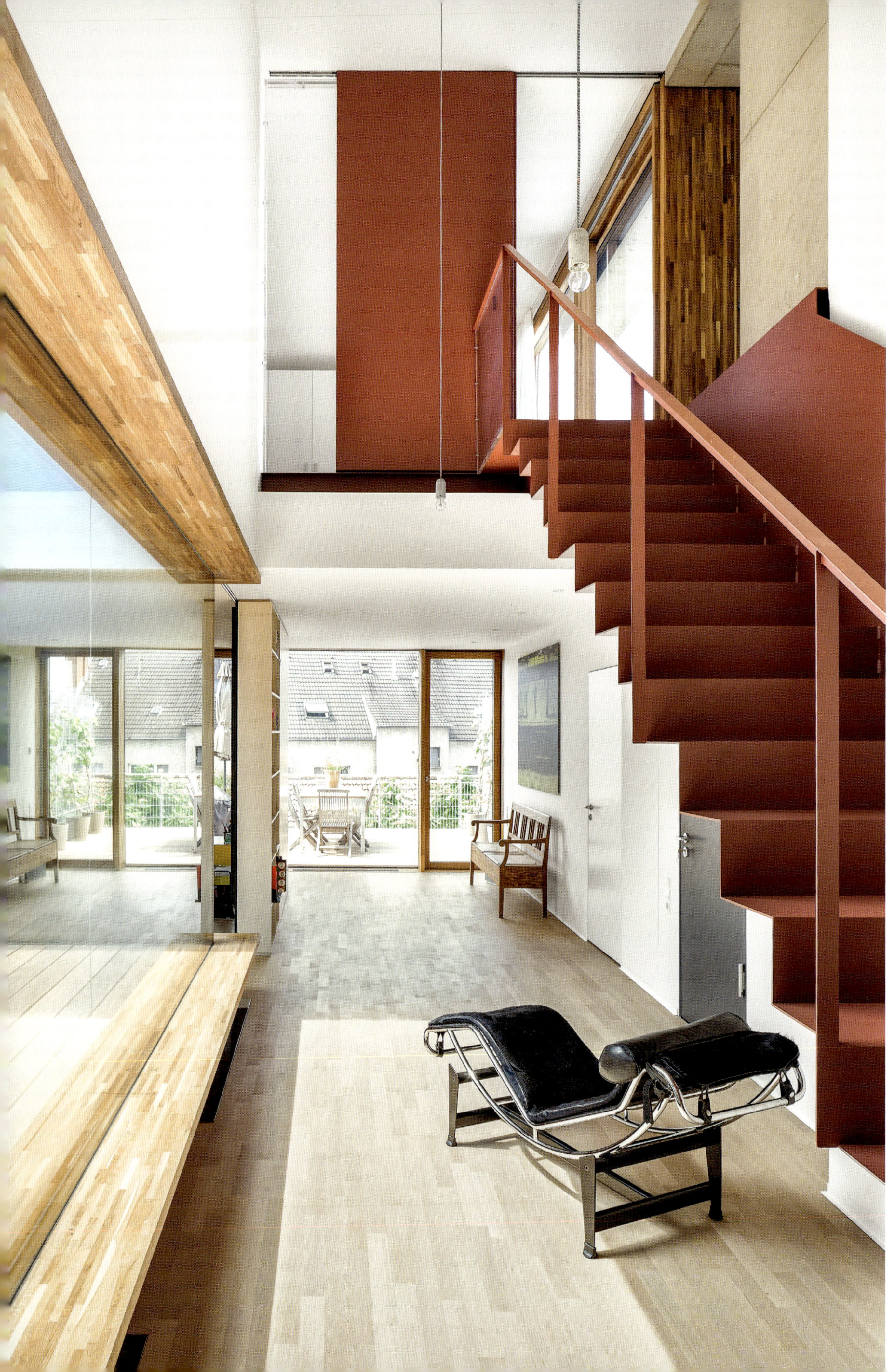

**Oben** Das Fensterband der zweigeschossigen Aufstockung greift die horizontalen Linien der Nachbarhäuser auf. Die Fassade des Bestandsgebäudes wurde energetisch saniert und neu gegliedert.

**Links** Eine filigrane Treppe aus lackiertem Stahlblech führt in die obere Etage mit den privaten Rückzugsräumen. An das Treppenpodest schließt sich im Hintergrund das Elternzimmer an.

**Rechts** Die vom Verkehrslärm abgewandte Westseite orientiert sich auf einen begrünten Innenhof. Ein Balkon mit Rankgitter sowie eine Dachterrasse erweitern die Wohnfläche ins Freie.

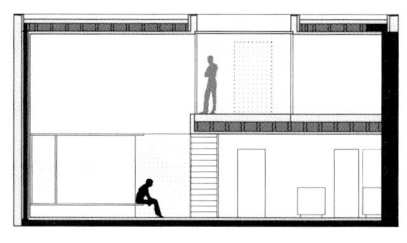

Querschnitt

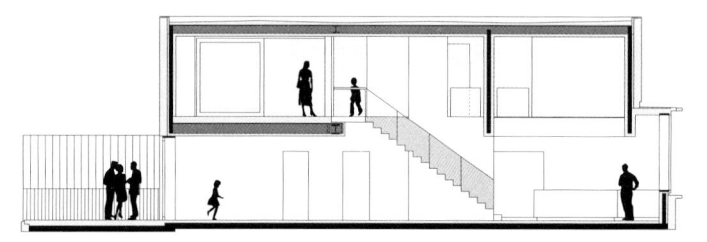

Längsschnitt

Aufstockung Ebene 2

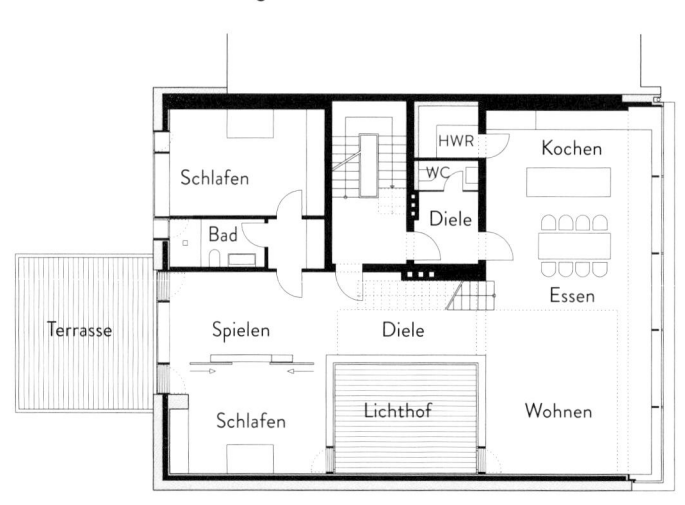

Aufstockung Ebene 1

## Kurzporträt

» Innerstädtische Nachverdichtung durch Aufstockung eines Gebäudes aus den 1950er-Jahren

» Zweigeschossiges »Haus auf dem Haus«

» Offener Grundriss, durch Atrien gegliedert

» Große Glasfronten und Patios für Tageslicht im Gebäudeinnern

» Räumliche Komplexität durch Lufträume und wechselnde Deckenhöhen

» Unterschiedliche Freiflächen: Patios und Terrassen als Gartenersatz

» Wandscheibe oberhalb des Fensterbands zur Übernahme von statischen und schalltechnischen Funktionen

» Energetische Sanierung des Altbaus

## Gebäudedaten

**Grundstücksgröße:** 562 m$^2$
**Wohnfläche Aufstockung:** 220 m$^2$
**Anzahl der Bewohner:** 4
**Bauweise:** Holzbau, Wände aus Brettsperrholz, Decken in Holztafelbau
**Fassade:** hochwärmegedämmte Gebäudehülle mit mineralischem Wärmedämmverbundsystem
**Baukosten gesamt:** 650.000 Euro (nur Aufstockung)
**Energiekonzept:** zentrale Pelletheizung, ergänzt durch solarthermische Anlage, kontrollierte Wohnraumlüftung, Dreifachverglasungen
**Heizwärmebedarf:** 19 kWh/m$^2$a
**Primärenergiebedarf:** 23,5 kWh/m$^2$a
**Baujahr Bestand:** 1951
**Bauzeit Umbau:** 2013–2014

Lageplan

**Klaus Klever, Architekt**

›› *Die Aufstockung ist als ›Einfamilienhaus‹ auf dem Bestandsgebäude konzipiert: Es sollte ein lichtdurchflutetes Haus im Grün der Baumkronen mit vielen Freibereichen unterschiedlicher Qualität werden.* ‹‹

Auszeichnung

# ZIMMER MIT AUSSICHT
Ferienhaus in Sarzeau/Bretagne (Frankreich)

RAUM architectes

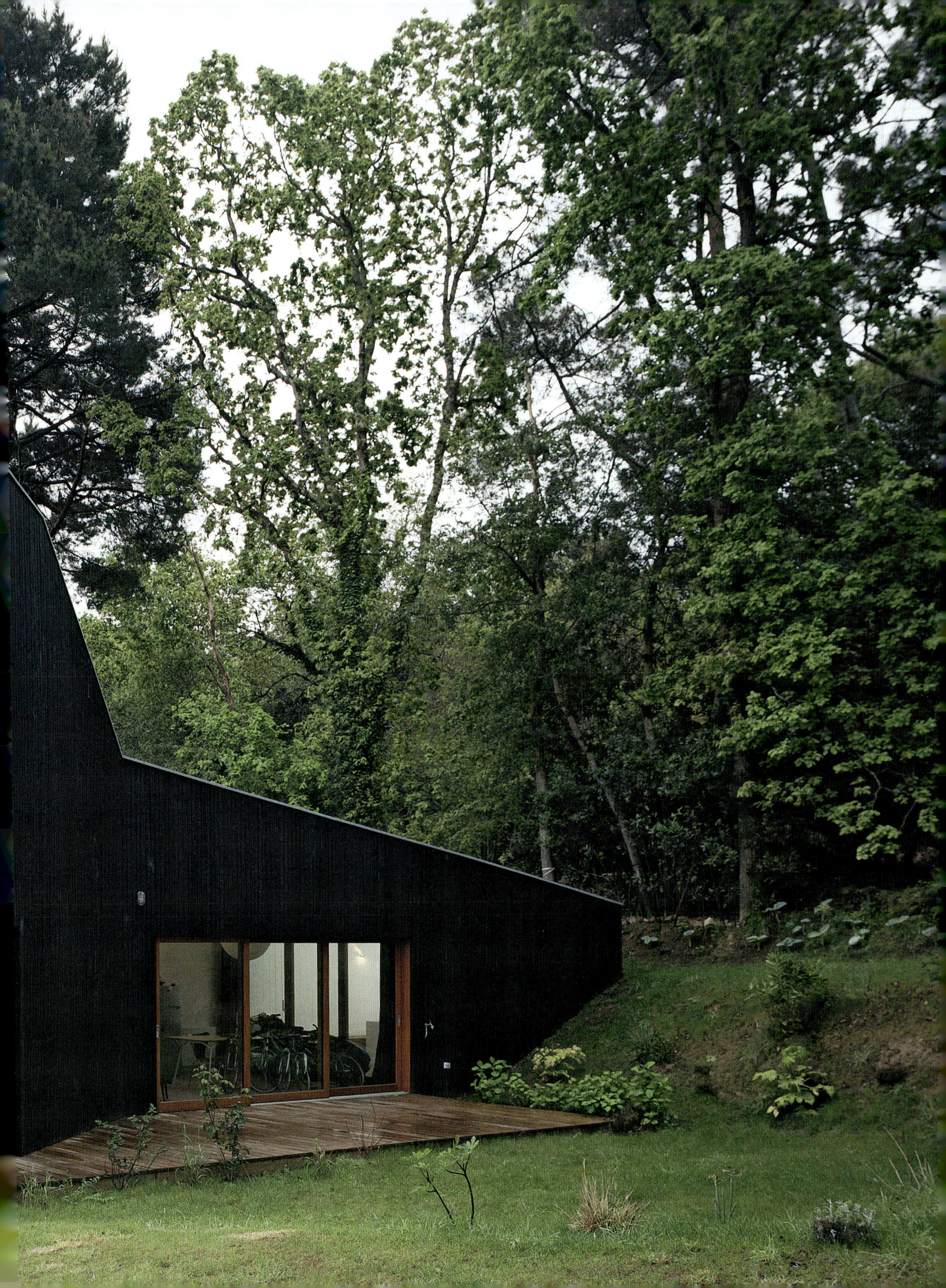

**Vorherige Doppelseite** Mit seinem steil ansteigenden Pultdach scheint das kleine Ferienhaus fast aus dem Gelände herauszuwachsen. Ein Panoramafenster öffnet die Nordfassade zur Aussicht.

**Links** Die dunkel lasierte Außenhaut lässt den Neubau dezent hinter die hell verputzten Nachbarhäuser zurücktreten. Das Holzhaus scheint fast in der Waldkulisse zu verschwinden.

**Rechts oben** Das Holzdeck auf der Westseite dient als Freisitz – und mitunter auch als Schlafplatz. Bei gutem Wetter werden die mobilen Bettboxen der Kinder auf die Terrasse geschoben.

**Rechts unten** An das Grundstück schließt sich ein kleines Waldstück an. Das extensiv begrünte Dach bindet den Neubau auch optisch mehr in seine natürliche Umgebung ein.

Neugierig reckt sich das kleine Holzhaus der schönen Aussicht entgegen und fokussiert mit einer gebäudebreiten Glasfront im Obergeschoss den Fernblick aufs Wasser: Das Sommerdomizil einer vierköpfigen Familie, das nach den Plänen von RAUM architectes entstand, befindet sich auf der bretonischen Halbinsel Rhuys – einer schmalen Landzunge, die den Golf von Morbihan vom Atlantischen Ozean trennt. Unweit von Sarzeau, einem der Hauptorte der Insel, war es den Bauherren gelungen, das letzte freie Grundstück am Ende einer kurzen Stichstraße zu ergattern: ein sanft ansteigender Hang, an den sich im Süden ein kleines Waldstück anschließt. Das Ferienhaus, das sie darauf errichteten, hält sich dezent im Hintergrund und begegnet seinem baulichen Umfeld mit freundlicher Distanz. Anders als die hell verputzten Nachbarhäuser hebt es sich mit seiner klaren Kubatur und der schwarz lasierten Holzfassade kaum von der Baumkulisse ab. »Die dunkle Außenhaut soll auch einen Bezug zu den traditionellen Gehöften und Salzspeichern der Küstenregion herstellen«, erläutern die Architekten ihre Farbwahl. Um die thermische Speichermasse des Leichtbaus zu erhöhen und ihn optisch noch mehr in sein natürliches Umfeld einzubinden, entschieden sie sich zudem für ein extensiv begrüntes Pultdach.

Auch bei der Grundrissorganisation spielte die enge Beziehung zwischen Innen- und Außenraum eine wichtige Rolle – zumal sich das Familienleben in den Sommermonaten ohnehin meist im Freien abspielt: Eine breite Terrassenplattform auf der Westseite erweitert den Wohnbereich im Erdgeschoss fließend in den Garten. Weniger exponiert sitzt man im kleinen Patio auf der Südseite, der sich zum Wald hin orientiert. Das sichtgeschützte Sonnendeck, das allseitig von weiß gestrichenen Holzwänden umschlossen wird, dient bei schönem Wetter als zusätzliches Zimmer im Freien.

In Innern wurde das Raumprogramm auf das Notwendigste reduziert. Wohn-, Koch- und Essbereich gehen im Erdgeschoss offen ineinander über, ein winziges Duschbad sowie das WC sind neben dem Eingangsbereich untergebracht. Eine schlichte Sperrholztreppe führt zum Elternzimmer im Obergeschoss, wo ein raumbreites Panoramafenster den Blick über die Dächer der Nachbarhäuser hinweg auf das Binnenmeer freigibt.

Die Kinder können ihre Schlafplätze nach Belieben wählen: Die Architekten konzipierten für sie zwei mobile Bett-Boxen auf Rädern, die sich frei im Raum verschieben lassen und auch auf die Terrasse oder in den Patio gerollt werden können. Die kleinen Schlafkojen aus leichtem Birkensperrholz sind mit Stromanschlüssen ausgestattet, sodass sich sogar eine Lampe für die nächtliche Bettlektüre installieren lässt. Als Vorbilder für diese originellen fahrbaren Schlafgemache dienten den Planern die traditionellen Schrankbetten, die bis zum Beginn des 20. Jahrhunderts in bretonischen Landhäusern weit verbreitet waren. Die Möbelstücke in Form eines tiefen Schranks, oft geschnitzt und reich verziert, waren der ganze Stolz ihrer Besitzer – und eine extrem platzsparende Lösung für die Nachtruhe. Obwohl man in ihnen mehr sitzend als liegend schlief, boten die geschlossenen Kojen doch immerhin ein wenig Privatsphäre innerhalb der großen, offenen Gemeinschaftsräume – und in den Wintermonaten zudem einen spürbaren Wärmekomfort.

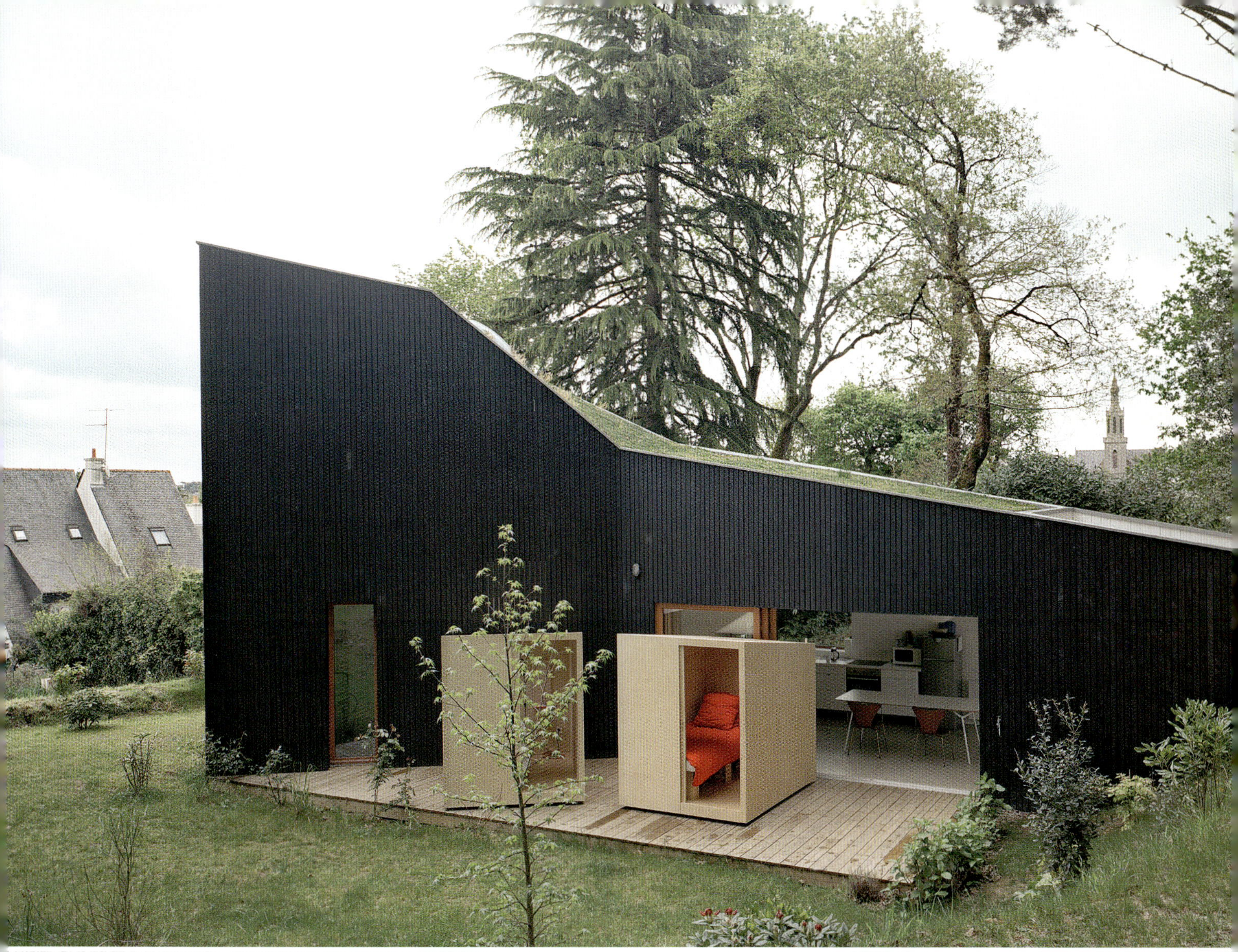

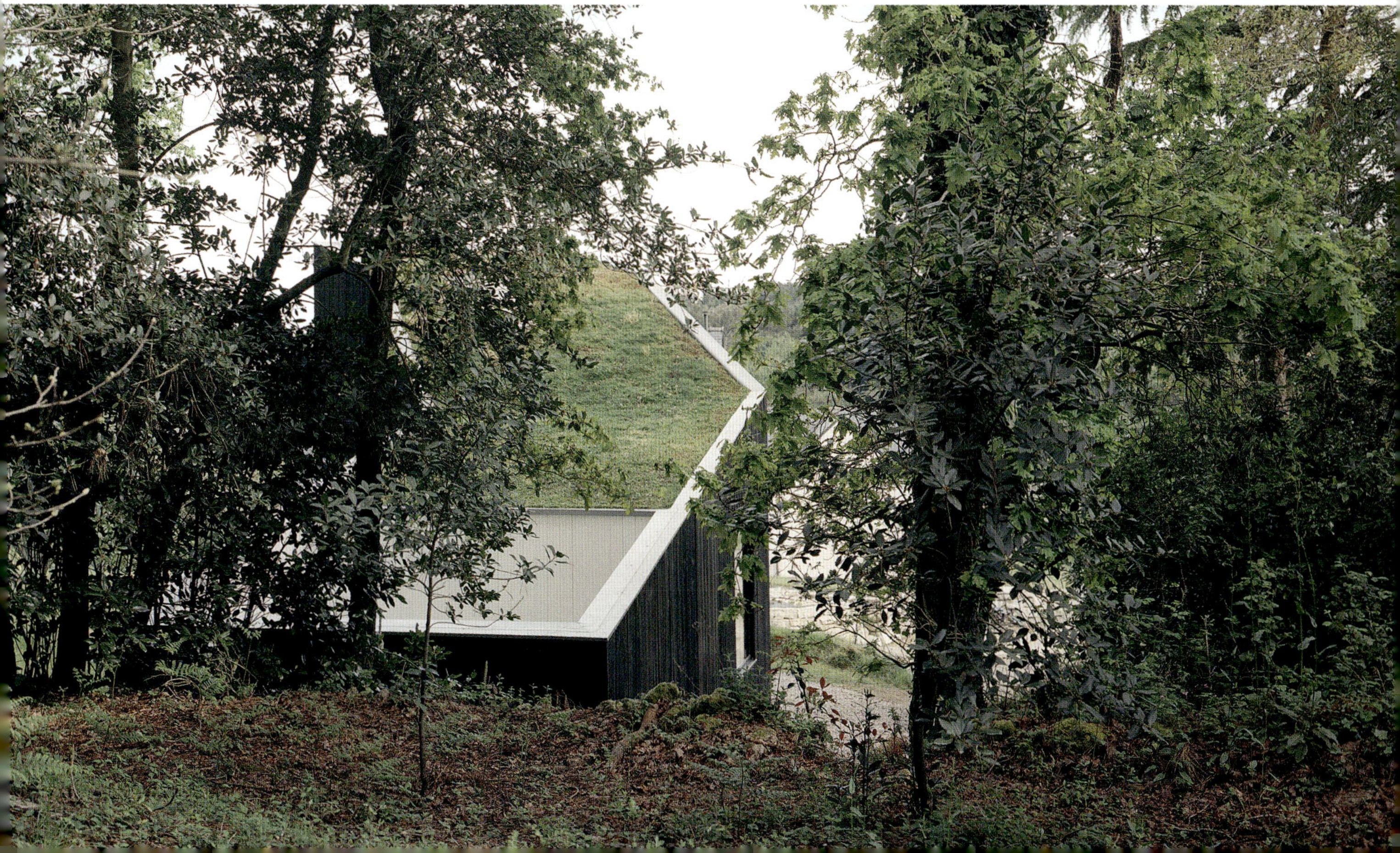

**Links oben** Schöne Aussichten bieten sich vom Elternschlafraum in der oberen Etage. Über die Dächer der Nachbarhäuser hinweg reicht der Blick bis zum Golf von Morbihan.

**Links unten** Licht und weit wirkt der kleine Patio mit seiner weiß gestrichenen Holzverkleidung. Der Innenhof auf der Hangseite im Süden dient als sonniges Freiluftzimmer.

**Rechts oben** Weiße Decken und Wände sowie ein robuster Estrichboden bilden im offenen Erdgeschoss eine neutrale Wohnkulisse. Rechts hinter der Treppe liegt der Hauseingang.

**Rechts unten links** Die fahrbaren Schlafkabinen der Kinder lassen sich über Verlängerungskabel an das Stromnetz anschließen. Ein Glasdach gibt den Blick in den Himmel frei.

**Rechts unten rechts** Je nach Bedarf lassen sich die leichten Möbel in der Wohnebene im Handumdrehen umstellen: Sofa und Sessel sind anstelle der Schlafboxen in die Ecke gerückt.

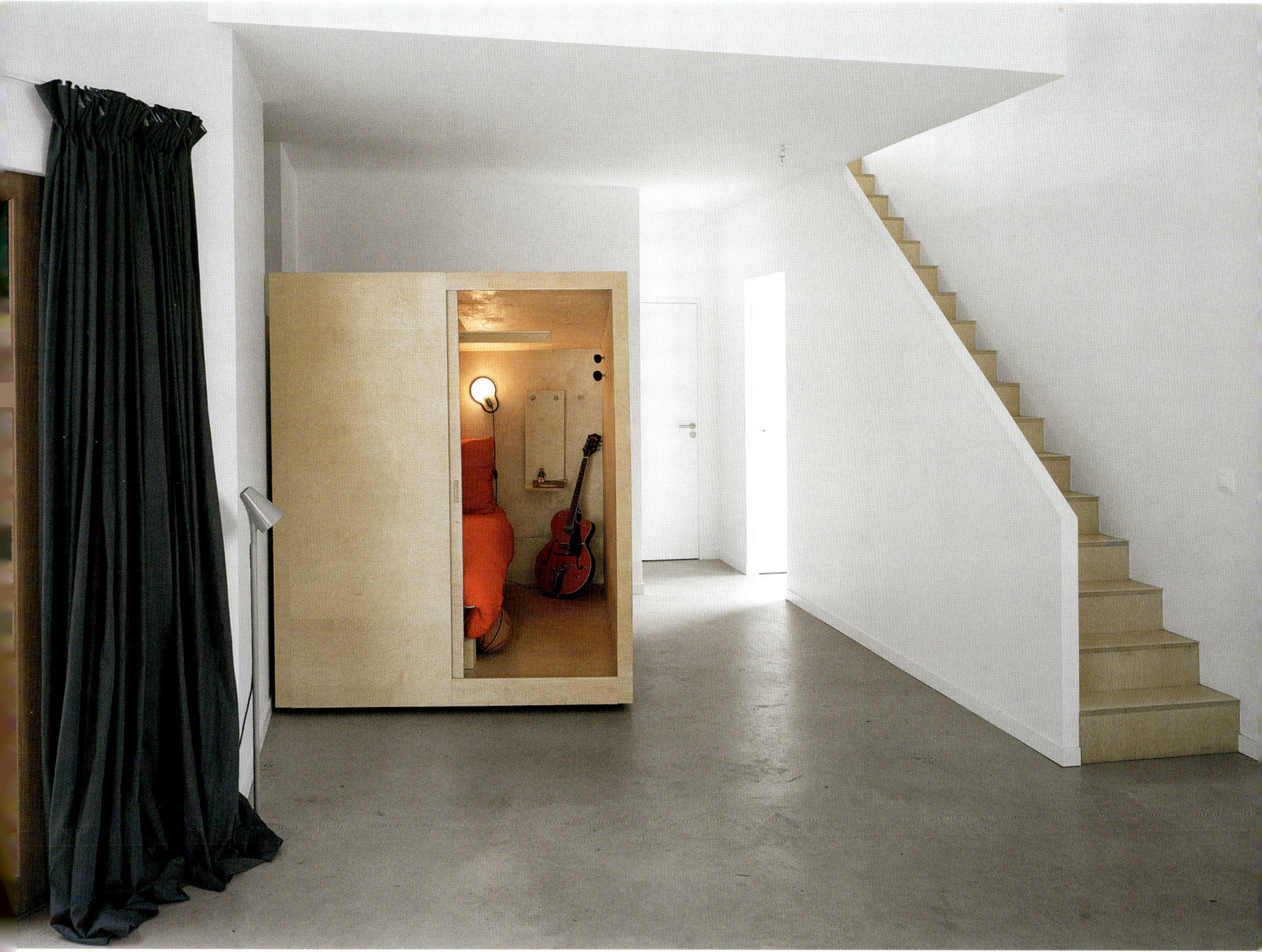

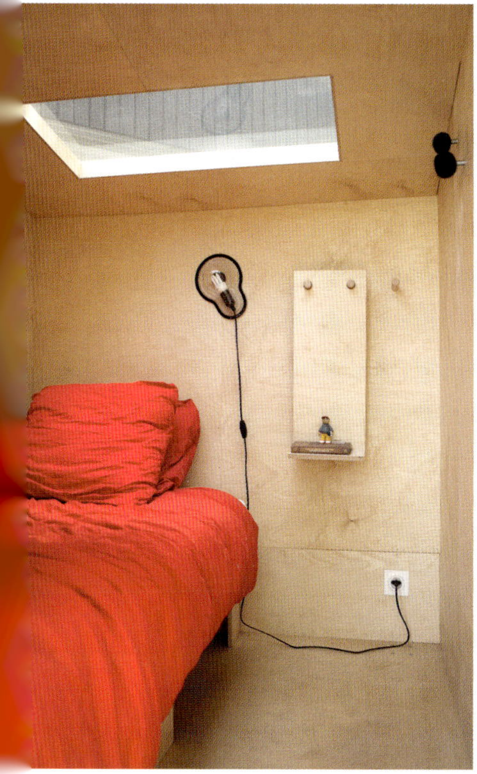

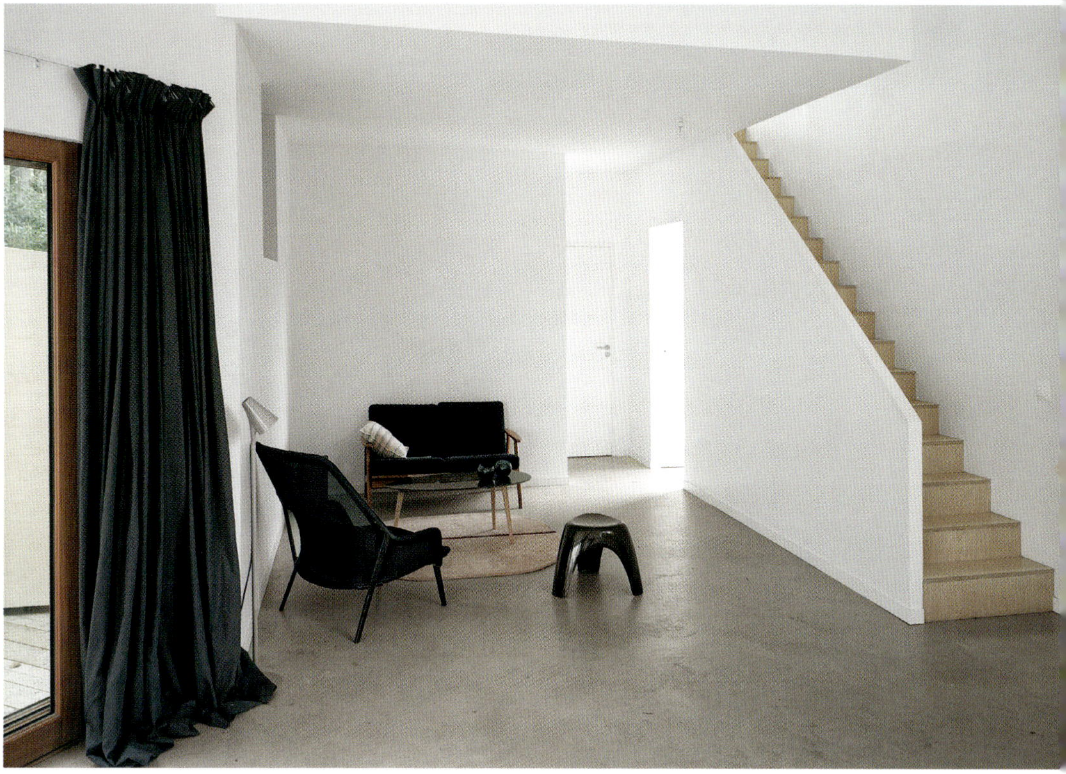

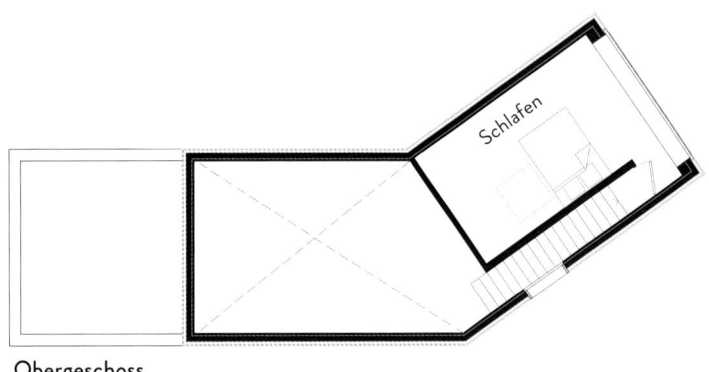

Obergeschoss

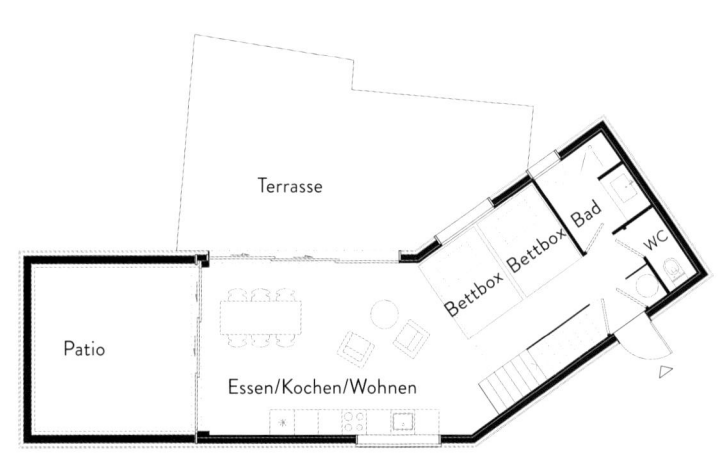

Terrasse

Schlafen

Patio

Bettbox  Bettbox  Bad

WC

Essen/Kochen/Wohnen

Erdgeschoss

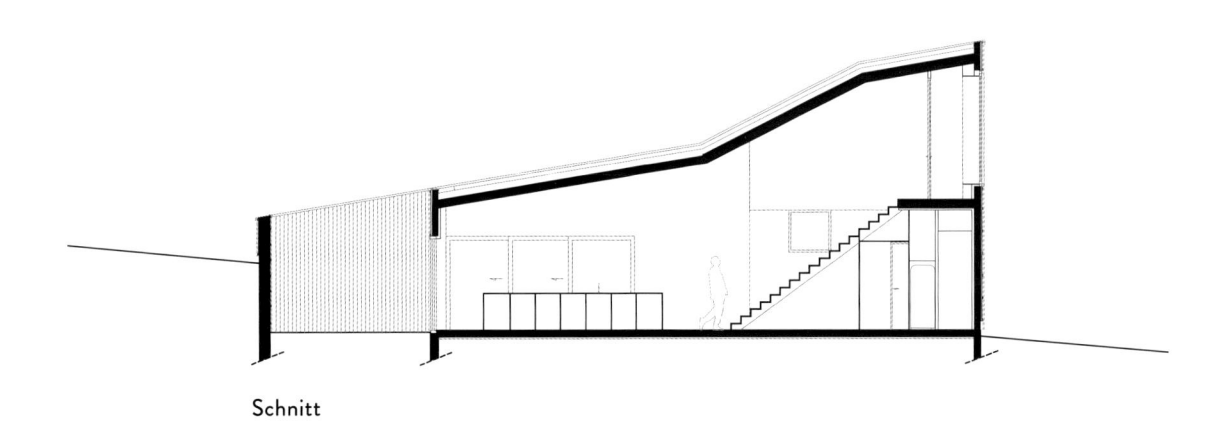

0  1     5m

Schnitt

## Kurzporträt

» Einfügen des Baukörpers in die Umgebung durch Form, Farbe und Materialwahl

» Gründach zur Erhöhung der thermischen Speichermasse

» Raumprogramm auf ein Minimum reduziert

» Mobile Bett-Boxen anstelle separater Schlafzimmer

» Panoramafenster im Obergeschoss mit Blick zum Binnenmeer

» Terrasse und Patio

## Gebäudedaten

**Grundstücksgröße:** 720 m²
**Wohnfläche:** 69 m²
**Zusätzliche Nutzfläche:** 40 m² (Terrasse/Patio)
**Anzahl der Bewohner:** 4
**Bauweise:** Holzrahmenbau auf Betonfundament
**Fassade:** schwarz lasierte Holzschalung
**Baukosten gesamt:** 192.600 Euro
**Energiekonzept:** Elektroheizung
**Heizwärmebedarf:** 25 kWh/m²a
**Bauzeit:** 2012–2013

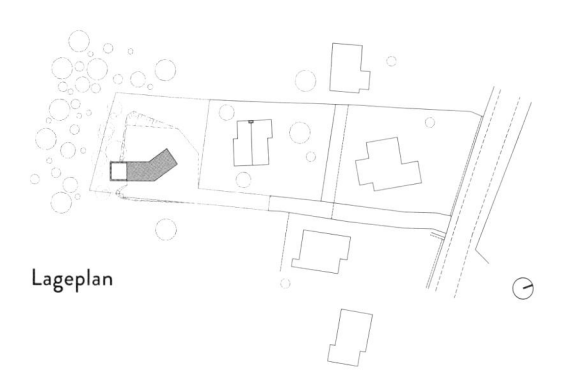

Lageplan

**Thomas Durand, Julien Perraud, Benjamin Boré, RAUM architectes**

>> *Die Verknüpfung von Innen- und Außenräumen war uns besonders wichtig: Da es sich um ein Ferienhaus handelt, spielt sich das Leben eher im Freien ab – so entstand auch die Idee mobiler Schlafzimmer.* <<

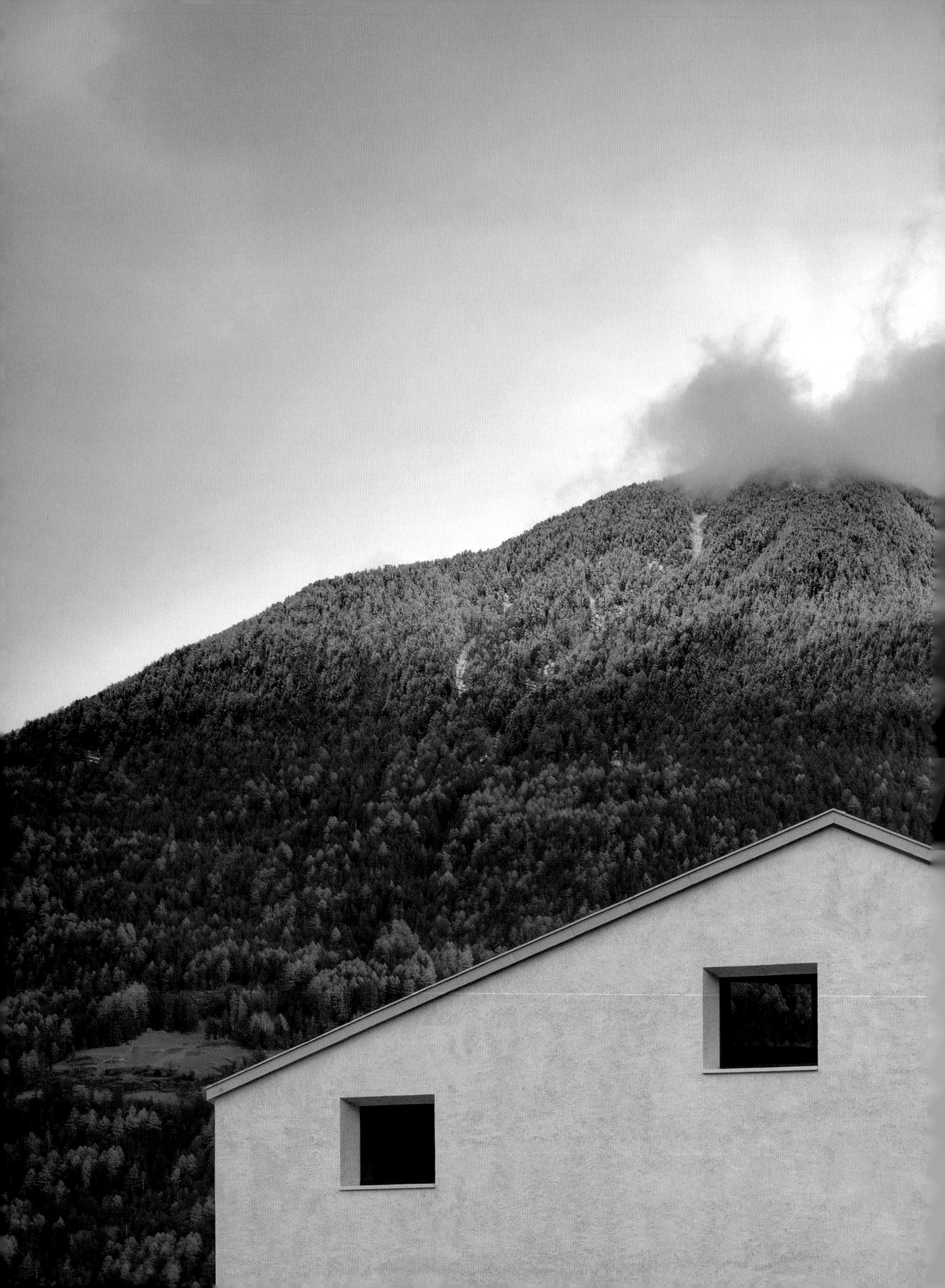

Auszeichnung

# SELBSTBEWUSSTER SOLITÄR

Wohnhaus in Mühlen bei Sand in Taufers/Südtirol (Italien)

Pedevilla Architects

**Vorherige Doppelseite** Die monolithische Wirkung des massiven Baukörpers wird durch seinen knappen Dachrand und die grobkörnige weiße Putzfassade noch verstärkt.

**Links** Handwerklich aufwendige Details gehören zur Besonderheit dieses Hauses. So auch das Eingangsportal auf der Ostseite, das von einem Grödner Holzschnitzer bearbeitet wurde.

**Rechts oben** Wie ein Findling scheint der Neubau am Flussufer zu ruhen. Er hebt sich klar von der Landschaft ringsum ab und gibt sich selbstbewusst als etwas Neues zu erkennen.

**Rechts unten** Unregelmäßig über die Ansichtsseiten verteilte quadratische Öffnungen, deren tiefe Laibungen wie ausgestanzt wirken, fokussieren gezielte Ausblicke in die Umgebung.

Einst klapperten hier die Mühlen am rauschenden Bach, heute schätzen Einheimische und Besucher die beschauliche Ruhe – und den Blick auf eine imposante Berglandschaft. Gut 860 Meter über dem Meeresspiegel gelegen, bietet die kleine Ortschaft Mühlen in Taufers mit der Kulisse der Zillertaler Alpen ein faszinierendes Naturpanorama. Auch das Wohnhaus, das nach den Plänen von Pedevilla Architects hier entstand, profitiert von dieser schönen Aussicht. Es befindet sich am Ausgang des Mühlwalder Tales und hebt sich als markanter, weißer Monolith von der umgebenden Landschaft ab. Der polygonal geformte Baukörper gibt sich mit seiner klaren Kontur und dem knappen Dachrand selbstbewusst als Neues zu erkennen, übt sich jedoch in Materialwahl und Formensprache in vornehmer Zurückhaltung. So vermittelt er »die Eleganz und Gelassenheit eines Herrenhauses«, wie die Architekten ihren Entwurfsansatz beschreiben.

Die rauen Oberflächen der Außenhaut aus gewaschenem Grobputz – der aus lokalen Sanden, Kalk und Weißzement gemischt wurde – betonen den monolithischen Charakter des Neubaus. Dieselben Rohmaterialien wurden auch für die massiven Fensterbänke, das Eingangsvordach sowie die rautenförmigen, sandgestrahlten Dachplatten verwendet, die sich wie eine weitere Fassade um das Haus legen und alles wie aus einem Guss erscheinen lassen. An den unregelmäßig über alle Ansichtsseiten verteilten Öffnungen lässt sich bereits die Grundrissorganisation erahnen, die auf einer lose nach oben strebenden Raumfolge aufbaut.

Man erschließt das Gebäude entweder über die Garagenzufahrt im Untergeschoss oder über ein hölzernes Zugangsportal auf der Ostseite im Erdgeschoss. Die Räume erstrecken sich von der großen Essküche in der Eingangsebene über mehrere halbgeschossig versetzte Niveaus – von den gemeinschaftlichen zu den privateren Bereichen hin aufsteigend – bis unters Dach. Über Lichthöfe halten die Geschosse Sichtkontakt untereinander. Viel faszinierender jedoch ist der Ausblick nach draußen: Quadratische Fensteröffnungen in unterschiedlichen Größen fokussieren die fantastische Naturkulisse und rahmen die bewaldeten Hänge und schneebedeckten Gipfel im Hintergrund wie Bilder.

Auch bei der Gestaltung des Interieurs legten die Architekten und ihr Bauherr großen Wert auf handwerkliche Qualität sowie den Einsatz ortstypischer Materialien. Der Innenputz, dessen warm anmutende Oberfläche sich aus Sumpfkalk, Marmorsanden und Erdpigmenten zusammensetzt, wurde mit dem Spachtel aufgetragen und anschließend glattgezogen. Die konsequente Reduktion auf wenige Materialien und Farben bestimmt den Raumeindruck im ganzen Haus, das wie ein perfekt durchkomponiertes architektonisches Gesamtkunstwerk wirkt: Handgehobeltes europäisches Ulmenvollholz kam für sämtliche Fenster, Türen, Böden und Treppen sowie die maßgefertigten Möbel und Einbauten zum Einsatz. Im reizvollen Kontrast zum lebhaft gemaserten Holz stehen die Bodenbeläge aus Passeirer Gneis – einem silbrig-glimmernden Naturstein –, der in Essküche und Bädern verlegt wurde. Doch vor allem besticht die enorme handwerkliche Präzision und Kunstfertigkeit, mit der alles ausgeführt wurde. Ein besonderer Blickfang etwa ist das handgeschroppte Eingangsportal, das ein Grödner Holzschnitzer gestaltet hat. Aber auch die aufwendigen Schmiedearbeiten fallen ins Auge: Möbelgriffe, Türklopfer und Brüstungen sind aus gewachster Bronze – sogar die Leuchten wurden individuell für das Haus entworfen und angefertigt, sodass sich hier alles wie selbstverständlich zu einem stimmigen Ganzen fügt.

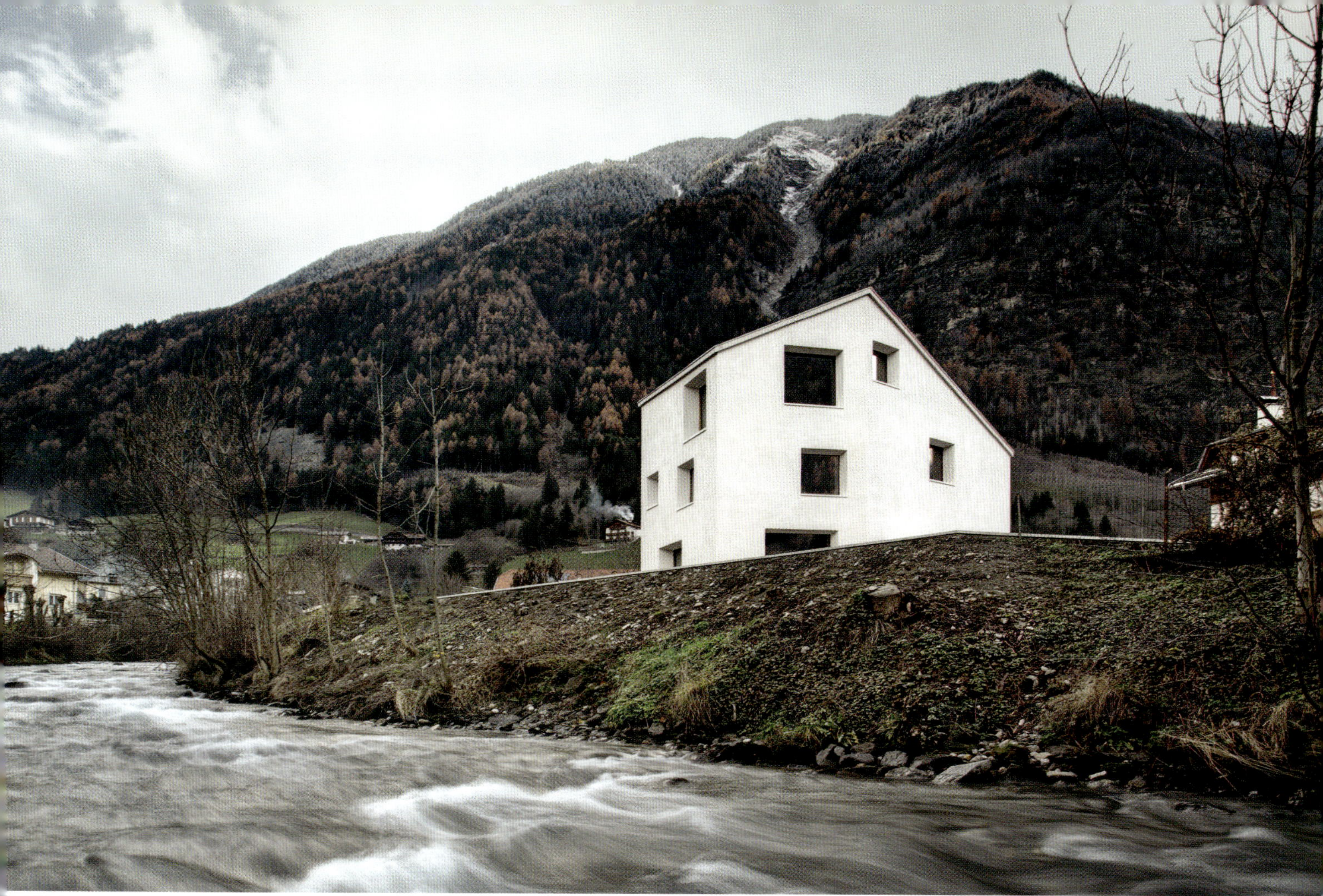

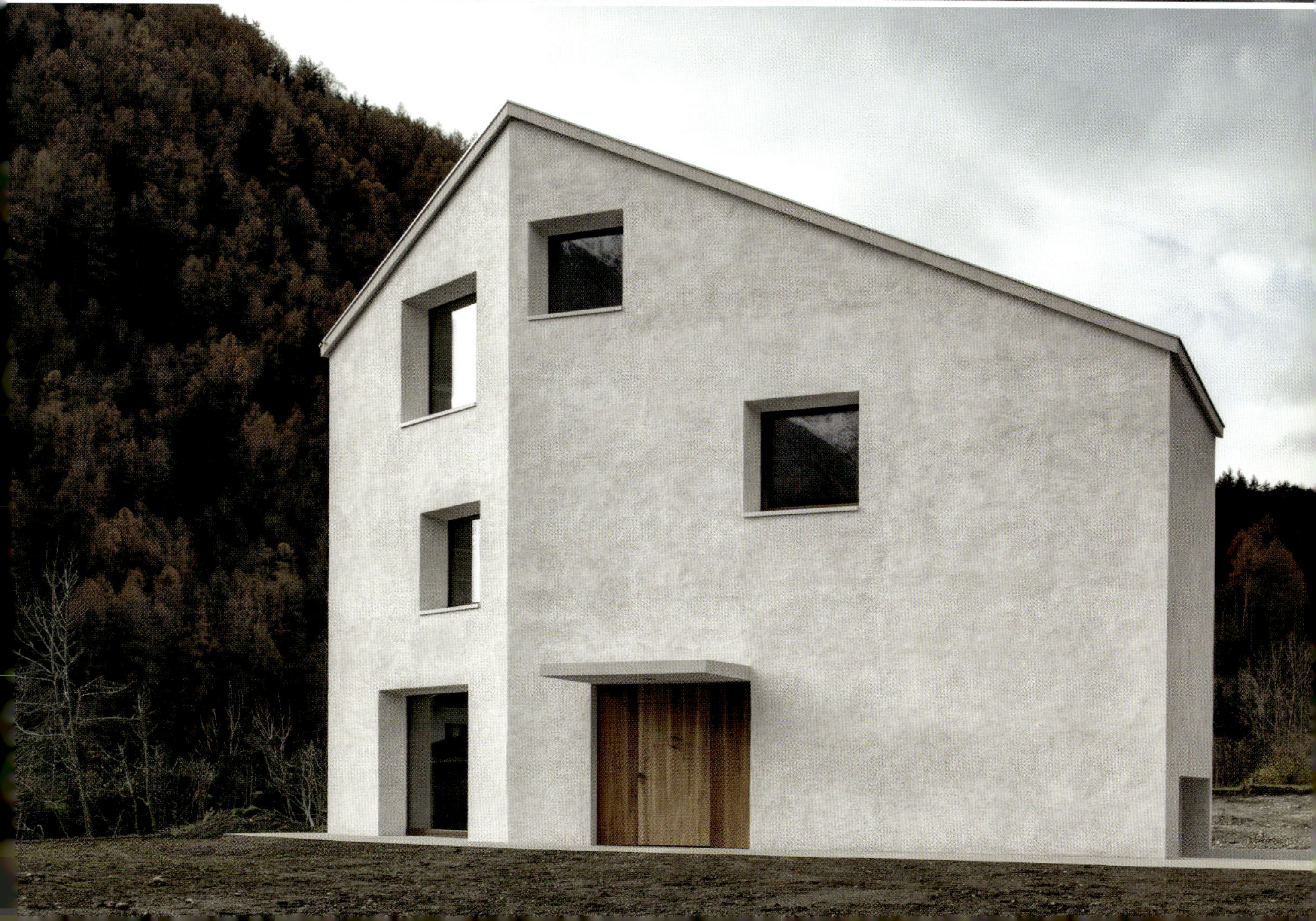

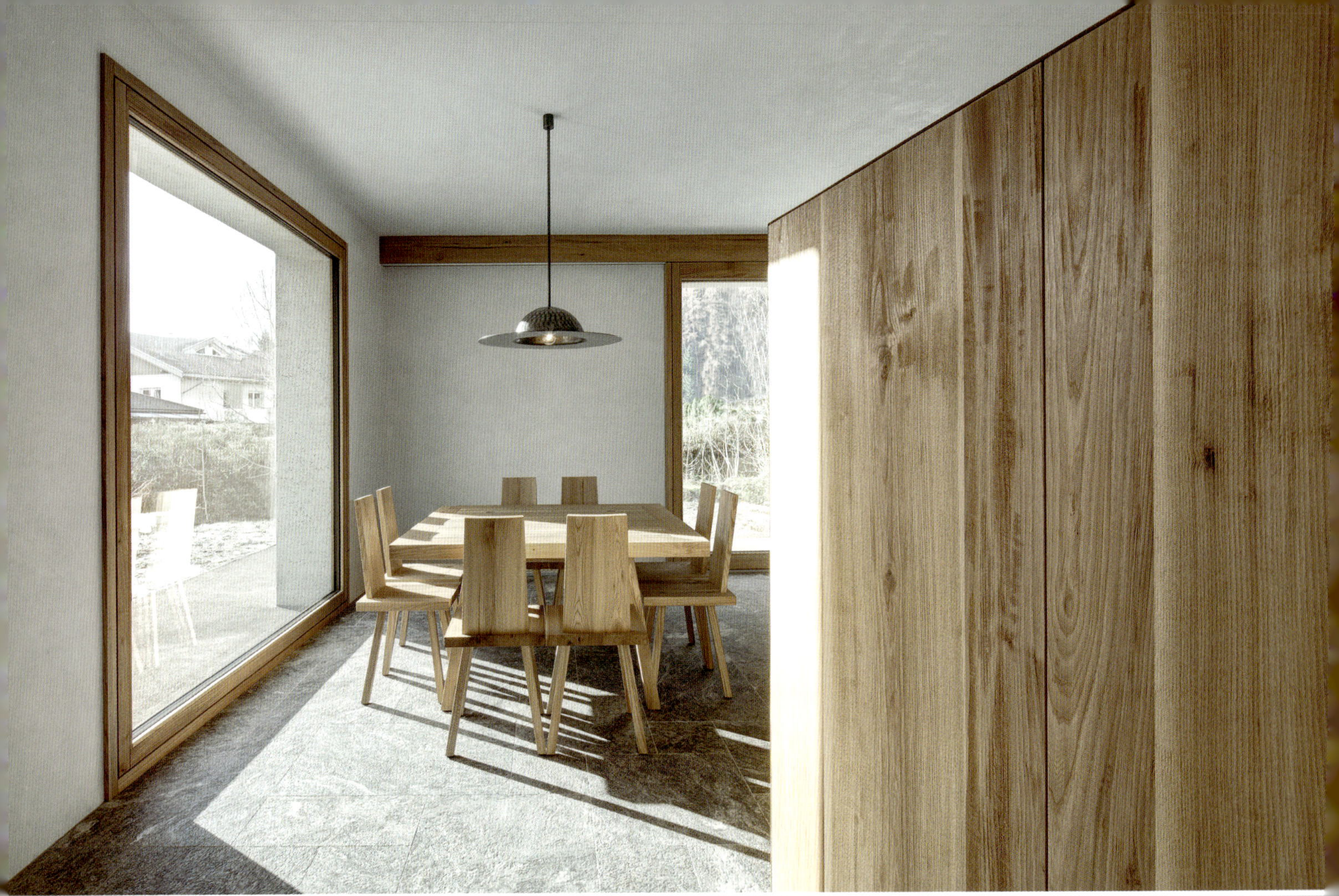

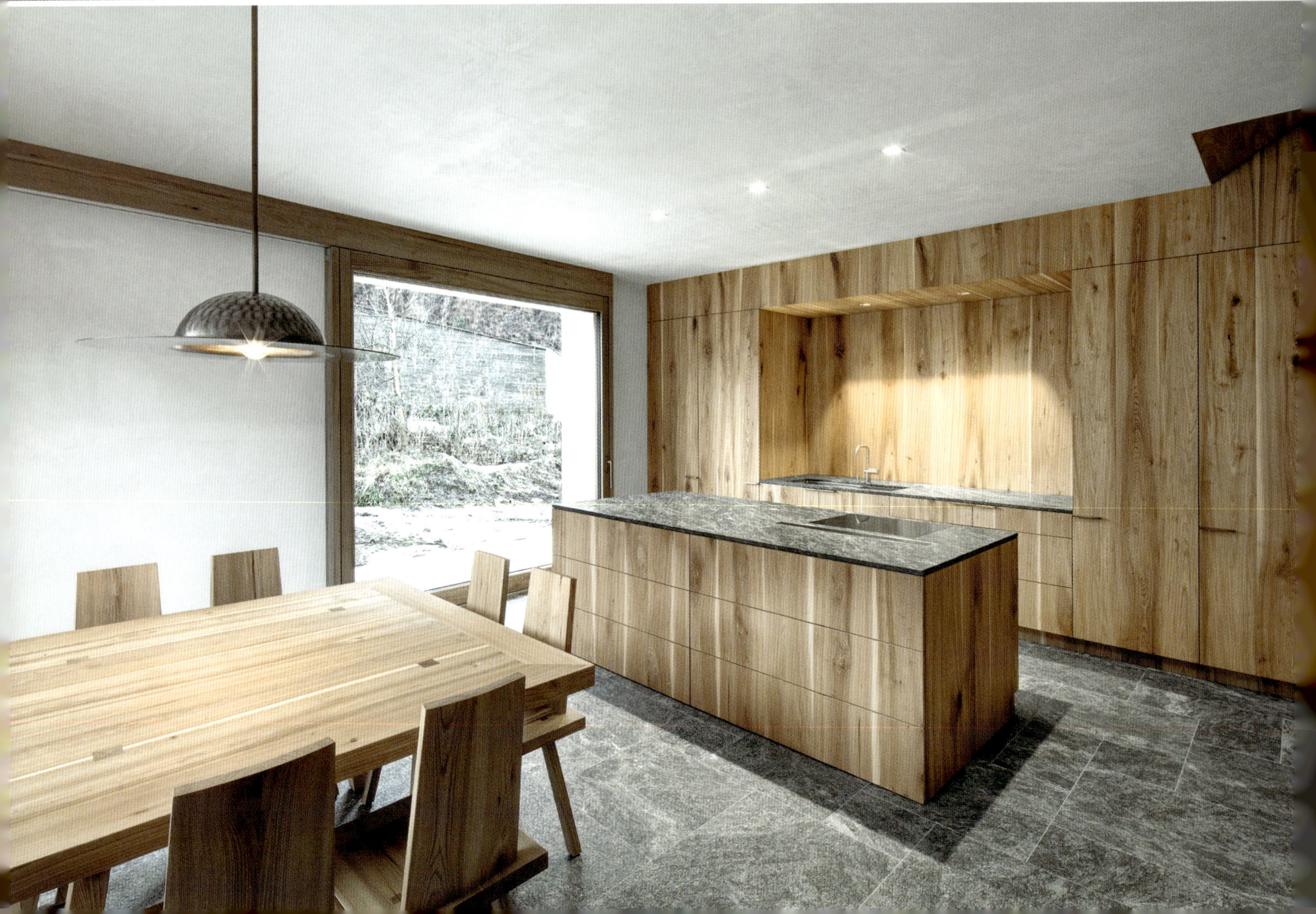

**Links oben** Der Essplatz liegt in der Eingangsebene. Die Hängeleuchte wurde – wie viele andere Schmiedearbeiten im Haus – vom Kunstschlosser aus Bronze handgefertigt.

**Links unten** Auch die Küche ist ein Unikat. Ihre Fronten sind aus handgehobeltem Ulmenholz, das für den gesamten Innenausbau sowie Türen und Fenster zum Einsatz kam.

**Rechts oben** Die Wohngalerie im Dachgeschoss dient als privater Rückzugsbereich – und als erhabener Aussichtsposten: Die großen Öffnungen fassen die Berglandschaft wie Bilder.

**Rechts Mitte** Der Grundriss entwickelt sich über halbgeschossig versetzte Ebenen in die Vertikale. Lufträume sorgen für vielfältige Blickbeziehungen und einen stimmungsvollen Lichteinfall.

**Rechts unten** Edles Understatement prägt auch den Raumeindruck im Bad. Boden und Wannenverkleidung sind aus Passeirer Gneis, einem Naturstein mit silbrig schimmernder Oberfläche.

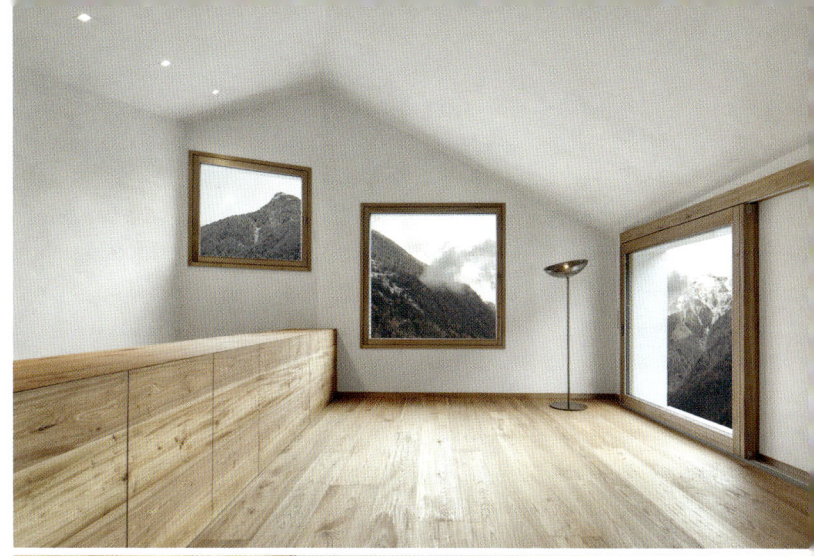

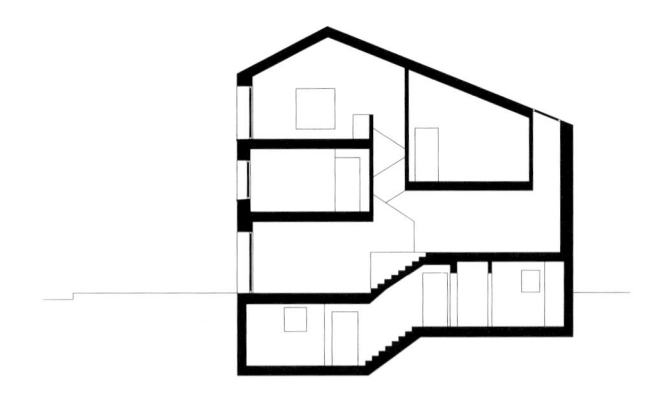

Schnitt

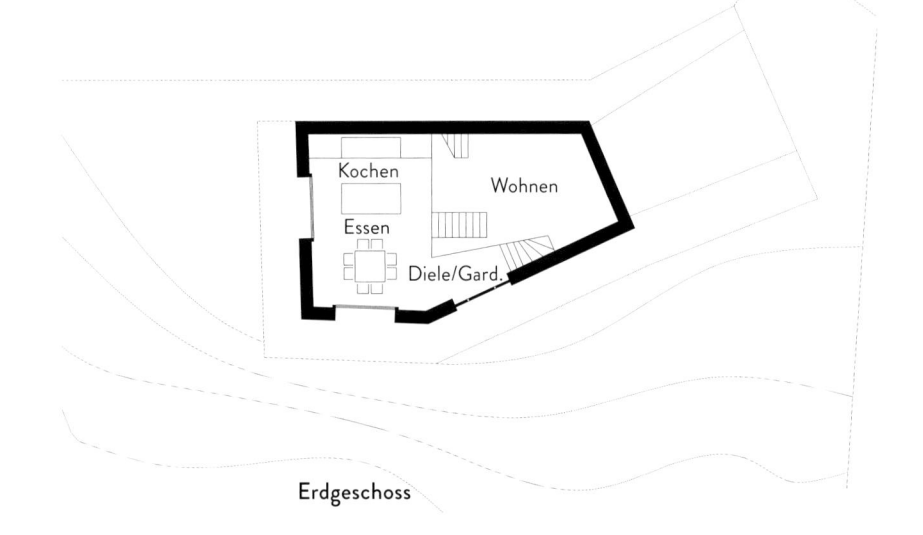

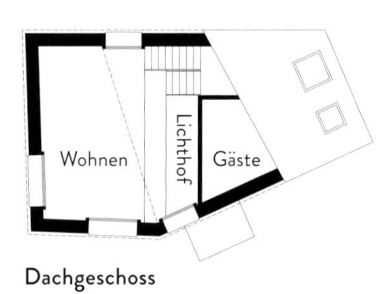

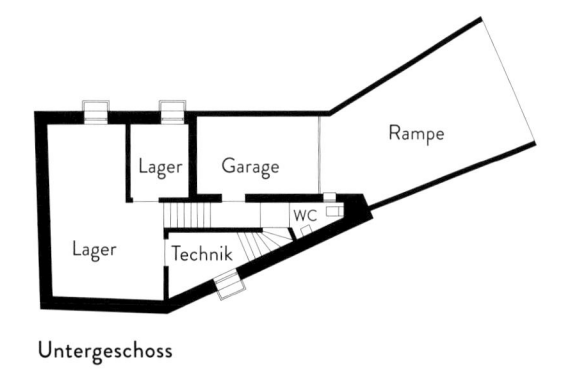

Erdgeschoss
- Kochen
- Essen
- Wohnen
- Diele/Gard.

Dachgeschoss
- Wohnen
- Lichthof
- Gäste

Untergeschoss
- Lager
- Garage
- Rampe
- Lager
- Technik
- WC

Obergeschoss
- Bad
- Lager
- Lichthof
- Schlafen
- Lichthof
- Gäste

0 1 5m

## Kurzporträt

» Klare Kubatur und homogene Außenhaut zur Betonung des monolithischen Charakters

» Grundriss auf halbgeschossig versetzten Ebenen in die Vertikale organisiert

» Quadratische Fensteröffnungen für gezielte Ausblicke in die Landschaft

» Lichthöfe für Blickbeziehungen zwischen den Wohnebenen

» Einsatz ortstypischer Materialien

» Hohe handwerkliche Qualität und sorgfältige Detaillierung

## Gebäudedaten

**Grundstücksgröße:** 335 m²
**Wohnfläche:** 155 m²
**Zusätzliche Nutzfläche:** 72 m²
**Anzahl der Bewohner:** 1
**Bauweise:** Ziegelmassivbau, Außenwände 50 cm, ungedämmt
**Fassade:** gewaschener Grobputz
**Baukosten gesamt:** 430.000 Euro
**Energiekonzept:** Anschluss an regionale Fernwärme
**Heizwärmebedarf:** 41,5 kWh/m²a
**Primärenergiebedarf:** 73,3 kWh/m²a
**Bauzeit:** 2013–2014

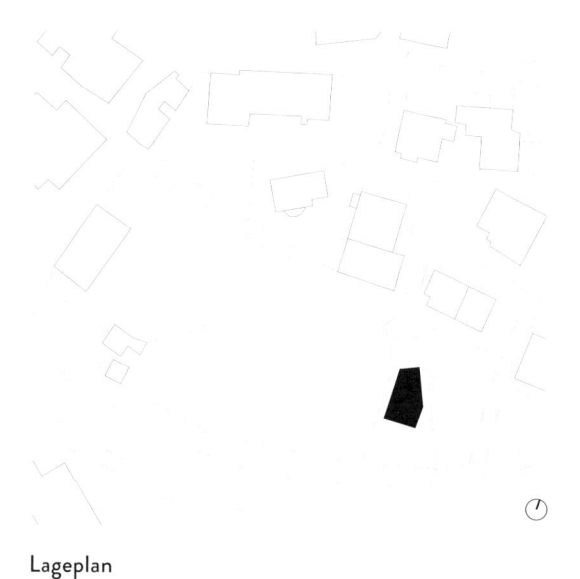

Lageplan

**Alexander Pedevilla, Armin Pedevilla, Pedevilla Architects**

» *Um eine hohe regionale Wertschöpfung zu erreichen, wurde großer Wert auf die handwerkliche Qualität und die Verwendung von ortstypischen Materialien gelegt.* «

Auszeichnung

# WOHNEN IM WEITWINKEL

Wohnhaus bei Brescia (Italien)

CBA Camillo Botticini Architetto

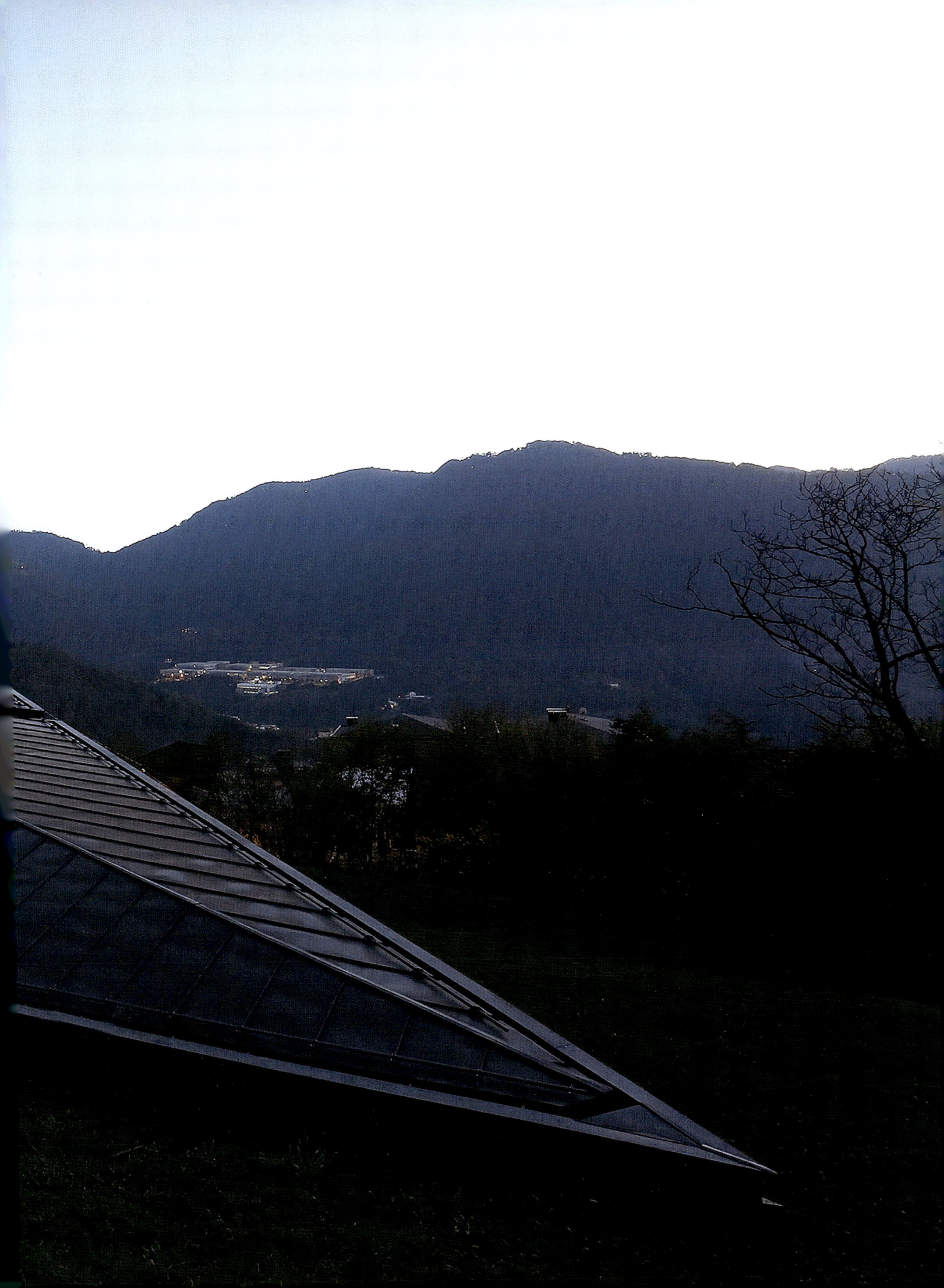

Der Weg zum Haus gleicht einer kleinen Bergtour: Das Familiendomizil, das der Architekt Camillo Botticini im italienischen Voralpenland am Passo del Cavallo in der Provinz Brescia baute, thront weit oberhalb der Straße an einem Steilhang. Durch ein Torgebäude und über eine schnurgerade Stahltreppe, deren Stufen in das ansteigende Gelände eingebettet sind, geht es hinauf zum Haupteingang. Weniger spektakulär, jedoch wesentlich bequemer ist die Zufahrt mit dem Auto: Von der Straße aus gelangt man durch einen kleinen Tunnel direkt zur Garage im Untergeschoss. Von dort führen ein Lift und eine zweiläufige Treppe in das Entree in der mittleren Etage – die teilweise noch im Erdreich liegt – sowie weiter hinauf zur Wohnebene, dem Zentrum des Familienlebens.

Mit einer leichten Auskragung konzentriert sich das Wohngeschoss ganz auf die schöne Aussicht ins Tal. Eine durchlaufende Glasfront, die von breiten holzverschalten Flächen gerahmt wird, gibt den Blick auf die imposante Landschaftskulisse frei. Die großen, schräg nach innen zulaufenden Holzverkleidungen erinnern an überdimensionale Passepartouts und lassen den Bau wie eine expressive Raumskulptur erscheinen. Ganz anders präsentiert sich das Haus auf der straßenabgewandten Seite im Norden. Dort schmiegt es sich als organisch geformter Baukörper, der mit seinen drei Gebäudeflügeln ein unregelmäßiges U beschreibt, eng an den Hang und lässt in seiner Mitte eine geschützte Terrassenplattform entstehen. Der Eindruck, das Volumen würde hier förmlich aus dem Gelände herauswachsen, wird durch das Material der Außenhaut noch verstärkt: Die unterschiedlich geneigten Dachflächen sind wie die Fassaden mit gefalztem, oxidiertem Kupferblech verkleidet, das sich farblich zurückhaltend in sein natürliches Umfeld einfügt. Ebenso erdverbunden wirkt auch der dunkle, ins Olivbraun changierende Terrassenboden des Patios, der mit breiten Dielen aus Iroko-Holz belegt wurde.

Der unregelmäßige, polygonale Gebäudeumriss spiegelt sich auch im Innern wider und führt zu ebenso abwechslungsreichen wie unkonventionellen Raumzuschnitten: Schiefe Winkel sowie unterschiedliche Deckenhöhen und -neigungen schaffen eine unverwechselbare Wohnatmosphäre. Dreh- und Angelpunkt ist der offene Wohn- und Essbereich im Zentrum, der auf beiden Längsseiten von raumhohen Glasfronten flankiert wird. Er öffnet sich sowohl zum Patio im Norden – mit Bergkulisse und Dolomitengipfeln im Hintergrund – als auch zum Tal im Süden, wo er über die breiten Panoramafenster Sichtkontakt nach draußen hält. Im östlichen Gebäudeausläufer, der in einem spitzen Winkel mündet, liegt die Küche. Darüber befindet sich eine offene Arbeitsgalerie, die über eine gläserne Dachlaterne zusätzlich erhellt wird. Auf der Westseite ist der private Rückzugsbereich der Familie mit den Schlafzimmern und Bädern kompakt zusammengefasst.

Im Gegensatz zur dunklen Außenhaut dominieren im Hausinnern helle Töne: Decken und Wände sind weiß gestrichen, ein durchgängiger, matt-weißer Epoxidharzboden bindet die Räume auch optisch zusammen und lässt das Interieur wie aus einem Guss erscheinen. Bei allem gestalterischem Anspruch legte der Architekt aber auch ein Augenmerk auf Nachhaltigkeit und Energieeffizenz: etwa mit einer 65 Zentimeter starken, hochgedämmten Außenwandkonstruktion, die den Wärmebedarf und damit die Heizkosten in erfreulichen Grenzen hält.

**Vorherige Doppelseite** Als scharfkantiger, polygonal geformter Baukörper wächst das Haus aus dem steilen Gelände hervor und umschließt in seiner Mitte einen sichtgeschützten Innenhof.

**Links** Die Zufahrt zur Garage liegt auf Straßenniveau. Zu Fuß gelangt man über ein Eingangsportal und eine Treppe den Hang hinauf zum Haupteingang in der mittleren Ebene.

**Ganz links** Mit seiner dunklen Außenhaut aus vorpatiniertem Kupferblech fügt sich der Bau zurückhaltend in seine natürliche Umgebung ein.

**Rechts oben** Vom Patio im Norden blickt man auf die grünen Berghänge sowie die Gipfel der Dolomiten. Ein junger Ahorn beschirmt die Terrassenplattform aus Iroko-Holzdielen.

**Rechts unten** Mit einer durchlaufenden Glasfront öffnet sich die Wohnebene zur Südseite hin. Die Auskragung des Obergeschosses lässt einen überdachten Eingangsbereich entstehen.

**Links oben** Durchgängig weiße Decken und Wände sowie ein matt-weißer Epoxidharzboden tragen zum stimmigen Raumeindruck bei. Die Treppe führt zum Arbeitsplatz auf der Galerie.

**Links unten links** Die offene Galerie wird über einen Einschnitt in die Gebäudehülle sowie eine gläserne Dachlaterne auch von oben üppig mit Licht versorgt.

**Links unten rechts** Ebenso ungewöhnlich wie die Gebäudeform sind auch die Raumzuschnitte. Die Küche liegt auf der Ostseite in einem spitzen Winkel.

**Rechts oben** Der Wohnbereich orientiert sich sowohl zum Hof nach Norden als auch zum Tal im Süden. Auf dem Balkon sorgt eine gläserne Brüstung für Blicktransparenz.

**Rechts unten links** Die privaten Rückzugsräume liegen im westlichen Gebäudeteil. Bodentiefe Glasschiebetüren sorgen für fließende Übergänge zwischen innen und außen.

**Rechts unten rechts** Licht und freundlich wirkt auch das Bad, das schöne Aussichten in den Innenhof bietet. Die Wanne ist vor dem Fenster in den Boden eingelassen.

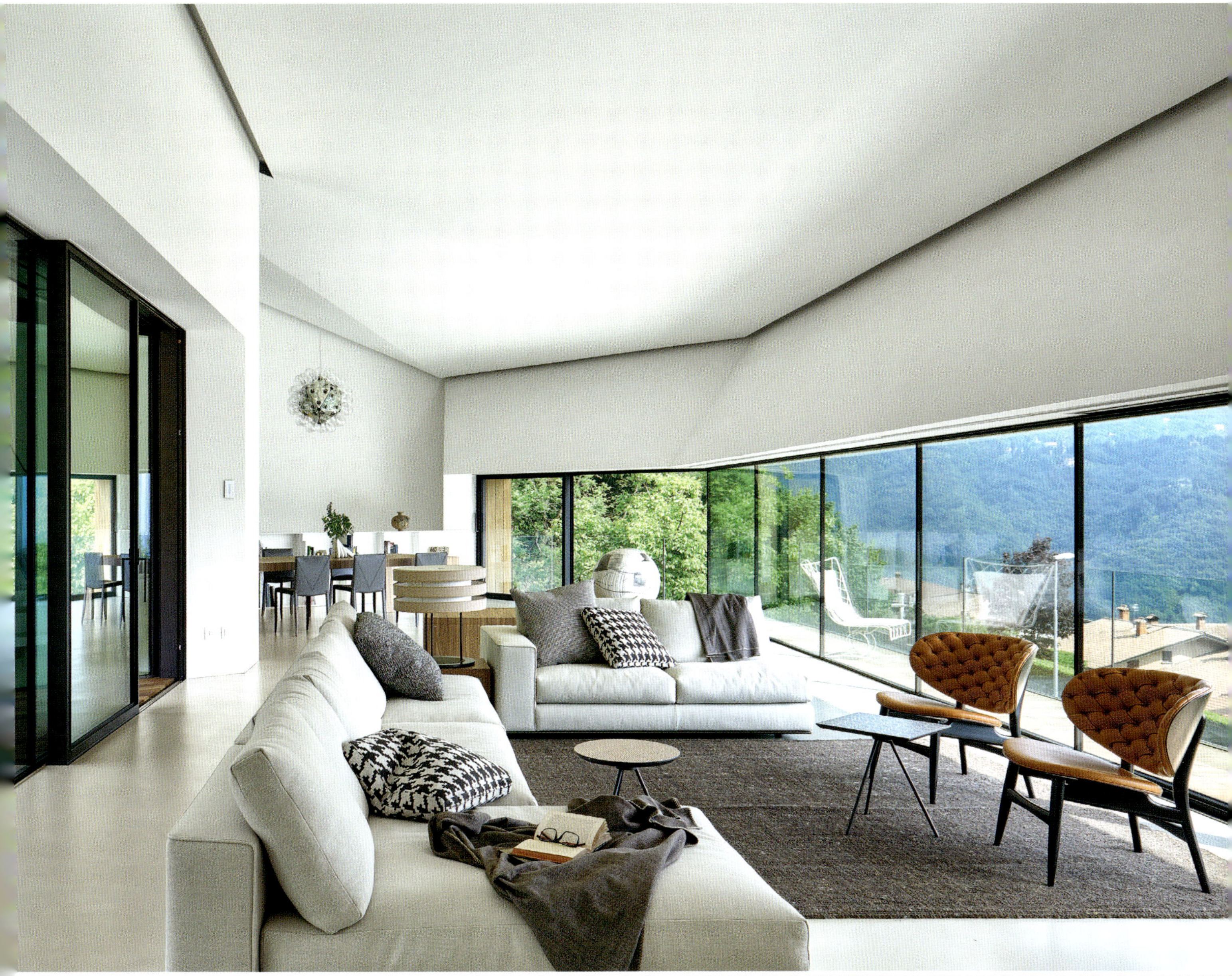

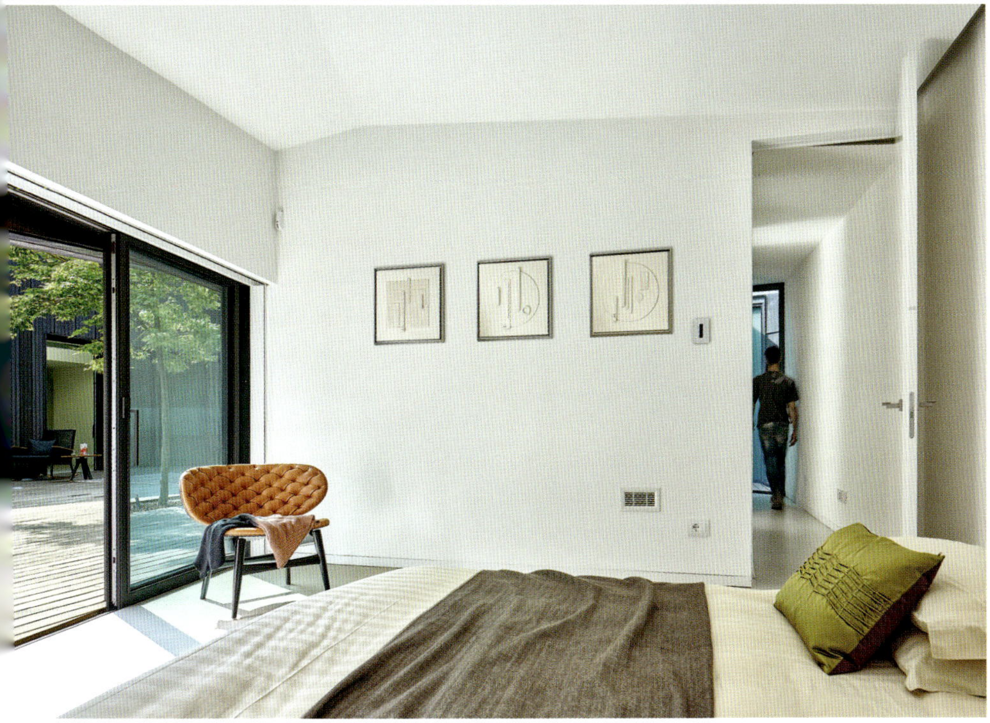

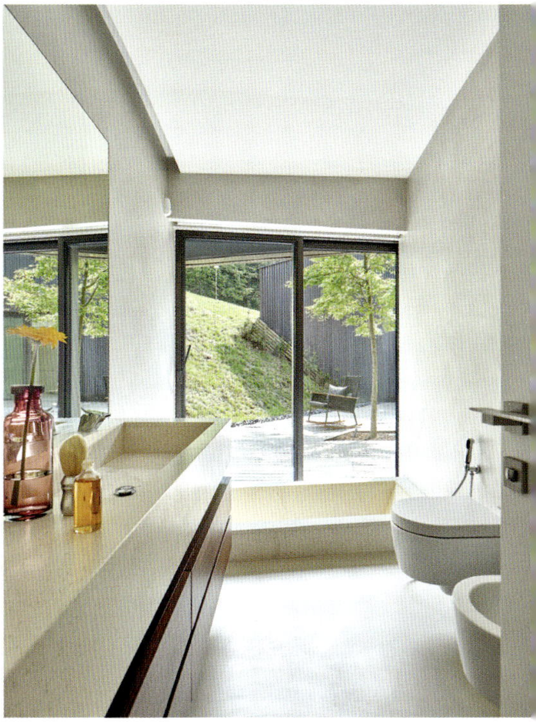

Hanggeschoss

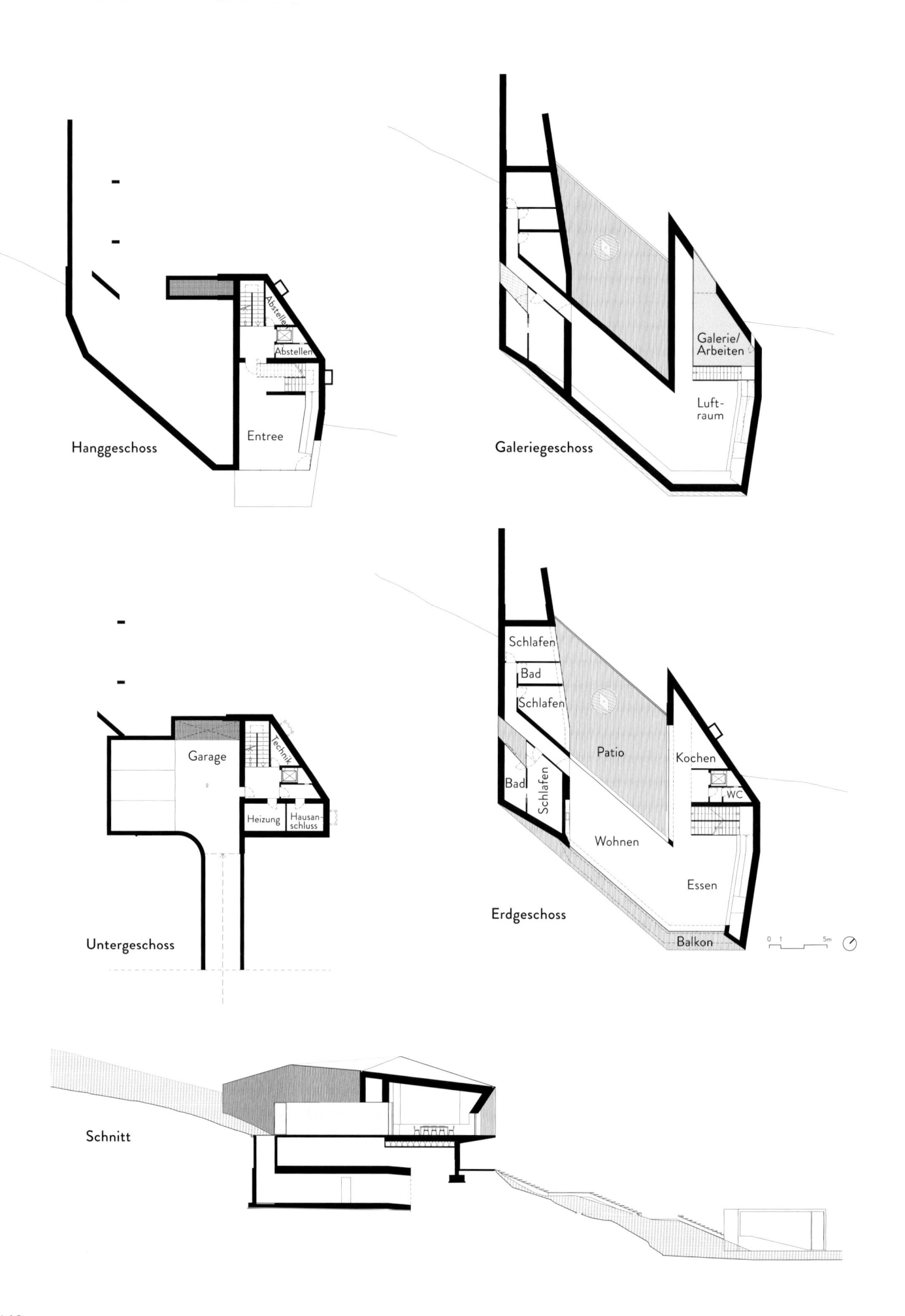

Galeriegeschoss

Untergeschoss

Erdgeschoss

Schnitt

## Kurzporträt

» Skulpturaler Baukörper, in Steilhang integriert

» Polygonaler Gebäudeumriss, orientiert an Topografie und Höhenlinien

» Patio als großer, sicht- und windgeschützter Freisitz

» Durchlaufende Glasfronten für freie Ausblicke in die Landschaft

» Reduzierte Farb- und Materialwahl des Interieurs

» Gute Dämmwerte durch 65 Zentimeter starke, hinterlüftete Außenwandkonstruktion

» Energieeffiziente Wärmeversorgung über Geothermie

## Gebäudedaten

**Grundstücksgröße:** 3.210 m$^2$
**Wohnfläche:** 360 m$^2$
**Zusätzliche Nutzfläche:** 100 m$^2$
**Anzahl der Bewohner:** 3
**Bauweise:** Stahlbeton mit Außendämmung
**Fassade:** hinterlüftete Vorhangfassade aus gefalztem Kupferblech
**Energiekonzept:** Erdwärmepumpe, Kamin als Zusatzheizung
**Heizwärmebedarf:** 51 kWh/m$^2$a
**Primärenergiebedarf:** 23 kWh/m$^2$a
**Bauzeit:** 2012–2014

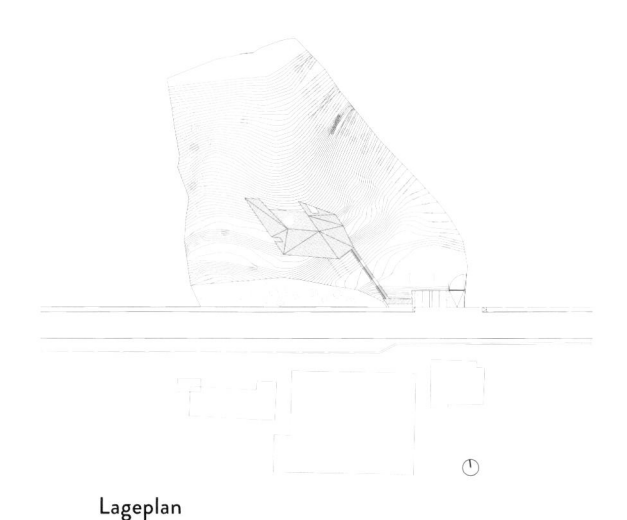

Lageplan

**Camillo Botticini,**
**CBA Camillo Botticini Architetto**

» *Das Haus gräbt sich im Norden tief in den Hang hinein und ist dort fest mit dem Gelände verwurzelt. Auf der anderen Seite, im Süden, löst es sich davon mit einer Auskragung in Richtung Tal.* «

Auszeichnung

# WUNDERBAR VERWANDELT

Umbau einer Scheune zum Wohnhaus in Parkstetten
bei Straubing/Bayern

Lang Hugger Rampp Architekten

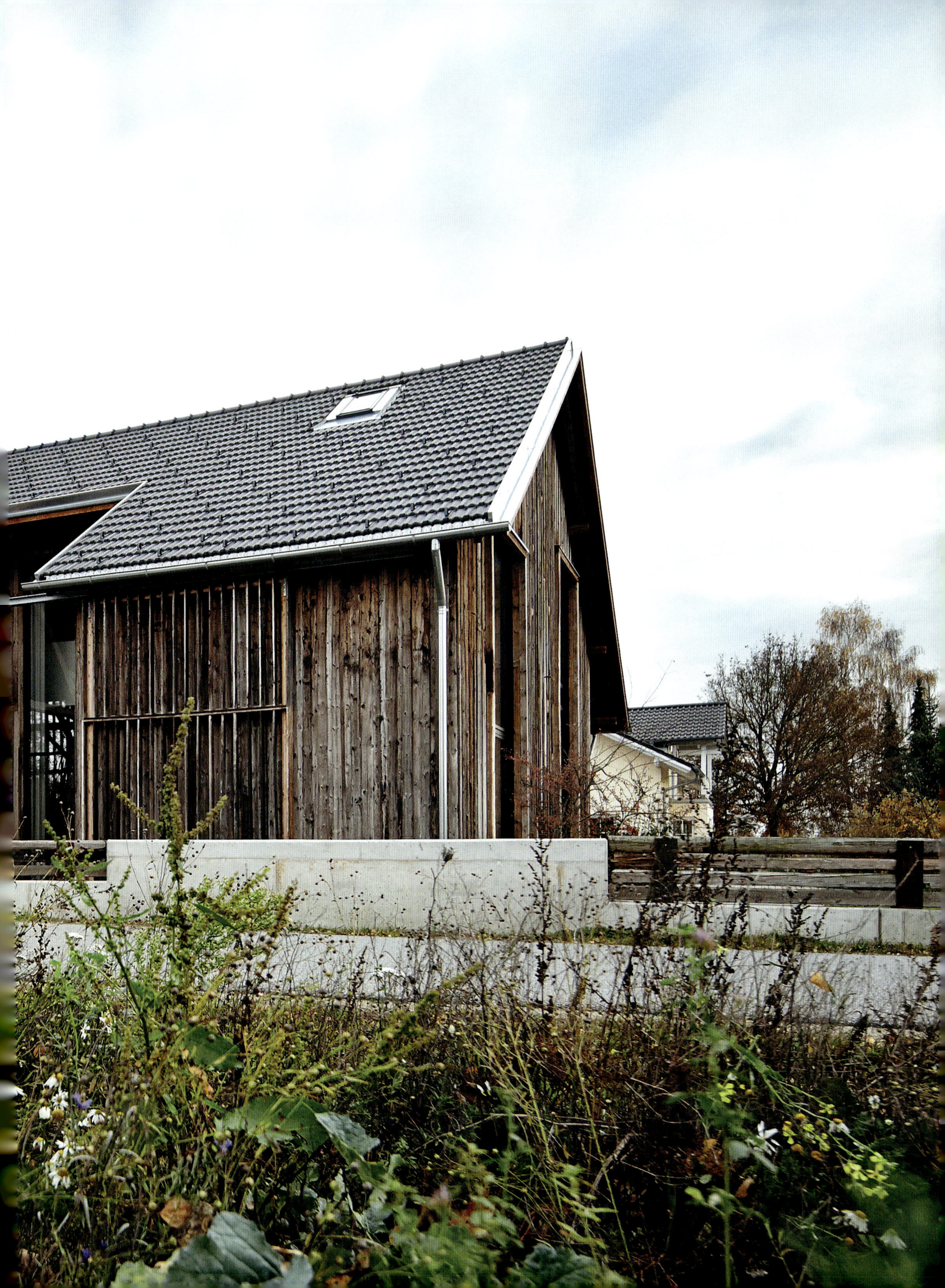

**Vorherige Doppelseite** Auf der Westseite dringt über einen atriumartigen Einschnitt viel Licht ins Hausinnere vor. Die Fassadenöffnung lässt sich mit großen hölzernen Schiebetoren verschließen.

**Links** Bereits im Entree wird deutlich, dass alte und neue Elemente ineinandergreifen. Das bestehende Balkentragwerk wurde in einen Holzständerbau eingebettet und somit statisch ertüchtigt.

**Rechts oben** Der landwirtschaftliche Zweckbau hat sich in ein zeitgemäßes Familiendomizil verwandelt. Große Glasfronten erlauben tiefe Einblicke in sein neues Innenleben.

**Rechts unten** Der überdachte Eingang liegt auf der Ostseite. Die Außenanlagen mit Kiesflächen, Betonplatten und einem massiven Wassertrog fügen sich stimmig ins Gesamtkonzept.

Eigentlich sollte die gut 100 Jahre alte Remise im Außenbezirk der niederbayerischen Gemeinde Parkstetten abgerissen und durch ein modernes Einfamilienhaus ersetzt werden. Doch es kam anders: Im Dialog mit Bauherrin, Statiker und Genehmigungsbehörde entwickelten die Architekten ein Konzept, das dem landwirtschaftlichen Gebäude zu einem zweiten Leben verhalf – und seinen Besitzern zu einem zeitgemäßen Familiendomizil. Dabei konnten sowohl das hölzerne Tragwerk als auch die äußere Hülle erhalten und weiterverwendet werden. Weil das Volumen der Scheune den Raumbedarf, aber auch das Baubudget der Auftraggeber um einiges übertraf, wurde eines von sieben Jochen abgebrochen und das Gebäude um 4,50 Meter gekürzt. Anschließend wurde das ambitionierte Projekt in Kooperation mit einem auf hochwertige Zimmermannsarbeit spezialisierten Südtiroler Bauunternehmen schlüsselfertig realisiert.

Für die geplante Wohnnutzung auf zwei Ebenen war das vorhandene statische Gerüst nicht ausreichend dimensioniert und musste konstruktiv verstärkt werden. Eine massive Bodenplatte bildet nun die solide Basis für das alte Balkentragwerk, das in einen Holzständerbau eingebettet und dadurch ausgesteift ist. Um trotz der großen Gebäudetiefe möglichst viel Licht und Luft nach innen zu holen, sahen die Architekten an jeder Längsseite einen Einschnitt vor: Im Osten entstand eine überdachte Eingangszone, im Westen ein geschützter Freisitz, der sich wie ein Atrium zwischen Essplatz und Wohnbereich schiebt.

Beim Umbau legten alle Beteiligten großen Wert darauf, den Charakter des ehemaligen Stadels sowohl in Form, Erscheinungsbild als auch innenräumlicher Wirkung zu erhalten. Aus diesem Grund wurde die bestehende alte Holzschalung vorsichtig abgenommen, gereinigt und wieder montiert. Auch die großformatigen Öffnungen orientieren sich in ihren Dimensionen am Bestandsgebäude. Auf der Westseite dienen breite Schiebelemente mit Holzlamellen als Schattenspender und erinnern an die früheren Scheunentore. Je nachdem, ob die Tore offen oder geschlossen sind, verändert sich nicht nur das Fassadenbild, sondern auch die Atmosphäre im Innern.

Doch so traditionsbewusst sich der Bau nach außen hin gibt: Hinter seiner dunklen Holzschale verbirgt sich ein hochmodernes Familiendomizil mit lichten, weiten Räumen ohne falsches rustikales Flair. Das alte Tragwerk ist sichtbar belassen und schafft ein unverwechselbares Wohnambiente. Sogar die Abbruchsparren wurden weiterverarbeitet und kommen nun als Esstisch, Küchenarbeitsplatte oder Sitzbank gut zur Geltung. Die Materialpalette blieb auch beim Innenausbau reduziert – und knüpft konsequent an das Thema »Stadl« an, das hier zum architektonischen Leitmotiv erklärt wurde. Alle neuen Einbauten, Treppen und Türen sind wie der Bestand aus Fichtenholz, ihre Oberflächen sind unbehandelt und gebürstet. Geschliffener Betonestrich dient als robuster Bodenbelag für den großen Gemeinschaftsbereich im Erdgeschoss, der sich im Westen als offenes Raumkontinuum über die gesamte Gebäudelänge erstreckt. Auf der Eingangsseite im Osten sind die Nebenräume sowie ein Arbeitszimmer untergebracht. Im Obergeschoss liegen die privaten Rückzugsbereiche an einem galerieartigen Flur. Dieser hält über Lufträume Sichtkontakt in die untere Wohnebene, sodass der große Allraum in seiner ganzen Dimension bis unter den First erlebbar bleibt. Schlicht und einfach schön sind auch die individuellen Einbauten, die anhand zahlreicher Architektenskizzen in engem Dialog mit Bauherrin und Unternehmen vor Ort entworfen wurden und das schlüssige Gesamtkonzept abrunden.

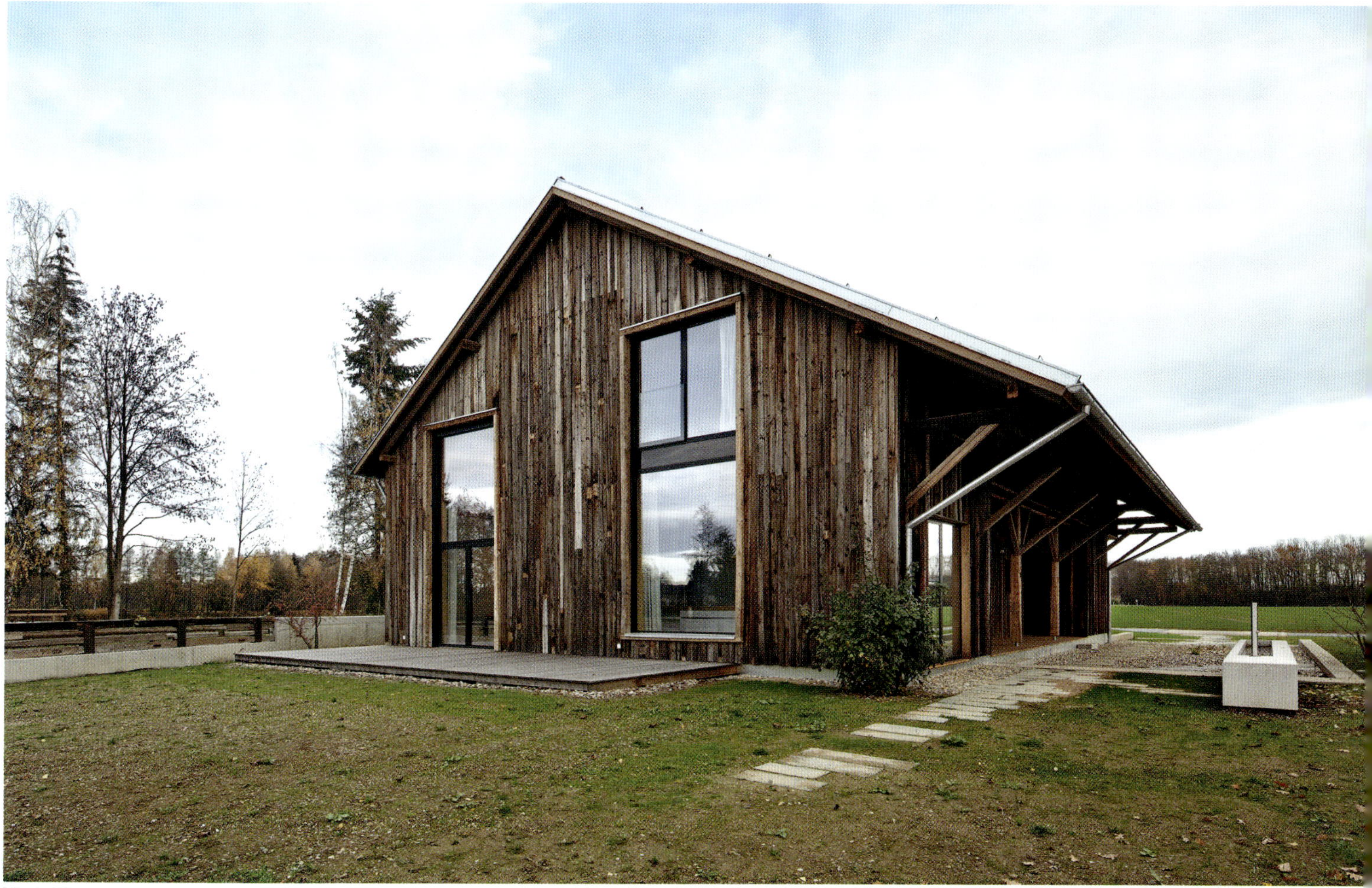

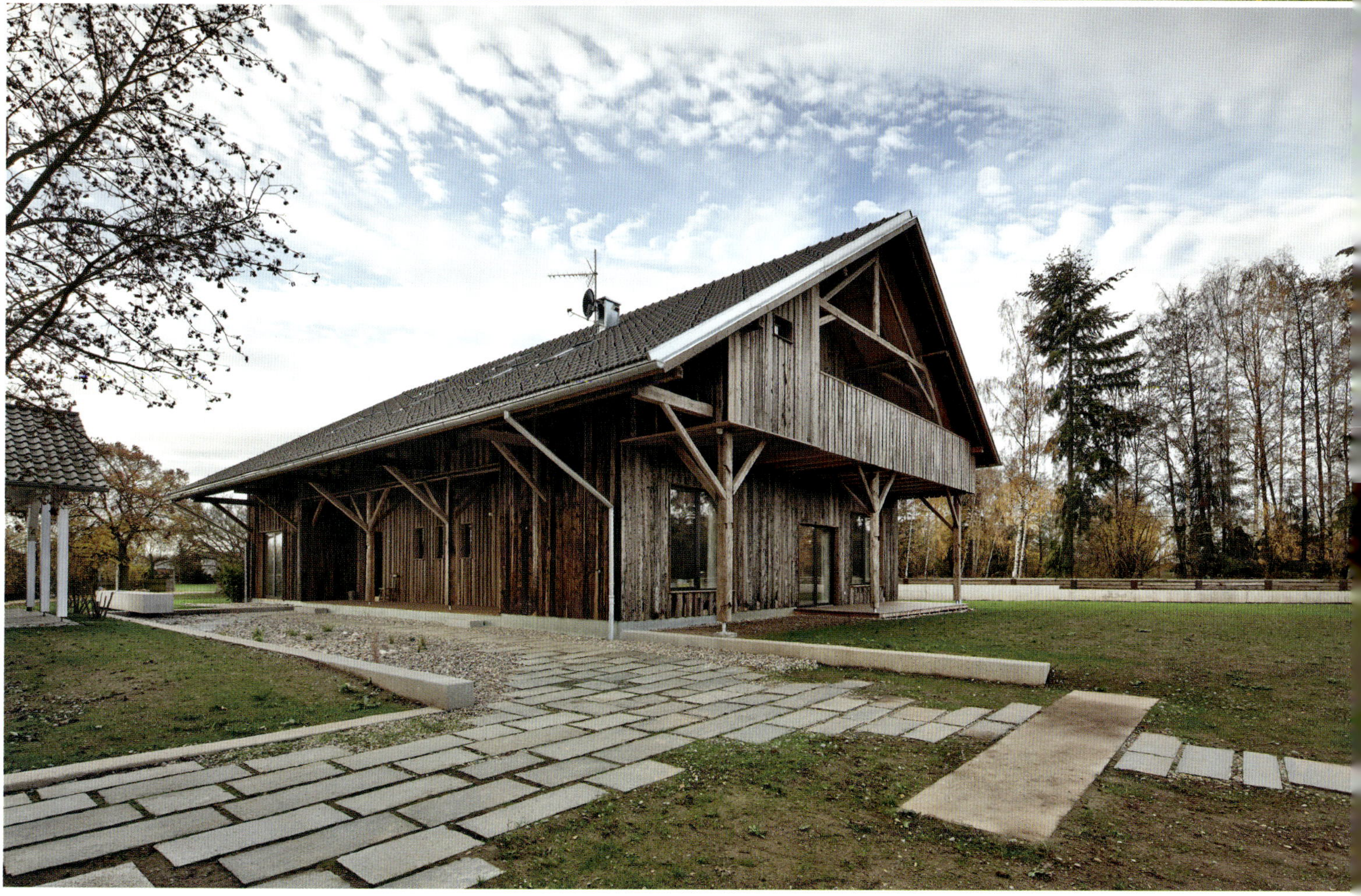

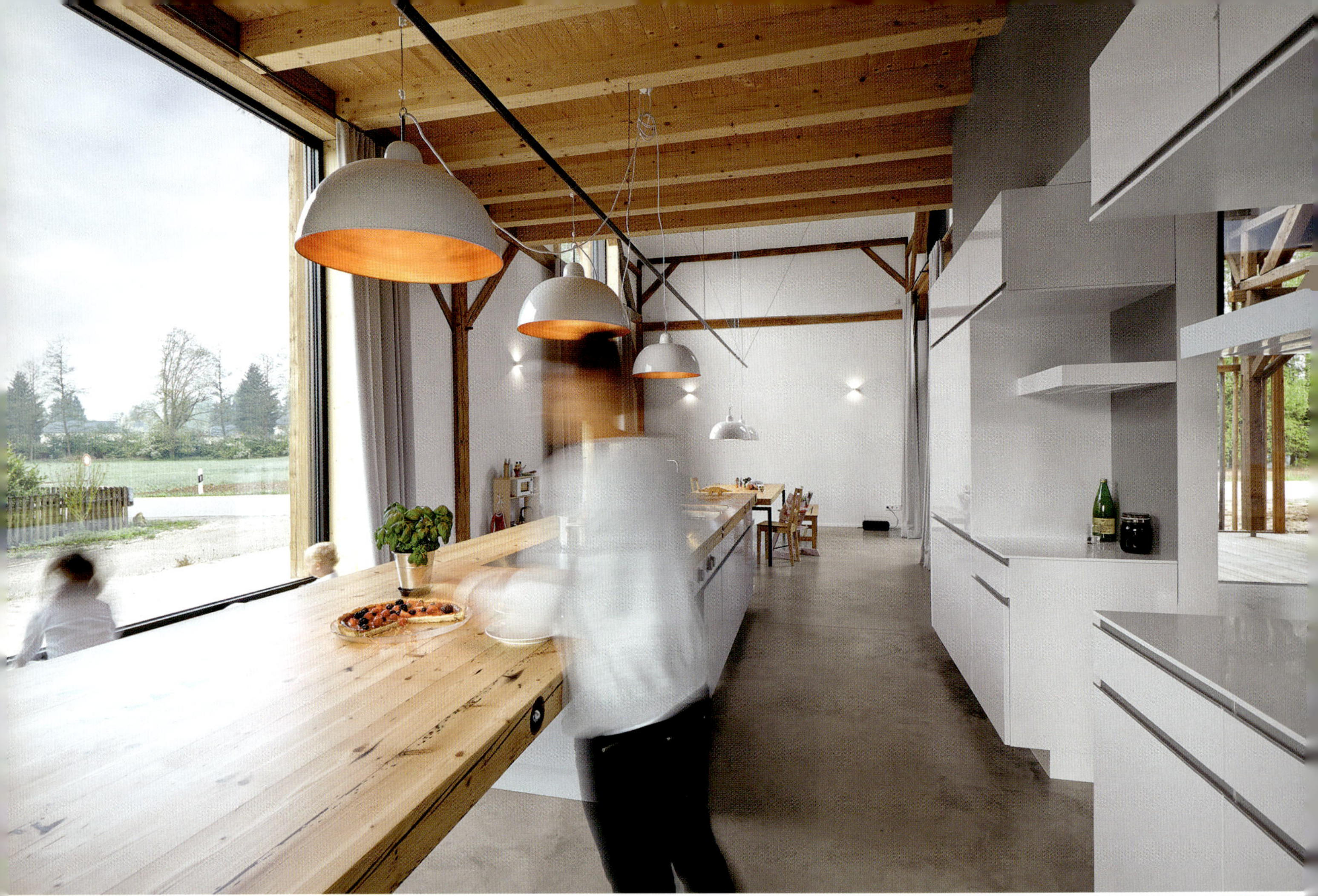

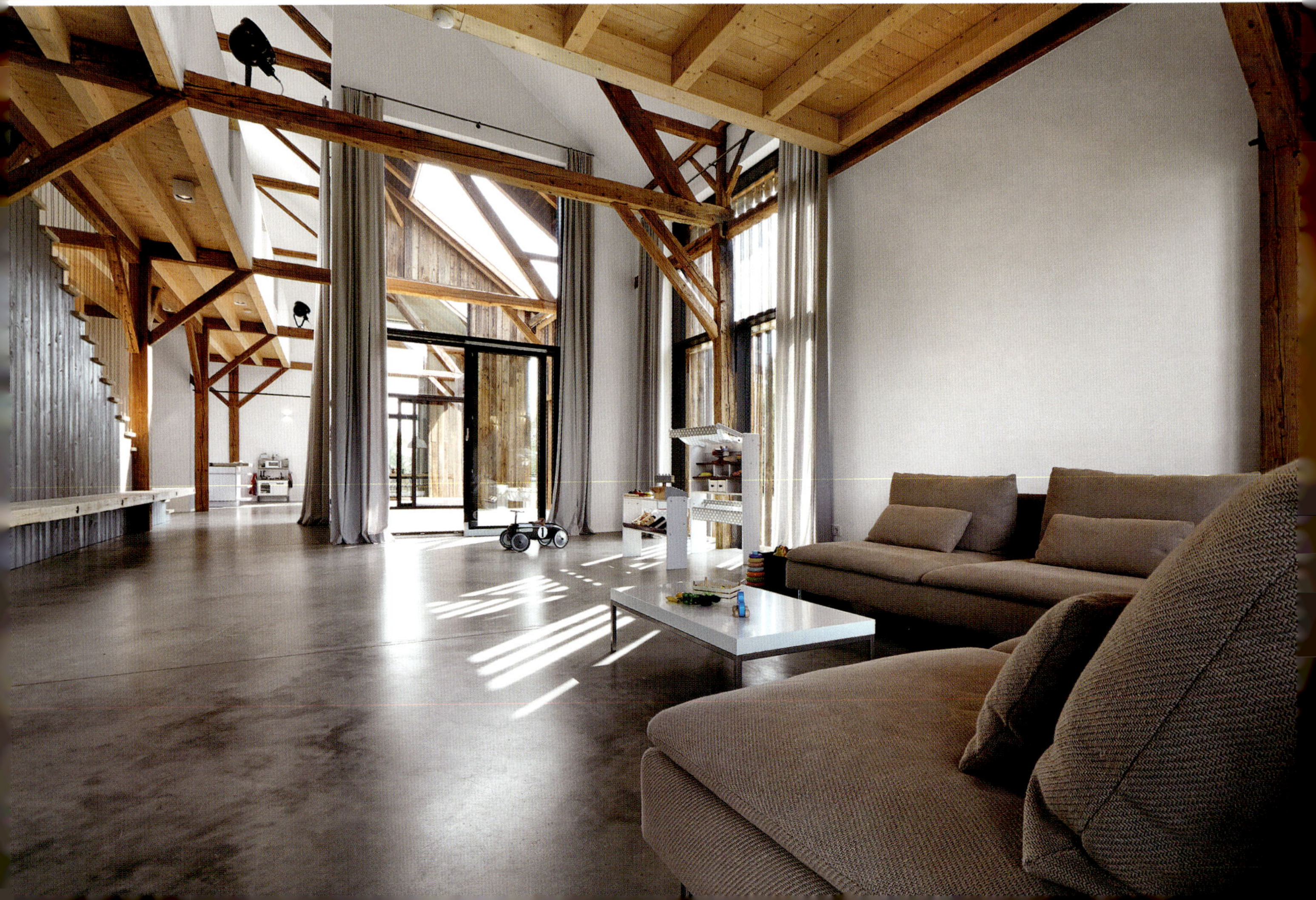

**Links oben** Viel Licht, Luft und Raum bietet die offene Küche. Alle Einbauten wurden individuell entworfen und angefertigt, die Arbeitsplatte besteht aus Abbruchsparren des Altbaus.

**Links unten** Im Erdgeschoss unterstreicht ein geschliffener Betonestrichboden den offenen Raumfluss. Das Atrium erweitert den Wohnbereich um einen geschützten Sitzplatz ins Freie.

**Rechts oben** Die alte Holzkonstruktion wurde überall sichtbar belassen und trägt zum unverwechselbaren Raumeindruck bei. Das Bad ist mit großformatigen Fliesen ausgekleidet.

**Rechts Mitte** Heller Fichtenholzboden und weiße Wände dominieren im Elternschlafraum, der sich Richtung Norden auf einen Balkon hin orientiert.

**Rechts unten** Die offene Galerie erschließt die Schlaf- und Kinderzimmer in der oberen Etage. Lufträume stellen den Blickkontakt zwischen beiden Geschossebenen her.

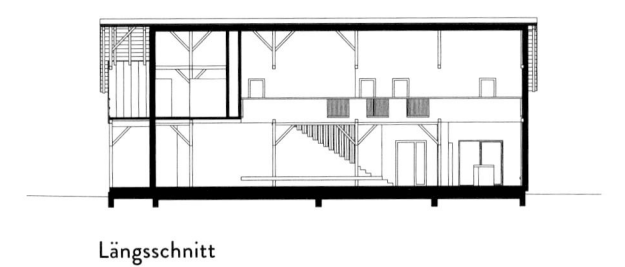

Längsschnitt

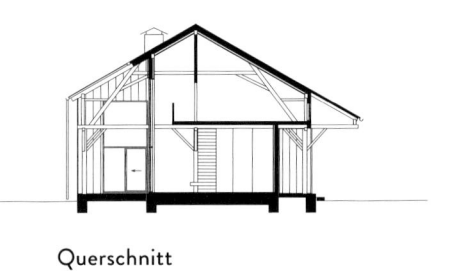

Querschnitt

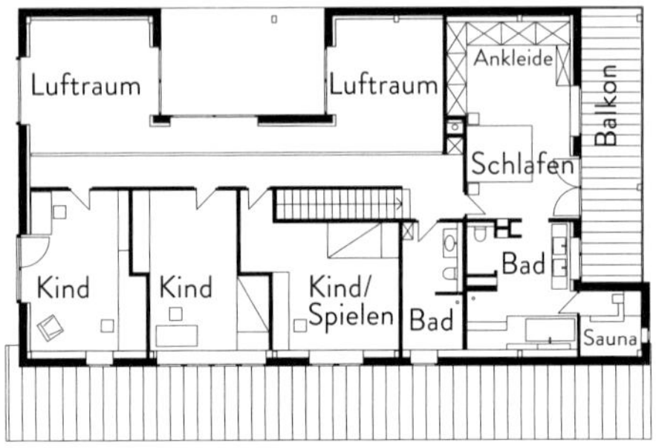

Obergeschoss

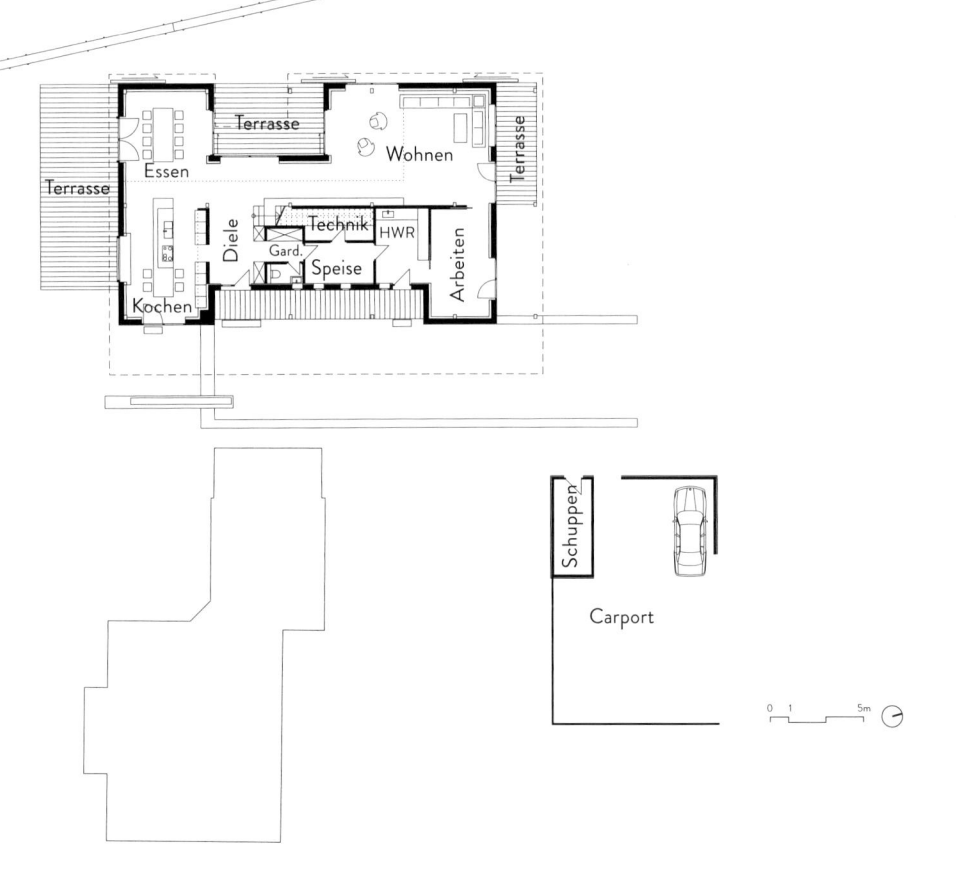

Erdgeschoss

## Kurzporträt

» Umnutzung eines landwirtschaftlichen Gebäudes zu Wohnzwecken

» Erhalt von statischer Struktur und Außenhülle

» Wahrung von Form, Charakter und Erscheinungsbild des ehemaligen Stadls

» Holzständerkonstruktion zur Aussteifung des vorhandenen Tragwerks

» Einbau einer neuen Bodenplatte

» Wiederverwendung der alten Holzschalung

» Große Öffnungen und Gebäudeeinschnitte

» Einraum durch offenen Grundriss weiterhin erlebbar

» Reduziertes Farb- und Materialkonzept

» Maßgefertigte handwerkliche Einbauten

» Individuelle Möbel aus Abbruchsparren

## Gebäudedaten

**Grundstücksgröße:** 2.000 m²
**Wohnfläche:** 395 m²
**Zusätzliche Nutzfläche:** 155 m² (inklusive Terrassen)
**Anzahl der Bewohner:** 4
**Bauweise:** Holzständerbau
**Fassade:** vorhandene Holzschalung, gereinigt und wieder angebracht
**Energiekonzept:** Wärmepumpe
**Heizwärmebedarf:** 41,4 kWh/m²a
**Primärenergiebedarf:** 43,7 kWh/m²a
**Baujahr Bestand:** ca. 1890
**Bauzeit Umbau:** 2014–2015

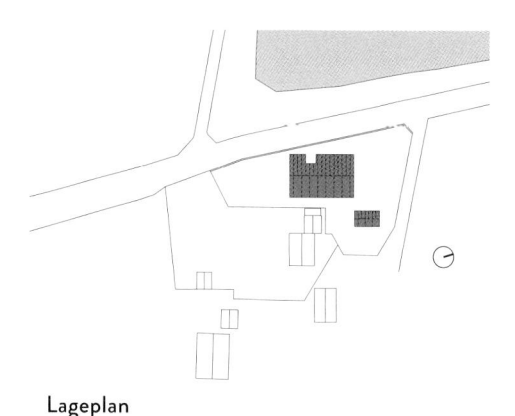

Lageplan

**Thomas Rampp und Florian Hugger, Lang Hugger Rampp Architekten**

》 *Wir haben das Thema ›Stadl‹ hier als architektonisches Leitmotiv definiert: Sowohl von der äußeren Gestalt her als auch im Innenraum sollte der Charakter der Scheune erhalten bleiben.* 《

Auszeichnung

# BESCHÜTZT UNTER BÄUMEN
Ferienhaus in Doksy/Böhmen (Tschechien)

FAM Architekti

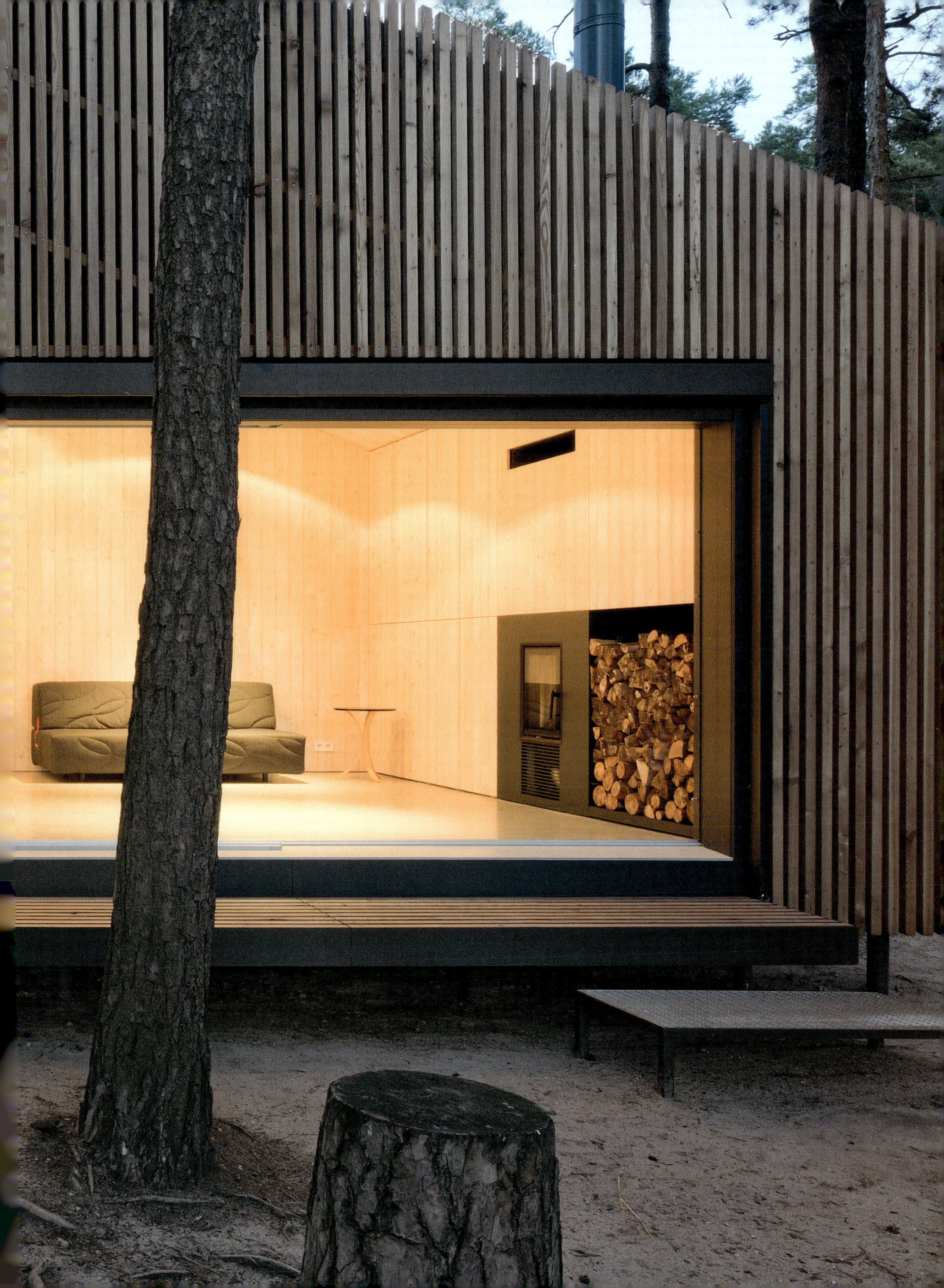

Der Mácha-See gehört zu den größten Wasserflächen Nordböhmens – und ist in den Sommermonaten ein beliebtes Ausflugs- und Reiseziel: Mit seinen langen Sandstränden, die von malerischen Pinienwäldern umgeben sind, lockt er zahlreiche Badegäste und Wassersportler an. Auch den Bauherrn, einen passionierten Segler, zog es mit seiner Familie hierher. Auf einem Ufergrundstück unweit der kleinen Stadt Doksy entstand sein neues Wochenenddomizil, das die Architekten Pavel Nasadil und Jan Horký vom Prager Büro FAM entworfen haben.

Die Anreise zur Feriendependance erfolgt auf dem Seeweg: Per Boot gelangt man zu einem schmalen Anlegesteg und auf das wildromantische Areal, das von einer grünen Waldkulisse umrahmt wird. Vorsichtig schiebt sich das kleine Holzhaus hier zwischen die alten Bäume und scheint auf seinen stählernen Stützen fast über dem Boden zu schweben. »Etwa einen halben Meter unter der Geländeoberfläche liegt ein Sandfels, sodass wir das Gebäude lediglich mit Schraubfundamenten darauf verankern mussten«, erklären die Architekten. Aufwendige Beton- und Gründungsarbeiten konnten sie sich daher sparen – stattdessen kann der Waldboden nun ungehindert unter dem Haus hindurchfließen. Und auch sonst bemühten sich die Planer darum, den ökologischen Fußabdruck des Neubaus, der eine marode Hütte aus den 1970er-Jahren ersetzt, möglichst gering zu halten: In Positionierung und Abmessungen entspricht das Haus exakt seinem Vorgänger. In Materialwahl und Formensprache fügt sich das kleine, kompakte Gebäude ebenfalls zurückhaltend in die Umgebung ein; seine Außenhaut aus vertikalen, unbehandelten Lärchenholzleisten korrespondiert mit den Pinienstämmen ringsum. Neben Aspekten der Nachhaltigkeit gab es – angesichts der ungewöhnlichen Grundstückslage – aber auch ganz pragmatische Gründe, die für einen Holzbau sprachen: Die vorfabrizierten Elemente konnten über einen nahe gelegenen Forstweg direkt auf die Baustelle geliefert und rasch vor Ort montiert werden. Lediglich die extrem lange Faltschiebeladen-Konstruktion auf der Seeseite, an deren Details die Architekten ausgiebig getüftelt hatten, stellte auch die Handwerker vor größere Herausforderungen.

Sind die hölzernen Läden geöffnet, können die Bewohner das fantastische Landschaftspanorama in Breitwandformat genießen: Eine gebäudelange Glasschiebefront gibt den Blick auf den See frei – und fungiert zugleich als Hauseingang. Mit ihrer äußerst ökonomischen Planung gelang es den Architekten, das Interieur, das in etwa der Fläche eines Ein-Zimmer-Appartements entspricht, erstaunlich großzügig wirken zu lassen. Die Stirnseite des Wohnbereichs besteht aus einer deckenhohen, holzverkleideten Einbauwand, die neben praktischen Stauräumen und Schränken auch den Kamin samt Holzlege aufnimmt. Auf der gegenüberliegenden Seite sind Küche und Sanitäreinrichtungen kompakt in einer Box zusammengefasst. Über eine leiterartige Treppe erklimmt man die darüber liegende Schlafgalerie, die sich unter das steil ansteigende Pultdach schiebt.

Sämtliche Einbauten sowie die Wand- und Deckenvertäfelungen sind aus weiß geöltem Fichtenholz, das in Kombination mit dem sandfarbenen Estrichboden zur stimmigen und harmonischen Wohnatmosphäre beiträgt. Über die hölzernen Lamellenläden vor der großen Glasfront lässt sich der Lichteinfall je nach Bedarf steuern – oder das Haus bei Abwesenheit seiner Bewohner auch komplett verschließen. Dann wirkt die kleine Hütte fast wie ein überdimensionales Möbelstück, das jemand nur zufällig hier im Wald abgestellt hat.

**Vorherige Doppelseite** Viel Platz auf wenig Fläche bietet das kleine Feriendomizil, das man direkt über den Wohnbereich betritt. Das schmale vorgelagerte Außendeck dient als Sitzschwelle.

**Links** Mit einem gebäudebreiten Faltschiebeladen lässt sich das Haus bei Abwesenheit seiner Bewohner komplett verschließen – was es dann umso kompakter wirken lässt.

**Ganz links** Der Neubau ist auf einem Sandfels leicht über dem Gelände aufgeständert. Mit seiner holzverkleideten Außenhaut sucht er den Bezug zur umgebenden Natur.

**Rechts** Feststehende Holzlamellen vor dem Galeriefenster im Obergeschoss dienen als Sonnenschutz und tragen zum homogenen Erscheinungsbild des Hauses bei.

**Links** Auf der Nordseite schiebt sich die Schlafgalerie unter das steil ansteigende Pultdach. Die vertikalen Sonnenschutzlamellen lassen gefiltertes Licht eindringen.

**Links Mitte** Die wildromantische Naturlandschaft ist im Innern stets präsent. Ein sandfarbener Zementestrichboden bindet den Wohnbereich auch optisch an den Außenraum an.

**Links unten** Funktional und flächensparend ist die kleine Küche organisiert, die gemeinsam mit den Sanitäreinrichtungen in einer kompakten Box zusammengefasst ist.

**Rechts oben** An eine Gangway erinnert die schlichte Stahltreppe zur Schlafgalerie. Die Wand- und Deckenvertäfelungen sind durchgängig aus weiß geöltem Fichtenholz.

**Rechts unten** Viel Stauraum verbirgt sich in der holzverkleideten Einbauwand auf der Stirnseite, die nicht nur etliche Schränke, sondern auch den Kaminofen samt Holzlege aufnimmt.

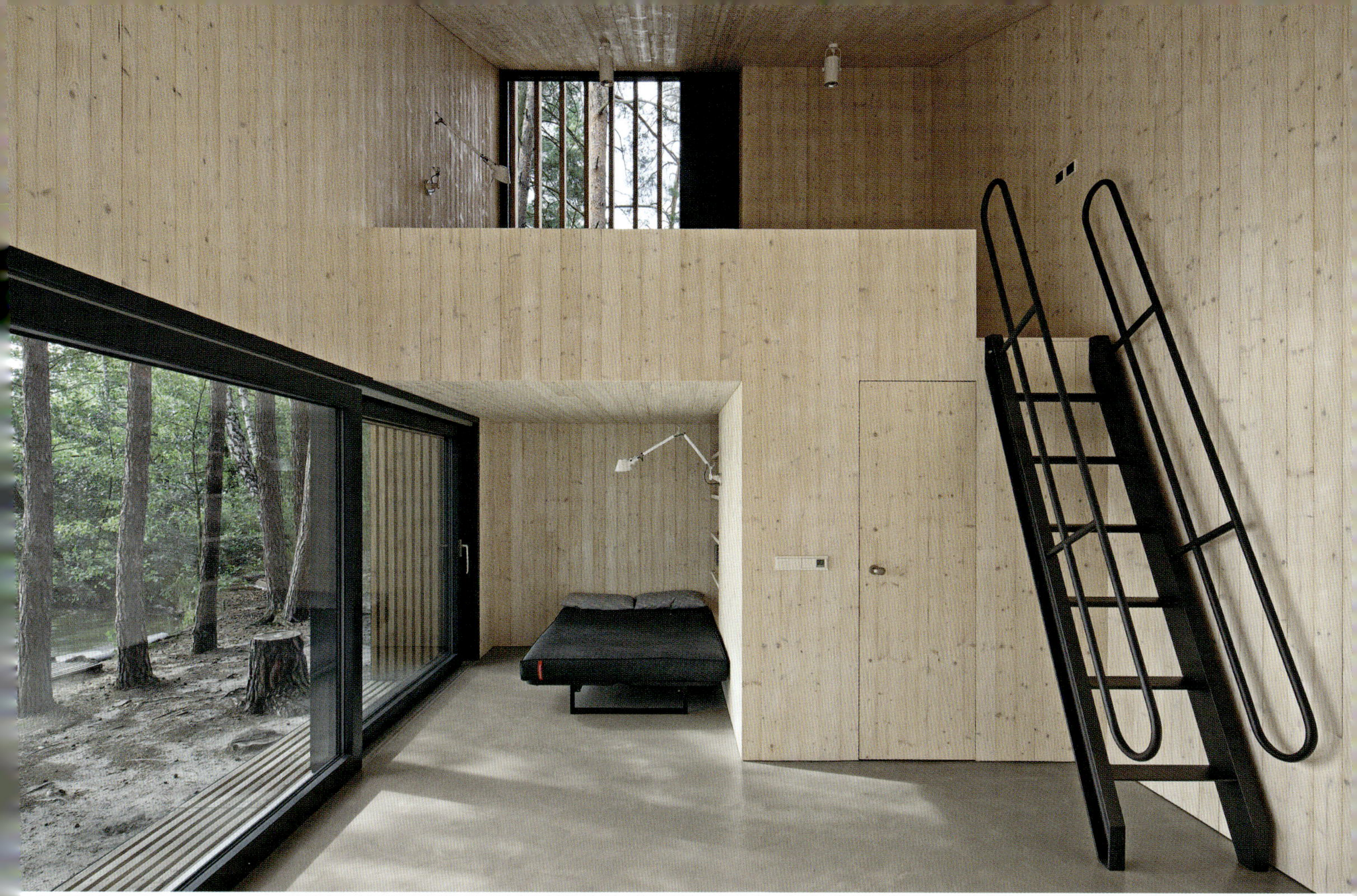
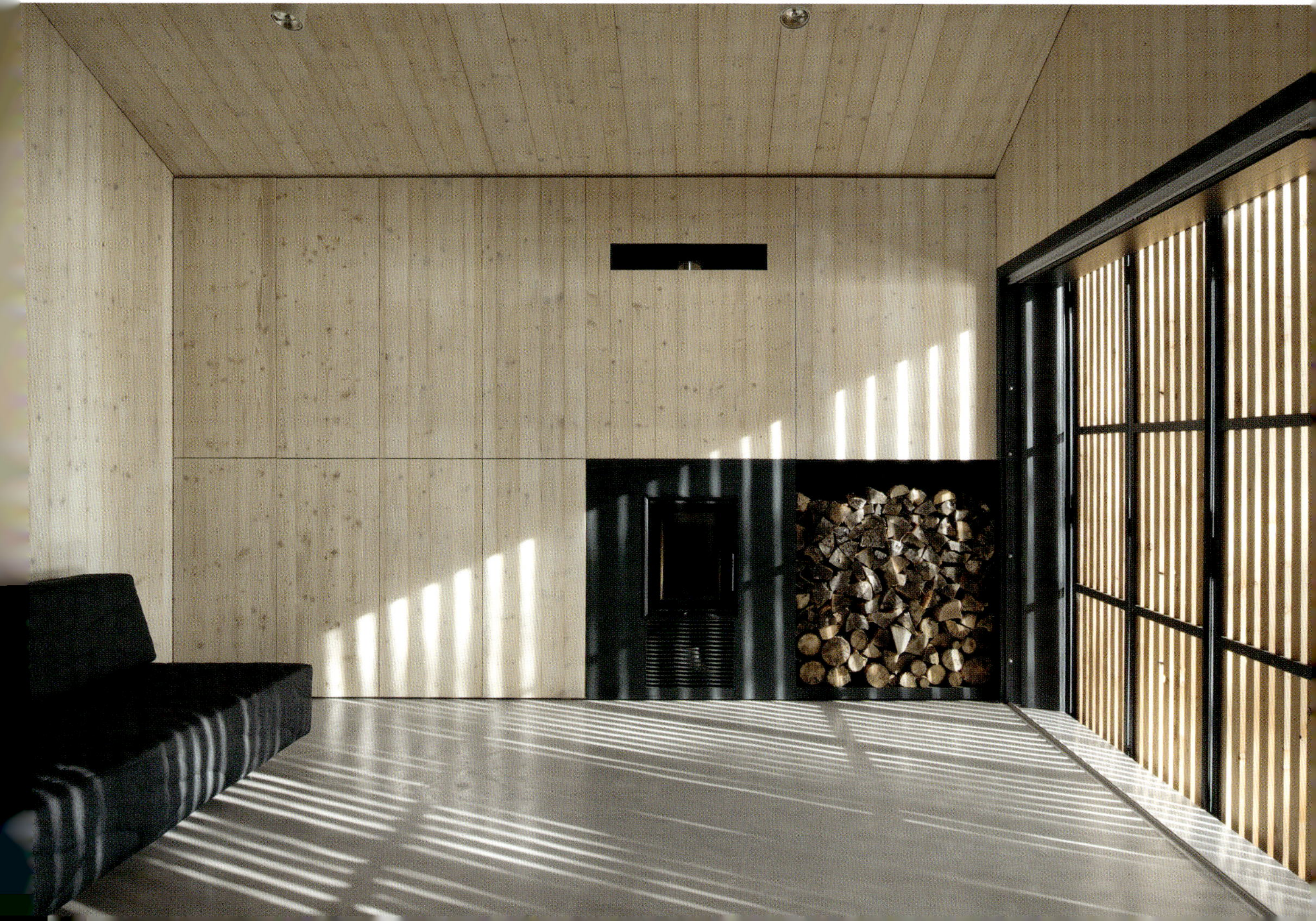

Längsschnitt

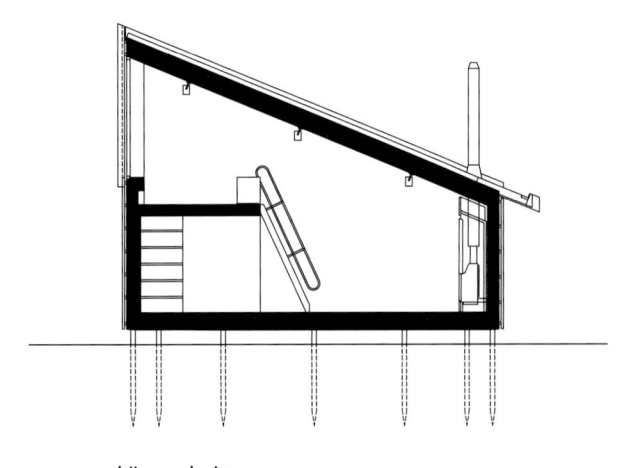

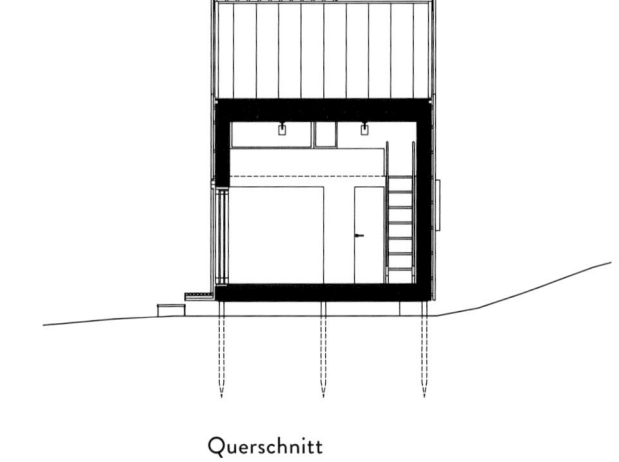

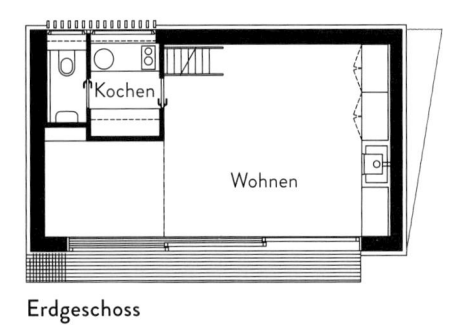

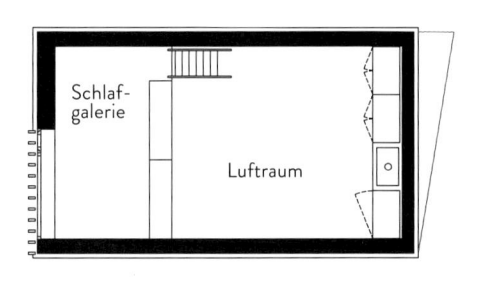

Querschnitt

Erdgeschoss
- Kochen
- Wohnen

Galerieebene
- Schlaf-galerie
- Luftraum

0  1      5m

## Kurzporträt

» Ersatzbau für eine marode Hütte, ohne zusätzlichen Flächenverbrauch

» Kurze Bauzeit durch vorgefertigte Holzkonstruktion

» Minimale Eingriffe in das Gelände durch Gründung auf Schraubfundamenten

» Raumprogramm auf das Notwendigste reduziert

» Kompakter Grundriss ohne reine Verkehrsflächen

» Maßgefertigte Einbauten

» Helle Holzvertäfelungen und Estrichboden

» Durchlaufende Glasfront für optische Großzügigkeit

» Faltklappläden als Sonnenschutz und Gebäudesicherung

## Gebäudedaten

**Grundstücksgröße:** 800 m²
**Wohn- und Nutzfläche:** 43,9 m²
**Anzahl der Bewohner:** 3
**Bauweise:** vorgefertigter Holzelementbau mit Holzfaserdämmung
**Fassade:** unbehandelte Lärchenholzschalung
**Energiekonzept:** Holzofen, elektrische Fußbodenheizung
**Bauzeit:** 2013–2014

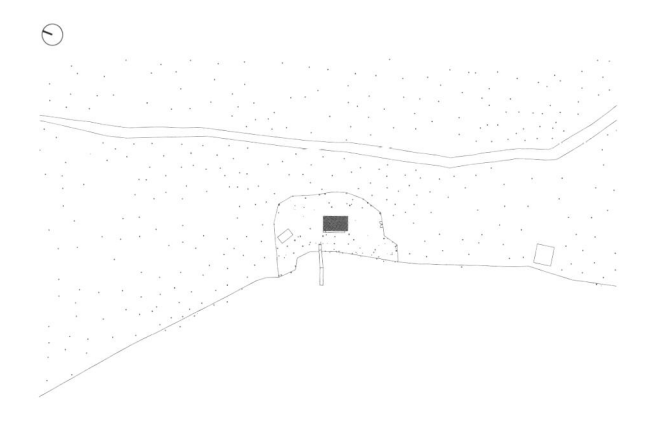

**Lageplan**

**Pavel Nasadil und Jan Horký,
FAM Architekti**

» *Durch die Materialwahl, aber auch durch die vielfältigen Blickbeziehungen zum See und zur Waldlandschaft ringsum tritt das Haus in einen Dialog mit seiner Umgebung.* «

Auszeichnung

# RÜCKZUG UND AUSBLICK

Cityvilla in Tübingen

Steimle Architekten

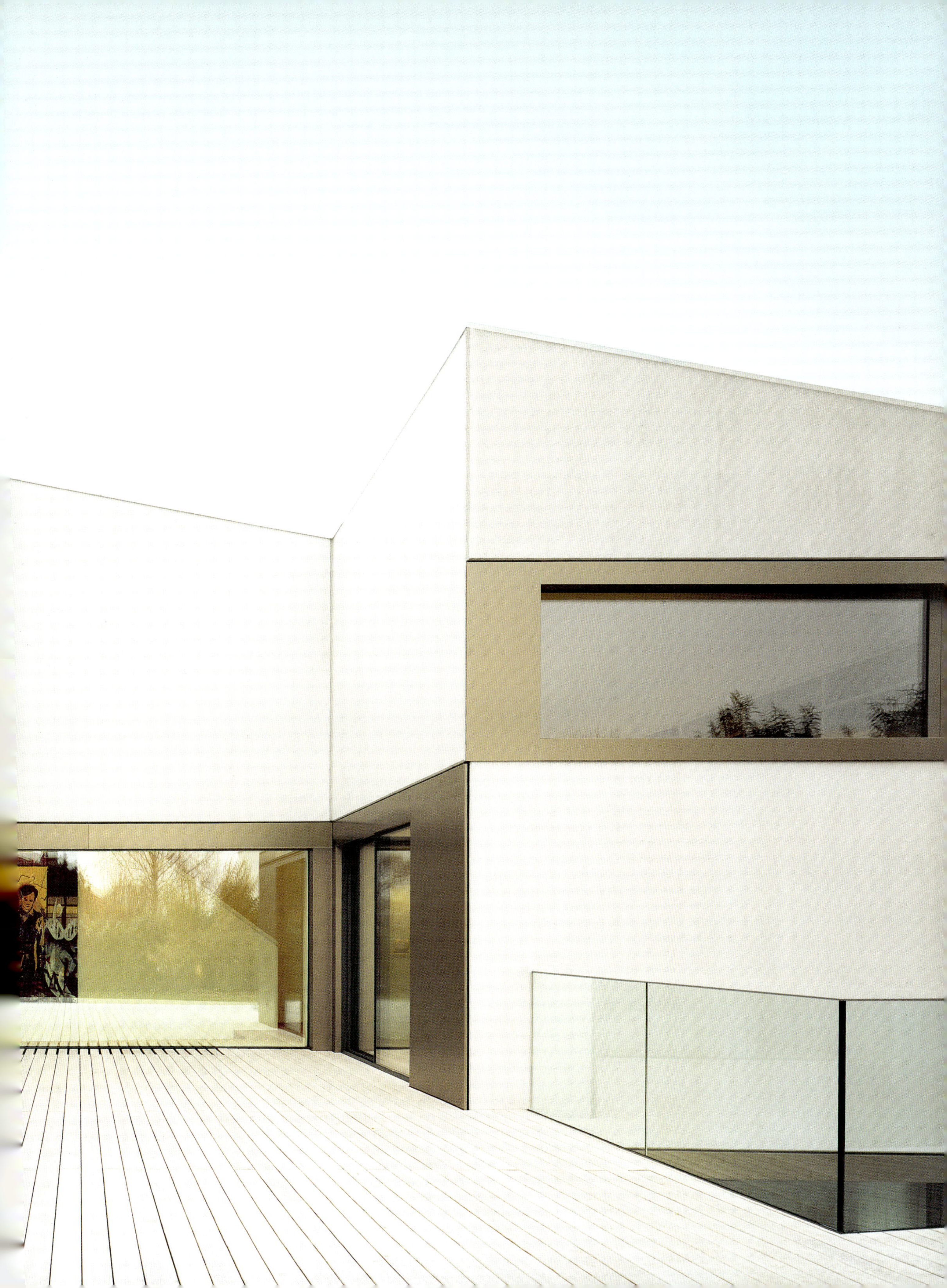

**Vorherige Doppelseite** Großformatige weiße Sichtbetonfertigteile sowie Fassadentafeln aus eloxiertem Aluminium, die je nach Lichteinfall changieren, akzentuieren die klaren Konturen des Hauses.

**Links** Das präzise Fugenbild überzieht alle Ansichtsseiten mit einem streng geometrischen Raster und macht die Geschossebenen auch nach außen hin deutlich ablesbar.

**Rechts oben** Auf der Westseite erweitert sich der Wohnbereich über ein Terrassendeck mit integriertem Swimmingpool fließend ins Freie. Der Bodenbelag ist aus weiß geseiften Douglasiendielen.

**Rechts unten** Die Garagenzufahrt befindet sich im Hanggeschoss unterhalb der Poolterrasse. Über eine Außentreppe gelangt man zum Hauseingang auf der Nordseite.

Mit seiner scharfkantigen Kontur und der asymmetrischen Gebäudeform hebt sich dieses Familiendomizil in einem ruhigen Tübinger Wohngebiet deutlich von seinem heterogenen Umfeld ab. Weiße Sichtbetonelemente und großformatige Fassadentafeln aus eloxiertem Aluminium lassen den Bau wie eine elegante Wohnskulptur erscheinen, präzise Einschnitte der Außenhülle verleihen ihm zusätzlich Plastizität.

Zur Straße hin zeigt sich das Haus, das in einen sanft abfallenden Hang eingebettet ist, weitgehend verschlossen und gibt nur wenig von seinem Innenleben preis. Der Grundriss baut auf einem introvertierten Wohnkonzept auf, das seinen Bewohnern, einer fünfköpfigen Familie, Geborgenheit und luftige Offenheit zugleich bietet: Hinter seiner glatten Schale umschließt der polygonale, U-förmige Bau einen sichtgeschützten Innenhof, der als großzügiges Außenzimmer und südorientierte Sonnenterrasse dient.

Das Raumprogramm verteilt sich auf drei Ebenen und macht sich die Topografie geschickt zunutze. Garage, Nebenräume sowie ein separater Schlaftrakt, der über einen Tiefhof mit natürlichem Licht versorgt wird, befinden sich im Hanggeschoss. Das Erdgeschoss nimmt den gemeinschaftlichen Wohnbereich auf, während die Individualräume der Eltern und Kinder in der oberen Etage untergebracht sind.

Das Familienleben spielt sich vorwiegend in der mittleren Ebene ab. Im Anschluss an das Entree gruppieren sich hier die großzügige Küche mit Essplatz, das Treppenhaus sowie der offene Wohnbereich in loser Folge um den zentralen Patio. Bodentiefe Glasschiebetüren schaffen fließende Übergänge zwischen innen und außen sowie durchgehende Blickachsen zwischen den einzelnen Gebäudetrakten. Über die großen Öffnungen kann das Licht von allen Seiten üppig hereindringen, was das luftig gestaltete Interieur noch heller und großzügiger wirken lässt. Weiße Decken und Wände geben überall den Ton an, auch die maßgefertigten Möbeleinbauten sind weiß lackiert. Diese flankieren als meterlange, deckenhohe Wandschränke oder Regale die Räume, sodass die Dinge des täglichen Gebrauchs überall dezent verschwinden können; sogar die Treppenbrüstung im Obergeschoss ist als Sideboard ausgebildet. Die monochrome Farbgebung sowie die passgenauen, flächenbündigen Schreinereinbauten lassen das Gebäudeinnere wie aus einem Guss erscheinen – und zugleich erahnen, mit welcher Präzision und Liebe zum Detail die Planer hier ans Werk gingen. Wenige weitere Möbel sowie ausgesuchte Designerstücke ergänzen das stimmige Gesamtkonzept und verleihen den Räumen eine unaufdringliche, zeitlose Eleganz.

Diese klare Linie setzten die Architekten auch im Außenraum fort. An das helle Eichenholzparkett des Wohnbereichs schließt sich fast nahtlos ein weiß geseifter Douglasienboden an. Er bindet das zentrale Atrium auch optisch mit dem Poolbereich auf der Zufahrtsseite zusammen: Im Westen entstand über dem Dach der Garage ein großzügig dimensioniertes Holzdeck mit integriertem Schwimmbecken sowie einer geschwungenen Sitzlandschaft, die sich fast aus dem Boden herauszufalten scheint. Hier oben sind die Bewohner zwar wesentlich exponierter als im Innenhof, dafür können sie von der fantastischen Fernsicht profitieren: Über die Baumwipfel und Dächer der Nachbarhäuser hinweg reicht der Blick Richtung Schwäbische Alb und bis zur Burg Hohenzollern.

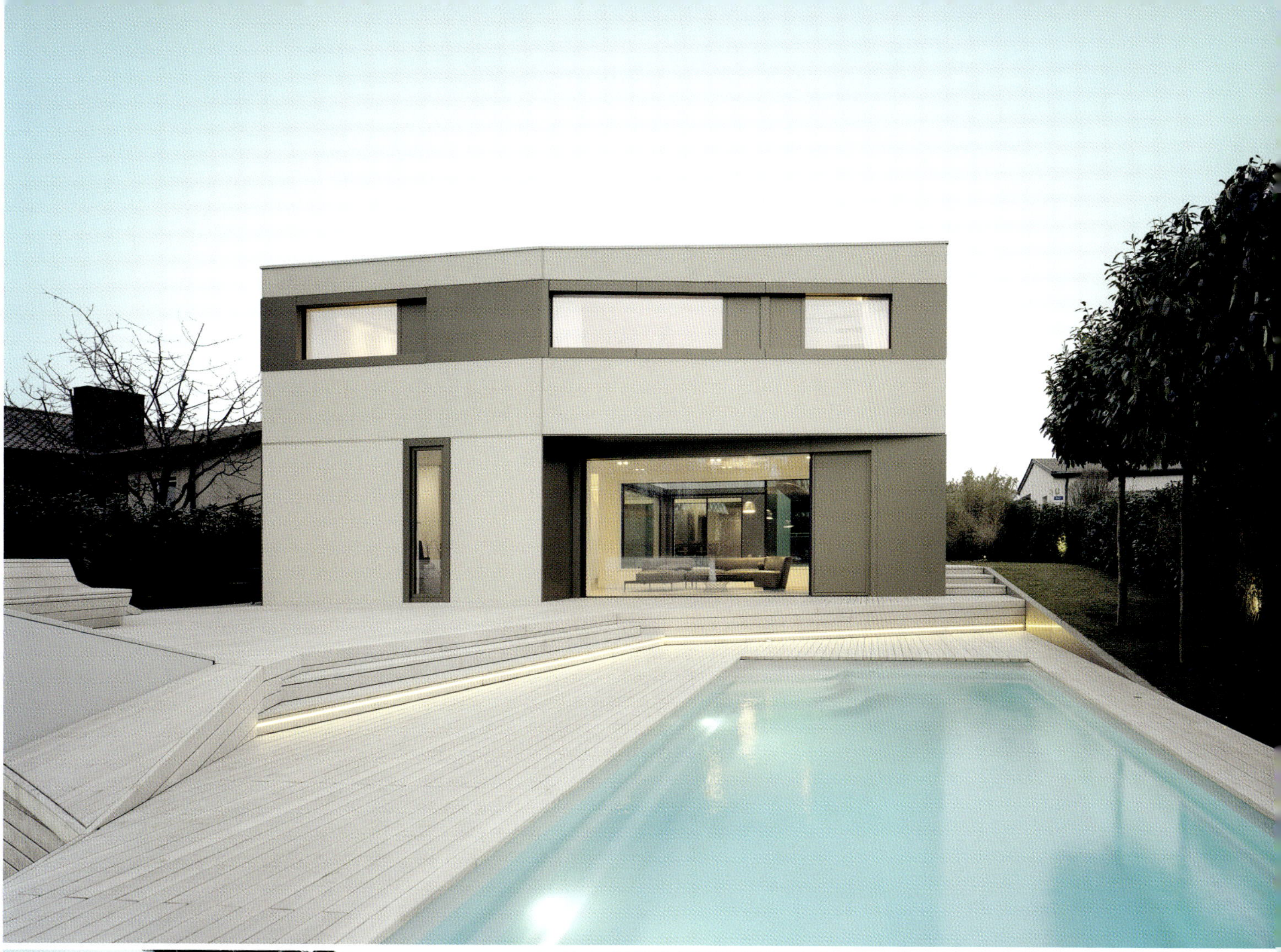

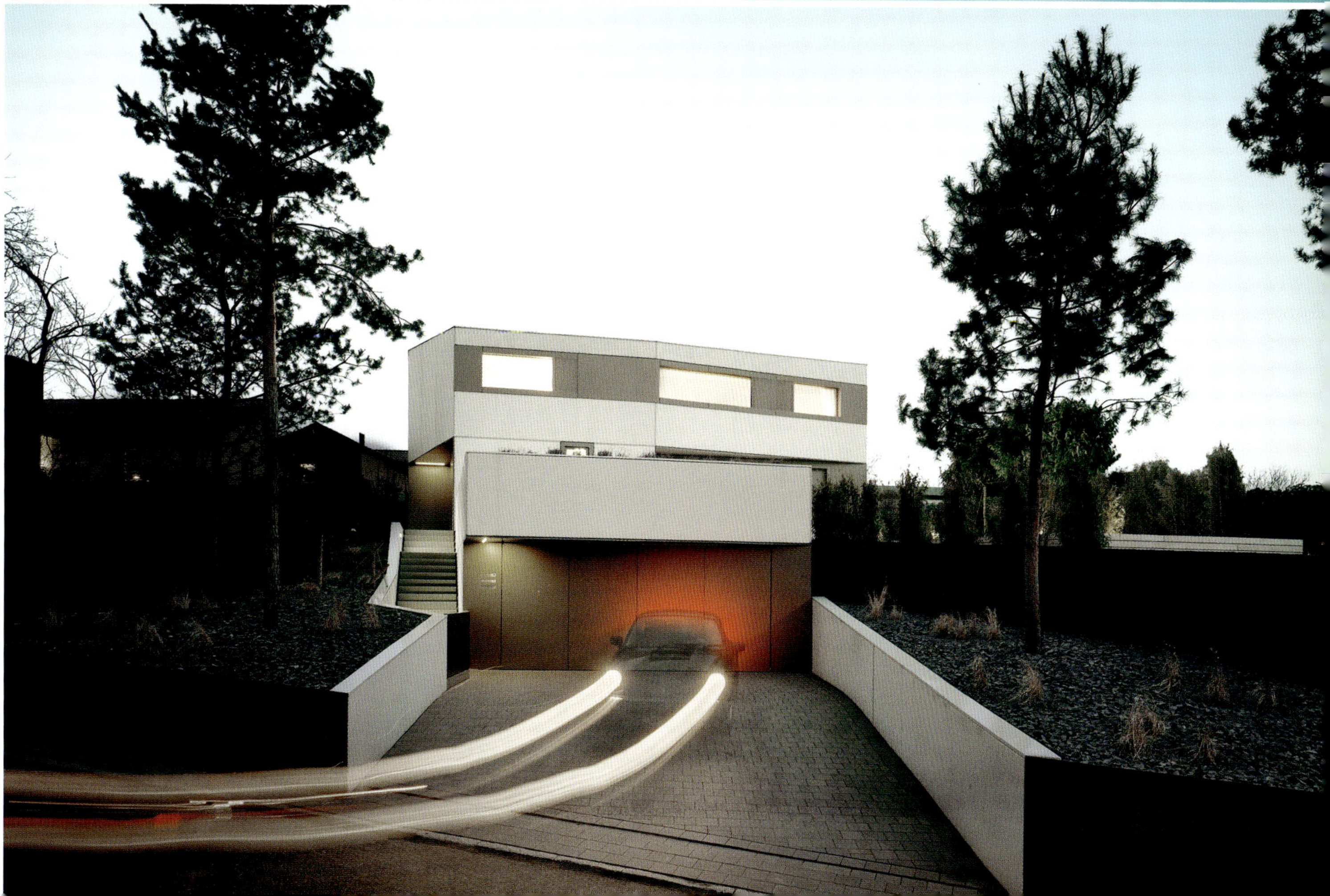

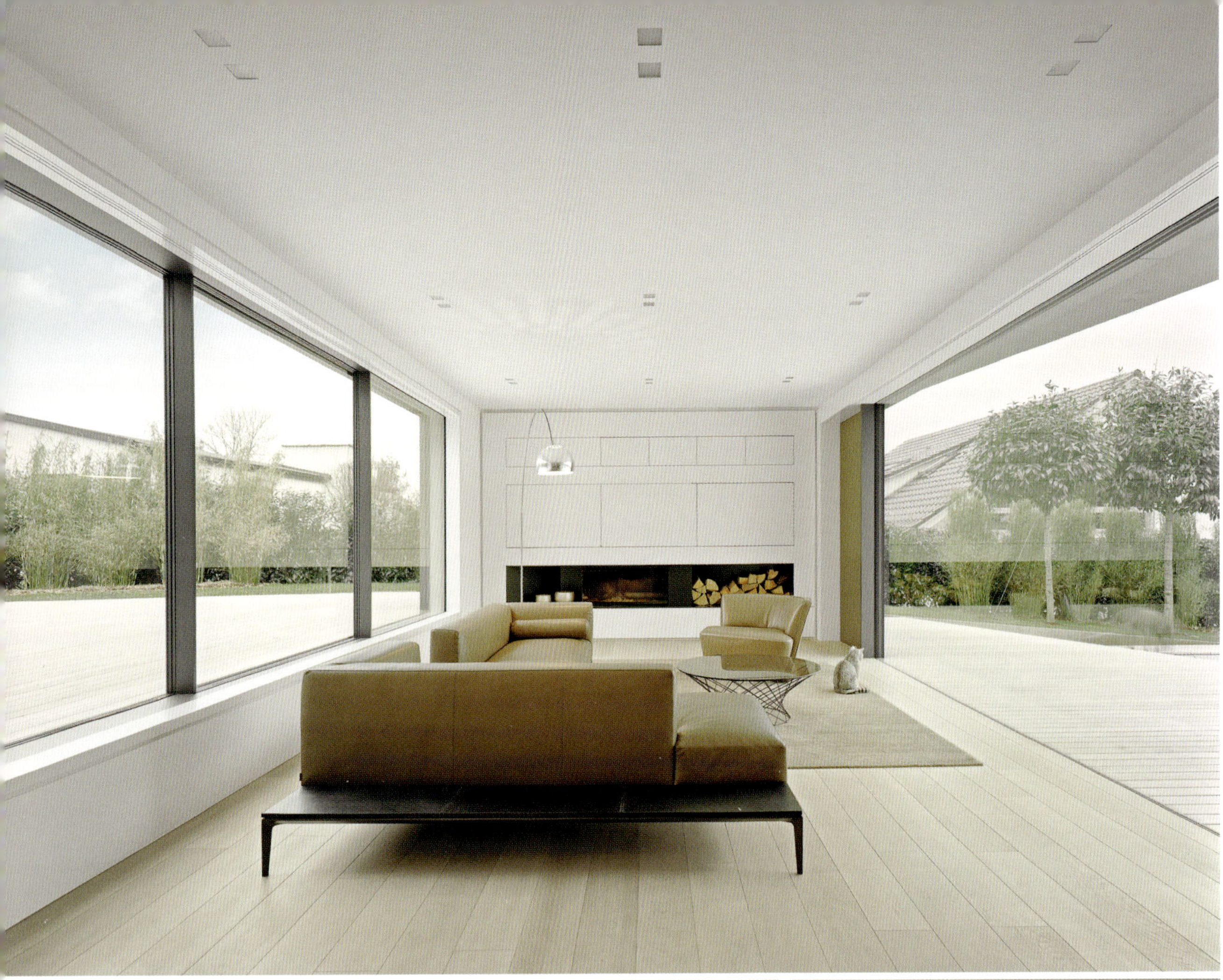

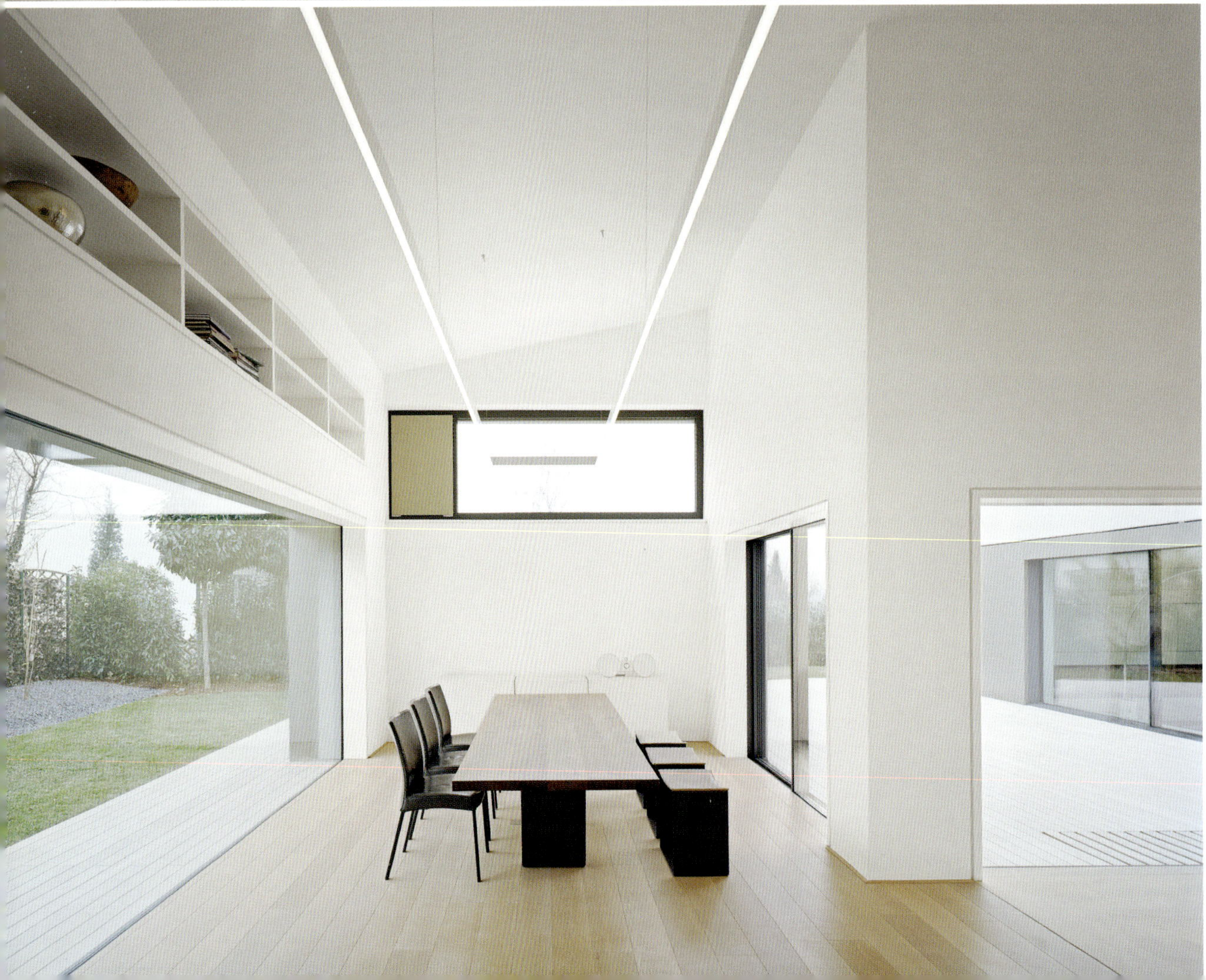

**Links oben** Durchlaufende Glasfronten fluten den Wohnbereich von beiden Seiten mit Licht. Die deckenhohe Einbauwand mit Kamin und Holzlege verbirgt viel zusätzlichen Stauraum.

**Links unten** Die offenen Raumzonen gruppieren sich in loser Folge um das zentrale Atrium. Der Essplatz reicht bis unter das geneigte Dach, was ihn noch großzügiger wirken lässt.

**Rechts oben** Über einen Tiefhof mit transparenter Glasbrüstung fällt natürliches Licht ins Untergeschoss. Das umlaufende Holzdeck bindet die Außenbereiche auch optisch zusammen.

**Rechts unten** Große Glasfronten öffnen den Wohnbereich sowohl zum Pooldeck mit Fernblick Richtung Schwäbische Alb, als auch zum geschützten Innenhof auf der Rückseite.

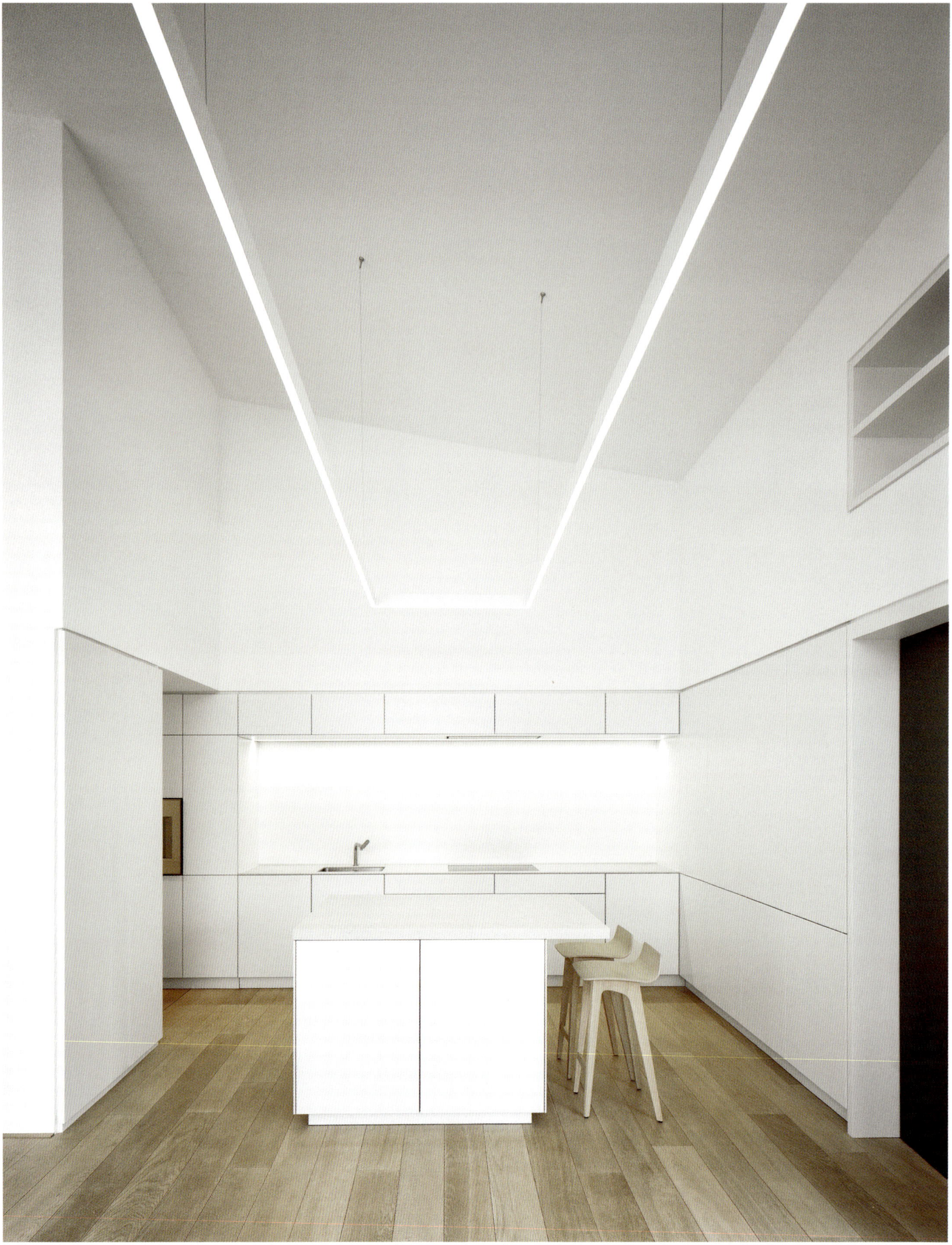

**Oben links** Luftige Offenheit und Weite empfängt die Besucher im geräumigen Entree, an das sich die Treppe zu den Schlafzimmern im Obergeschoss anschließt.

**Oben rechts** Die leichte Hangneigung des Grundstücks wird im Innern wiederaufgenommen. Stufen gleichen den Niveauunterschied zwischen den Gebäudetrakten aus.

**Unten links** Eine Schrankwand mit Schattenfuge flankiert den Flur im Schlaftrakt. Die breiten, weiß geseiften Eichenholzdielen unterstreichen das monochrome Farbkonzept.

**Unten rechts** Ein Oberlicht erhellt das innenliegende Elternbad. Auch hier lassen individuelle Einbauten alle Dinge des täglichen Gebrauchs dezent verschwinden.

**Links** Wie aus einem Guss wirkt die maßgefertigte Küche mit flächenbündigen, grifflosen Schrankfronten. Auch das abgehängte Lichtband ist eine Sonderkonstruktion.

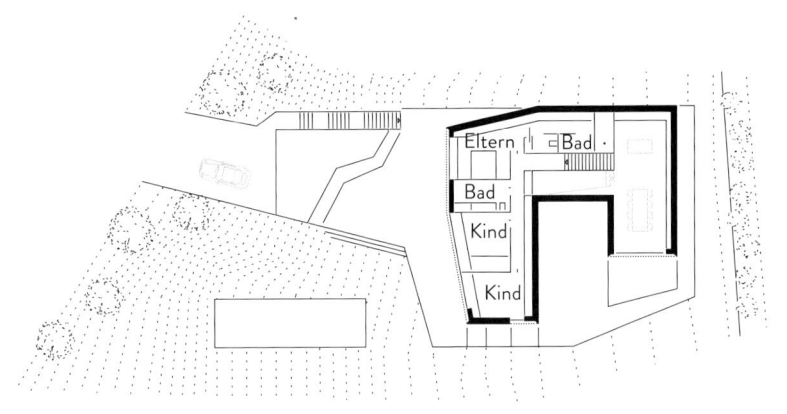

Obergeschoss

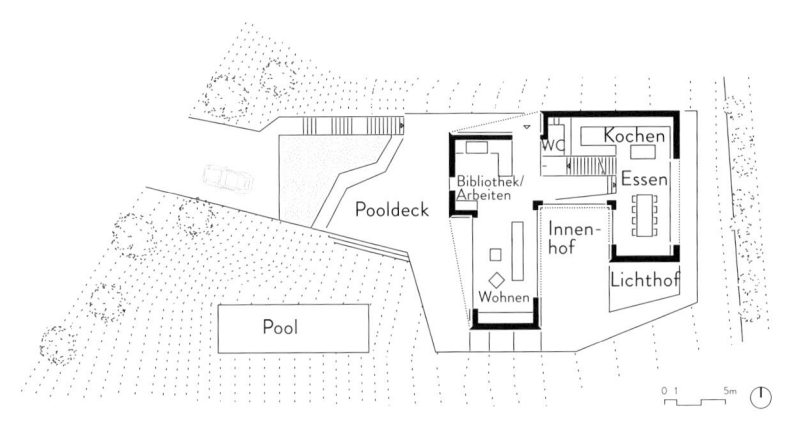

Erdgeschoss

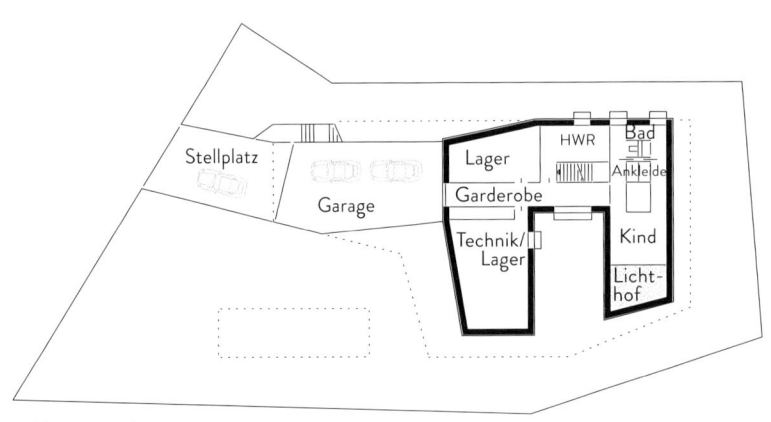

Untergeschoss

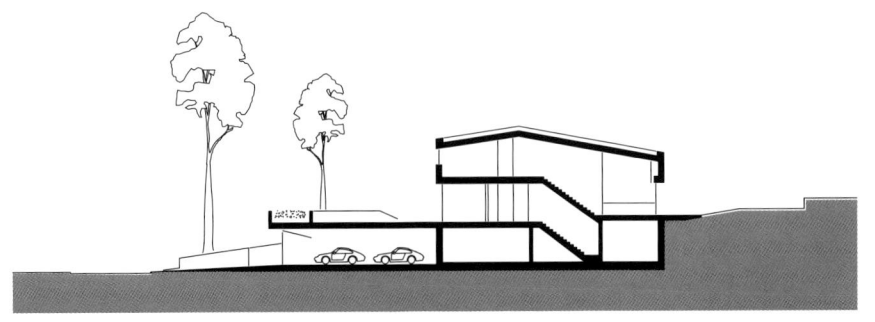

Schnitt

188

## Kurzporträt

» Polygonaler, monolithischer Baukörper, in den Hang eingebettet

» Sichtgeschützter Patio und exponiertes Pooldeck

» Gezielt gesetzte Öffnungen für Blickachsen sowie fließende Übergänge zwischen innen und außen

» Reduzierte Farb- und Materialwahl

» Wandintegrierte Einbauten als vielfältig nutzbare Stauräume

» Sehr gute Energiekennwerte dank hochwärmegedämmter, luftdichter und wärmebrückenfreier Gebäudehülle sowie aktiver Solarenergienutzung

## Gebäudedaten

**Grundstücksgröße:** 1.102 m²
**Wohnfläche:** 265 m²
**Zusätzliche Nutzfläche:** 189 m²
**Anzahl der Bewohner:** 5
**Bauweise:** Stahlbeton
**Fassade:** Sichtbetonfertigteile mit Kerndämmung und vorgehängte, hinterlüftete Aluminiumverbundplatten
**Energiekonzept:** Luft-Wasser-Wärmepumpe, Solarthermie
**Heizwärmebedarf:** 15,4 kWh/m²a
**Primärenergiebedarf:** 47 kWh/m²a
**Bauzeit:** 2013–2014

Lageplan

**Thomas Steimle, Christine Steimle, Steimle Architekten**

》 *Die polygonale Fassadengeometrie sorgt für Spannung: Das Wohnhaus wird nicht auf den ersten Blick begreifbar.* 《

# ARCHITEKTENVERZEICHNIS UND BILDNACHWEIS

**2D+ Architekten**
Markus Bonauer, Michael Bölling, Tiffany Taraska
Senefelderstraße 26
10437 Berlin
www.2dplus.com
Bungalow in Wandlitz bei Berlin (S. 74)
Fotos Seite 74–78, 79 re. o.: Karel Kühne, www.karelkuehne.com
Fotos Seite 79 li. o., u. und Porträts S. 81: Michael Bölling, 2D+ Architekten

**Bernardo Bader Architekten**
Steinebach 11
6850 Dornbirn
Österreich
www.bernardobader.com
Wohnhaus in Doren/Vorarlberg, Österreich (S. 12)
Mitarbeit: Thomas Getzner, Joachim Ambrosig
Foto Seite 12/13: Sebastian Arlt, www.bastiarlt.de
Fotos Seite 14–21: Adolf Bereuter, Dornbirn
Porträt: Larry Williams

**Biehler Weith Associated Building Design Projects**
Christoph Biehler, Ralf Heinz Weith
Architekten BDA
Rheingasse 16
78462 Konstanz
www.biehler-weith.de
Wohnhaus am Bodensee (S. 124)
Mitarbeit: Markus Doleschal
Fotos: Brigida González, www.brigidagonzalez.de
Porträt: Sandra Schuck, www.sandraschuck.de

**CBA Camillo Botticini Architetto**
Via Saleri 18
25135 Brescia
Italien
www.botticini-arch.com
Wohnhaus bei Brescia, Italien (S. 156)
Mitarbeit: Lucia Fanetti
Fotos Seite 156/157, 158 li. o.: Nicolò Galeazzi | AR2, www.nicologaleazzi.com

Fotos Seite 158 re. o., 159–161: Eugeni Pons, www.eugeni-pons.com
Porträt: Archiv Architekt

**Caramel architekten zt gmbh katherl.haller.aspetsberger**
Günter Katherl, Martin Haller, Ulrich Aspetsberger
Schottenfeldgasse 72/II/3
1070 Wien
und
Tummelplatz 5
4020 Linz
Österreich
www.caramel.at
Wohnhaus mit Büro in Wien, Österreich (S. 116)
Mitarbeit: Kolja Janiszewski
Fotos: Hertha Hurnaus, www.hurnaus.com
Porträt: Katharina Gossow, www.katharinagossow.com

**Tommy Carlsson Arkitektur**
Käringuddsvägen 19
76019 Furusund
Schweden
www.tommycarlssonarkitektur.com, www.happycheap.se
Wohnhaus in Stockholm, Schweden (S. 90)
Fotos: Michael Perlmutter, www.archp.com
Porträt: Felix Odell

**FAM Architekti s.r.o. (Feilden+Mawson LLP)**
Přístavní 1079/29
170 00 Praha 7
Tschechien
www.famarchitekti.cz
Ferienhaus in Doksy/Böhmen, Tschechien (S. 172)
Projektteam: Pavel Nasadil, Jan Horký mit Ondrej Freudl
Fotos: Tomáš Balej, Prag
Porträts: Michal Matyáš, www.mmatelier.cz

**HARQUITECTES**
David Lorente Ibáñez, Josep Ricart Ulldemolins, Xavier Ros Majó, Roger Tudó Gali
Carrer de Montserrat, 22, 2n 2a
08201 Sabadell
Spanien
www.harquitectes.com

Wohnhaus in Granollers/Barcelona, Spanien (S. 24)
Mitarbeit: Blai Cabrero Bosch, Montse Fornés Guàrdia, Carla Piñol Moreno
Fotos: Adrià Goula, www.adriagoula.com
Porträt: Archiv Architekten

**hehnpohl architektur**
Marc Hehn, Christian Pohl
Hafenstraße 64
48153 Münster
www.hehnpohl.de
Einfamilienhaus in Münster (S. 66)
Entwurfsverfasser: Christian Pohl
Mitarbeit: Julia Quante
Fotos: hehnpohl architektur
Porträt: Ralf Spangenberg, www.prodigit.de

**Hertweck Devernois Architectes Urbanistes**
Florian Hertweck, Pierre Alexandre Devernois
Cour du cheval blanc
2 rue Royale
78000 Versailles
Frankreich
und
Auf der Schanze 5
53424 Remagen
www.hertweckdevernois.com
Erweiterung eines Wohnhauses in Saint-Germain-en-Laye/Île-de-France, Frankreich (S. 82)
Projektteam: Pierre A. Devernois, Florian Hertweck mit Bertille Pruvost, Laetitia Croizé
Fotos Seite 87: Léo Caillard, www.leocaillard.com
Fotos Seite 82/83, 85, 86: Siméon Levaillant, www.simeonlevaillant.com
Porträt: Archiv Architekten

**Innauer Matt Architekten ZT GmbH**
Markus Innauer, Sven Matt
Kriechere 70
6870 Bezau
Österreich
www.innauer-matt.com
Einfamilienhaus in Egg/Vorarlberg, Österreich (S. 54)
Fotos: Adolf Bereuter, Dornbirn
Porträt: Darko Todorovic, www.adrok.net

**Prof. Klaus Klever**
Dipl.-Ing. Architekt BDA
Heinrichsallee 41
52062 Aachen
Klaus.Klever@web.de
Dachaufstockung in Aachen (S. 132)
Mitarbeit: Lisa Whyte B.A.
Fotos: Peter Hinschläger,
www.hinschlaeger.de
Porträt: Heike Lachmann,
www.fotoheikelachmann.de

**L3P Architekten ETH FH SIA AG**
Martin Reusser, Boris Egli, Markus Müller,
Frank Schäfer
Unterburg 33
8158 Regensberg
Schweiz
www.l3p.ch
Einfamilienhaus in Dielsdorf, Schweiz
(S. 106)
Entwurf und Projektleitung: Boris Egli
Fotos: Vito Stallone,
www.photostudio-stallone.ch
Porträt: Archiv Architekten

**Lang Hugger Rampp GmbH Architekten**
Florian Hugger, Thomas Rampp
Domagkstraße 1
80807 München
www.langhuggerrampp.de
Umbau einer Scheune zum Wohnhaus
in Parkstetten bei Straubing (S. 164)
Mitarbeit: Sabine Hirschel, Gerhard Haas,
Dietmar Dasch
Fotos: Petra Höglmeier,
www.petrahoeglmeier.com
Porträt: Juliane Drehobel, ediundsepp
Gestaltungsgesellschaft mbH

**PEDEVILLA ARCHITECTS**
Dr. Arch. Alexander Pedevilla,
Dr. Arch. Armin Pedevilla
Paul-von-Sternbach-Straße 1
39031 Bruneck (BZ)
Italien
www.pedevilla.info
Wohnhaus in Mühlen bei Sand in Taufers/
Südtirol, Italien (S. 148)
Mitarbeit: Erika Plank, Frank Oberlerchner
Fotos und Porträt: Gustav Willeit,
www.guworld.com

**RAUM architectes**
Julien Perraud, Benjamin Boré, Thomas
Durand
1 rue de Colmar
44000 Nantes
Frankreich
www.raum.fr
Ferienhaus in Sarzeau/Bretagne, Frankreich
(S. 140)
Mitarbeit: Julie-Marine Prigent
Fotos: Audrey Cerdan
Porträt: Archiv Architekten

**JAN RÖSLER ARCHITEKTEN**
Zossener Straße 50
10961 Berlin
www.janroesler.de
Umbau einer Scheune zum Ferienhaus
in Druxberge/Sachsen-Anhalt (S. 36)
Projektleitung: Jan Rösler
Mitarbeit: Sven Rickhoff
Fotos Seite 42 li. o., li. Mitte, li. u.:
Simon Menges, www.simonmenges.com
Fotos Seite 36/37, 39, 40, 41, 43:
Werner Huthmacher,
www.werner-huthmacher.de
Porträt: Kristoffer Schwetje,
www.kristofferschwetje.com

**Luigi Scolari Architekt**
Annette-von-Menz-Passage 4
39100 Bozen
Italien
www.luigiscolari.it
Ferienhaus am Gardasee, Italien (S. 98)
Fotos: Michele Mascalzoni,
www.michelemascalzoni.it
Porträt: Isabella Fabris, www.isabellafabris.it

**Steimle Architekten GmbH**
Thomas Steimle, Christine Steimle
Marktplatz 6
70173 Stuttgart
www.steimle-architekten.com
Cityvilla in Tübingen (S. 180)
Fotos: Brigida González,
www.brigidagonzalez.de
Porträt: Markus Guhl, www.dieschiessbude.de

**tense architecture network**
16, Arachneou St.
11522 Athen
Griechenland
www.tensearchitecture.net
Wohnhaus bei Megara/Attika, Griechenland
(S. 46)
Projektteam: Tilemachos Andrianopoulos,
Kostas Mavros, Thanos Bampanelos
Baustatik: Athanasios Kontizas
Fotos: Petros Perakis,
www.petrosperakis.com
Porträts: Pantelis Chadoulis,
www.pantelischadoulis.gr

Foto S. 2/3: Brigida González
Fotos S. 7 Jury: Ilona Habben,
www.ilonahabben.de

Alle abgebildeten Pläne stammen
von den jeweiligen Architekten.

# IMPRESSUM

Der Verlag weist ausdrücklich darauf hin, dass im Text enthaltene externe Links vom Verlag nur bis zum Zeitpunkt der Buchveröffentlichung eingesehen werden konnten. Auf spätere Veränderungen hat der Verlag keinerlei Einfluss. Eine Haftung des Verlags ist daher ausgeschlossen.

FSC MIX Papier aus verantwortungsvollen Quellen FSC® C106600

Verlagsgruppe Random House FSC® N001967

Dieses Buch ist in Zusammenarbeit mit dem internationalen Architekturmagazin HÄUSER entstanden und bildet die Ergebnisse des HÄUSER AWARD 2016 ab. HÄUSER ist ein geschütztes Kennzeichen der Gruner+Jahr GmbH & Co. KG. Alle Rechte vorbehalten.

1. Auflage
Copyright © 2016 Deutsche Verlags-Anstalt, München
in der Verlagsgruppe Random House GmbH
Neumarkter Straße 28
81673 München

Grafische Gestaltung und Layout: Susanne Hermann, DVA
Lithografie: Helio Repro, München
Druck und Bindung: DZS Grafik, Slowenien
Dieses Buch wurde auf dem FSC®-zertifizierten
Papier Profisilk gedruckt.

Printed in Slovenia
ISBN 978-3-421-04010-7

www.dva.de